U0503740

Schopenhauer,

伦理学的两个基本问题

——两篇回答科学院提问的应征论文

〔德〕阿图尔·叔本华博士（皇家挪威科学院院士） 著

韦启昌 译

上海人民出版社

第 1 篇　论意欲的自由

（1839 年 1 月 26 日获得特隆赫姆的皇家挪威科学院褒奖）

第 2 篇　论道德的基础

（1840 年 1 月 30 日未获得哥本哈根的皇家丹麦科学院褒奖）

真理是伟大的，威力甚于一切。

——《以斯拉》，4：41

译者序

1840 年出版的《伦理学的两个基本问题》包括两篇应征论文，“论意欲的自由”获得了挪威科学院的褒奖。“论道德的基础”是丹麦科学院收到的唯一投稿。叔本华结集出版时，在两篇论文的扉页上分别特意标明“获得挪威科学院褒奖”和“未获丹麦科学院褒奖”。叔本华成名后，他拒绝了多个科学院（包括柏林皇家科学院）要接纳他为院士的请求，但唯独欣然接受并成为挪威科学院院士，并在这本书的封面上印上“皇家挪威科学院院士叔本华”，以奖励该科学院的正确判断力。

这两篇论文讨论的是“伦理学的两个基本问题”，事实上也是《作为意欲和表象的世界》第 2 卷的一个重要组成部分。叔本华在《作为意欲和表象的世界》第 2 卷第 47 章这样说：

> 在本著作里，有关伦理学的论述留下了巨大的空缺，因为我在以《伦理学的两个基本问题》为书名出版的两篇应征论文中已经讨论了狭隘意义上的道德学。(……)因此，我现在只需在此增补一些零散的思考，而这些零散的思考是不宜在上述两篇论文中出现的，因为那两篇论文的大体内容是由科学院预先规定的；那些需要有更高一级的审视角度（与所有人共有的角度相比）的思考，就

更不宜放在那两篇论文里，但我在那两篇论文中被迫采用的就是所有人所共有的角度。

“论意欲的自由”要回答的是由皇家挪威科学院提出的，“能否通过人的自我意识以显示和证明：人的意欲(意志、意愿)是自由的”问题。

人到底是不是自由地意欲(意愿)做出这样或者那样的行为？ 根据叔本华的分析，“自由”在这里的意思是“与必然性没有任何关联”“不依赖于任何原因”(第一节)的。 人们通常把意欲的自由错误地理解为“我可以做我意欲(意愿)做的事情”。 面对这样的问题，不少人不经思考就肯定地回答这一简单的问题；甚至经过一番思考以后，人们也不会得出别的答案。 人们进而会认为“这些关于意欲是否自由的辩论……说到底不过是瞎扯而已”。 其实，这一问题所要探究的是：我们人作为大自然的一部分，是否与大自然的其他存在物一样，也遵循大自然存在物的变化和活动所必然遵循的因果律？ 抑或在大自然的众多存在物当中，人作为大自然存在物系列中的最高级是否是唯独的例外，唯独可以不受大自然的因果律的限制，唯独可以毋需原因就“自由”地产生意欲及其随后的行为结果？ 或者虽然具备了充足的原因，在大自然的其他存在物那里必然引发或者造成结果，但唯独在人的身上，就算具备了充足原因(动因)，也可以无法引发结果？ 确实，我们很多人都知道所有那些无机物、植物都不会有什么“自由”；就算是动物，其实也受制于本性和它们眼前所见之物，并没有“自由”可言。 至于人是否有意欲的自由，绝大部分人都会认为人当然是拥有这样的自由的。 但这样的看法到底意味着什么，绝大部分人其实是不甚了了的。

正因为“所有现实外在世界之物所涉及的变化都服从因果律”，人当然也不例外。 在这篇论文中，叔本华把人视为大自然的一部分，而大自然的无机物、植物、动物和人，各自以相应的方式遵循着无一例外的因果律，就像中国古人所说的，天人合一，人不是大自然的例外。所以，叔本华关于此有奖征文问题的回答是否定的，我们的行为并不是自由的结果。在该论文附加部分，叔本华得出的更进一步的结论是：一个人在现象中的存在和本质已是自由的结果；一旦进入了现象存在，这一体性的东西，“现在只是在展现与时间、空间和因果律相联的认知能力时，才表现出多种多样的行为”；现在的一切行为都严格和必然地遵循因果律，在这行为里面是寻找不到自由的。叔本华又是信赖我们的意识和事实经验的，他指出伴随着我们的行为的那种“随意性、自发性和原初性的意识”是我们意识中的事实，也正由于这意识，我们才认为这些行为就是我们的行为；这意识并没有欺骗我们，“但其真正的内涵却远远超出行为之外，是从更高之处开始的，因为我们的存在和本质本身——我们必然做出的所有行为(在动因出现的情况下)都由此而出——事实上也是包括在那里面的。在这一意义上，伴随着我们的行为的那种对随意性、自发性和原初性的意识，以及那种负有责任的感觉，可以比之于这样的指示器：它指示的是更远距离的东西，而不是处于同一方向、距离更近、指示器似乎指示的那些东西”。由于这些内容已超出该论文的问题，所涉及的也已不是现实经验的范围，所以，一向脚踏经验实地的叔本华只是比喻性地给出了那意味深长的神秘观点而已。

“论道德的基础”要回答的是丹麦皇家科学院提出的问题，“要在哪里寻找那道德哲学的源头和基础？是要在对那直接意识中的道德观念的解释中寻找，抑或在其他认知根据中才可找到”。按照叔本华的理解，这个问题是道德学的认知根据。因此，“科学院提出了以下任务：把道德的源头，亦即起源、基础找出来”。

这一问题和任务相当的重要，也是关于道德的学科——伦理学——的本来目标。叔本华说："我认为伦理学的目标就是从道德的角度，说明和解释那些人与人之间差异极大的行为方式，找出其最终的根源。"（顺便一说，这也解释了为何叔本华把此书的两个问题命名为"伦理学的两个基本问题"。）叔本华认为现有的伦理学的基础理论已无法经得起推敲，甚至"腐烂和脆裂"，但促使人们做出道德行为的根据还是存在的——虽然在这世界，非义和恶毒几乎就是常态。也正因为这一点，皇家科学院提出了这一含义深刻的有奖问题：那所见的一些道德行为的根源到底是什么？

叔本华在给出自己对这一问题的回答并阐明伦理学的基础之前，在论文的前半部分专门对康德的伦理学作了详尽的批判。他详细地分析和证明了"康德的实践理性的绝对命令或者挂着没那么光彩华丽、但更滑头和更流行名衔的'道德律'，是完全不合理的，是没有根据的和只是虚构出来的看法"，"康德的伦理学缺乏一个扎实的基础"。康德在分析人的认知的时候，把其中先验的成分（先验的认知形式、时间、空间和因果律）与后验的（实践经验的）成分分开，并因而取得辉煌的成就和作出了极大的贡献，所以，就像一个医生成功应用了一种药物后，从此对几乎每一种疾病都用上这一药物——同样，康德在探究伦理学的基础时，也试图用这一方法和区分。这样，"伦理学据称也就由某一纯粹的，亦即先验可知的部分和某一实践经验的部分所组成"。但康德并不接受后验的部分作为伦理学的基础，只是找出、分开和展示前一部分（先验的部分）。因此，道德学的基础成了"一门纯粹先验的科学"。

经过叔本华的分析，康德那最高的原则原来只是建基于自我、利己之上；还有那从最高原则派生出来的、经人们交口传颂的诸如"人以及每一理性的存在物，都是作为目的本身而存在"等命题，其实是一个自相矛盾的说法。甚至对于何以评估一个行为的道德价值，康德也与叔本华迥异。康德认为，一个行为的道德价值据称完全不在于发生行为的目的，而在于那人所遵循的规条；叔本华则持相反的意见，唯有行为的目的，才决定了一桩行为具有道德价值抑或不具有道德价值。

在理据、方法方面，叔本华与康德也是恰恰相反的，叔本华认为除了循经验的途径找到伦理道德的基础，再没有其他途径。真实、实在的同情心才是真正的道德的推动力、道德的最终原因，对此的认识就成了道德的基础——虽然同情心的生发是极为神秘的；而表达得至为简单和纯粹的命题：“不要伤害任何人，而要尽你所能地帮助所有人”，是且永远是道德学真正纯粹的内涵，由前半句生发了公正，后半句生发了仁爱，这是两大首要的美德。

本译本根据莱比锡 Insel 出版社的《叔本华著作全集》5 卷本（威廉·恩斯特大公版本，1920）第 3 卷翻译。其中拉丁文、希腊文、法文、意大利文等引语，都没有附上相应的德文译文（英文除外）；译者直接翻译了法文和英文引文；其他语言的引文则根据法兰克福苏尔坎普袖珍书《叔本华全集》（1998 年第 5 版）第 3 卷中所附的德文译文翻译。

韦启昌

2022 年 5 月于澳大利亚悉尼

目录

第一版前言

这两篇论文虽然是各自独立且由外在原因所促成的，但互相补足而成了一个体系的伦理学基本真理；希望人们在这里面不至于看不到这是伦理学取得的一个进步——这一学科自半个多世纪以来一直止步不前。这两篇论文并没有互相援引，同样也没有援引我在这之前的著作；因为每一篇论文都是为一个不同的科学院而写的，并且严格的匿名是众所周知的条件。所以，不可避免的是某些要点在这两篇论文中都有所涉及，因为没有什么是可以预设的，一切都要从开始说起。这两篇论文其实专门、详细地阐述了两个理论，就其根本特征而言，读者可在《作为意欲和表象的世界》第 4 篇找到。但在那里，那些理论是从我的形而上学，亦即以综合的和先验的方式推导出来的；在这两篇文章里，因为依照要求，并不允许有任何预设，所以，那两个理论是以分析的方式和后验的理据奠定基础的。因此，在那里是首要的东西，在此则成了最后的东西。恰恰是透过这种从人们所共有的角度出发和专门的阐述，这两个理论在此就更加的明白易懂，更有信服力，也更展现其含义。据此，这两篇论文可被视为对我的主要著作第 4 篇的补充，正如我的作品《论大自然的意欲》可被视为对第 2 篇非常关键和重要的补充一样。此外，尽管《论大自然的意欲》的话题看上去与这两篇论文的话题相当不同，但它们之间确实有关联；事实上，《论大自然的意欲》在某种程度上是解决现在所谈问题的钥匙，只有认识到这种关联，才会让我们完整、全面地理解这两篇论文。假如将来有一天，人们终于阅读我的著作了，就会发现我的哲学犹
356 如有一百个门的城邦底比斯：人们可以从任何一处进入，并从每一个门口直达中心处。

我还要说的是，这两篇论文的第一篇已经发表在特隆海姆出版的皇家挪威科学院最新一卷思想文章里面。考虑到特隆海姆与德国距离遥远，皇家挪威科学院至为乐意和慷慨地给予了我向他们请求的许可，以便在德国印行这篇获奖论文。为此，我谨向他们公开地致以最真诚的感谢。

第二篇论文并没有得到皇家丹麦科学院的嘉奖——虽然并没有其他论文与其竞争。既然这家科学院已经公布了对我的作品的评语，那我就有正当理由对此说明和答辩。读者可在这篇论文的后面找到这份评语，并从中看出皇家丹麦科学院在我的作品里找不到任何可赞扬之处，只看到要批评、责备的东西；这些批评可分为三个不同的部分，我现在就逐一讨论。

首要的和主要的批评是这一点，其余两点只是附带给出的：我错误理解了问题，因为我误以为所要求的是提出伦理学的原则，其实，首要追问的是形而上学与伦理学的关系。我完全忽略了解释和阐述这一关系（“他忽略了首要的要求”）——这判词一开始就这样说；但是，在三行以后却又忘了这一点，并说出了相反的意思，亦即我解释和阐述了那一关系（“探讨其所提出的伦理学原则与其形而上学的关联”），只不过把它作为附录，并且在这里做了比所要求的更多。

我想撇开这一自相矛盾之处，不予考虑，因为我认为这是撰写此判词时的窘
357 境所致。但我请求公正的和有学问的读者，现在就认真细读皇家丹麦科学院所提出的征文问题及其之前的引语，连带印刷在我的论文之前的德文译文，然后作

出判断：这一问题到底询问的是什么？ 是询问伦理学的最终理据、原则、基础和真正的源头，抑或询问伦理学与形而上学之间的关系。 为减轻读者负担，我现在就逐一分析征文的引语和问题，把意思至为清楚地显现出来。 这征文问题的引语向我们说：“必然存在着某一道德的观念，或说道德法则的某一原初概念；而这观念或概念就表现在两方面，亦即一方面表现在作为一门学科的道德学，另一方面则表现在现实生活当中：在这现实生活当中，那道德观念或原初概念又表现在两个方面：一是对自己的行为的评判，二是对他人的行为的评判。然后，与这道德的原初概念连结在一起的，还有建基于此的其他概念。 在这引语的基础上，科学院提出了问题，即要在哪里找到道德的源头和基础？ 是否或许在道德的某一原初的观念，而这原初的观念确实和直接在意识或者良心之中？那样的话，必须对这原初的概念和由此概念衍生出来的概念进行分析。 或者道德学是否另有其他认识根据？”去掉那些不重要的枝节、清楚显现这问题的话，这问题的拉丁文是这样说的：“要在哪里寻找道德哲学的源头和基础？ 是要在对那直接意识中的道德观念的解释中寻找，抑或在其他认知根据中才可找到？”最后一句问话至为清楚地显示：所要询问的是道德学的认知根据。 此外，我现在还想再补充对此问题的改写式解释。 那引语是从两个完全源自实践的观察出发的：“事实上存在一种道德科学；同样，这也是事实：在现实生活当中，道德概 358
念是引人注目的，也就是说，一是我们在我们的良心里对我们的行为所作的评价；二是我们对他人的行为在道德方面所作的评判。 同样地，各种各样的道德概念，诸如义务、归责(Zurechnung)等都普遍发挥作用。 在所有这些中，道德的某一原初概念、某一道德法则的某一基本思想凸显出来了，其必然性却是某一奇特的、不仅是逻辑上的必然性，亦即这必然性不仅只是根据所评判的行为的矛盾律，或者根据这些行为背后的准则就可证明的。 从这道德的原初概念，随后就衍生出其他的道德主要概念，后者从属于前者，因此也是与前者无法分开的。那么，所有这一切又建基于什么呢？那是要探究的一个重要课题。因此，科学院提出了以下任务：把道德的源头，亦即起源、基础找出来（‘寻找’）。在哪里寻找呢？也就是说，在哪里呢？是在我们与生俱来的、我们的意识或者良心中的某一道德观念吗？那就需要对这道德观念，连带从属于它的概念进行分析（‘分析’）。或者那道德的源头是要在别处寻找？亦即那道德还另有完全不一样的关于我们的义务的认知根据作为基础，而不是上述所提议的和举例的那些？”——这就是对那引语和问题的内容彻底的、清晰的和忠实的复述。

现在，还有谁对皇家丹麦科学院询问的就是道德学（或道德）的源头、起源、基础、最终的认知根据有丝毫的怀疑？但道德学的源头和基础，绝对不可能是
359 除了道德性的源头以外的任何东西，因为理论上和观念上的道德学，就是实际上和现实中的道德。但这道德的源头却必然是所有的道德性的良好行为的最终根据，道德学从它那方面也因此必然提出这些理据，以便向人们作出的所有规定能有所支撑和援引——假如它们不是凭空拿来那些规定，或者假如那些规定不是出自错误的根据的话。因此，道德学不得不证明一切道德的最终理据，因为道德学作为学科大厦是以此为基石的，一如实践的道德以此为起源。所以，无可否认，道德哲学的基础是那任务所要探询的。因此，这是清楚明白的事情：这任务的确是要求找到和提出伦理学的某一原则，其含义并非仅仅是某一最高的规定或者基本的准则，而是一切道德的某一真实的理据，并因此是道德学的认知理据。但这判词否认这一点，因为它说：因为我误会了这一点，所以不能获奖。不过，每个人只要读一下这要求，就肯定要误会的，因为这是白纸黑字写在那里的，字词的意思清楚无歧义；只要拉丁字词还保留着其含义，那这意思就是不可

否定的。

我在此啰嗦了点，但这涉及的是重要的和值得注意的事情。因为由此可清楚和确切地看出：科学院否认提出的问题，是科学院明白无误地和无可辩驳地提出的。相比之下，科学院却宣称提出了某些别的问题；也就是说，形而上学与道德学（或道德）之间的关联，即那有奖问题的首要课题（对“征文的主题”，ipsum thema，唯一只能作此理解）。现在，就让读者仔细审视一下，看看是否可找到与此有关的一个字词，无论是在有奖问题还是在问题的引语里面。哪怕是一个音节、一点点的暗示都没有。谁要是就两种学科的关联提出问题，那必须把这两学科说出来，但无论是问题还是引语，都没有提及形而上学的字眼。此 360
外，假如我们把这判词的整个主要句子从错误的位置挪回自然的位置，那意思就更清楚了，而字词还是原来的字词，“这主题本身首要要求探究形而上学与道德学之间的关联；但因为论文的作者忽略了首要要求的东西，误以为所要求的是提出伦理学的一些原则，所以，他把讨论他所提出的伦理学原则与其形而上学的关联的部分安排在了附录，并且写得超出了所要求的。”此外，对形而上学与道德学关联的探究绝对不在有奖问题的引语的起点视角里面，因为这引语是以实践经验所见开始的，援引了在普通生活中所出现的道德评价，等等，然后提出问题：这一切都是基于什么呢？最后，作为某一可能的解决例子，建议了某一与生俱来的、存在于意识中的道德观念，因而在这例子里试探性地和带有疑问地假设存在某一只是心理上的事实，而不是用一个形而上学的定理作为解答。但以此方式，这引语让人清楚地看到：这有奖问题要求的是以某一个事实——不管那是意识中的事实，还是外在世界中的事实——说明道德（或道德学）的理据基础，并不期望看到那些理据基础是从某一门形而上学的梦呓中推论而来的。因此，以后一种方式来解答问题的征文，科学院可以有充足的理由拒绝。我们要仔细考虑这一点。除此之外，还有这一点：据称所提出来的、到处都找不到其踪影的有*关形而上学与道德学的关联*的问题，却是完全无法回答的，因此，假如我们相信科学院还有点点见识的话，那这问题就是*不可能的*：*无法回答*，是因为根本没有任何*绝对的形而上学*，只有不同的(甚至极为不同的)各种形而上学，亦即在形而
361 上学方面的各种各样的努力，数目之多，如同以往所曾有过的哲学家。因此，这些哲学家各唱各的调，他们从根本上是不同的和持不同意见的。据此，人们会询问亚里士多德的、伊壁鸠鲁的、斯宾诺莎的、莱布尼茨的、洛克的形而上学，或者其他某一确定的形而上学与伦理学的关联，但永远不会询问某一*绝对的形而上学*与伦理学的关联，因为这样的问题没有任何明确的意义，因为这询问的是某一既定的东西与某一相当不确定的，甚至或许是不可能的东西的关系。这是因为只要并不存在一门被承认为客观的和无可否认的形而上学，亦即并不存在某一*绝对的形而上学*，那我们就根本不知道这样的形而上学是否只是可能，也不知道那将是什么样子和能是什么样子。但假如有人极力主张我们还有某一相当普遍的，因而是自由的、不确定定义的、*泛泛的形而上学*——就这方面，可以提问这一抽象的形而上学与伦理学的泛泛的关联，这是允许的，不过，对这个意义上的问题的回答就容易和简单了，为此回答而设定奖赏是可笑的事情。也就是说，那顶多是说某一真正的和完美的形而上学必然会给予伦理以坚实的支撑、终极的理据。再者，对这样的想法，人们在我的正文第一段就可看到详细的解释。在第一段，我还特别指出这论文的问题所遭遇的其中一个困难是：根据这一问题的本质，是排除掉以任何某一形而上学——人们由此出发并能以此为支撑——为伦理学提供理据的。

因此，我在上面无可辩驳地表明了：皇家丹麦科学院确实提出了他们否认提出的问题，而他们声称提出的问题，其实并没有提出也根本不可能提出。皇家丹

麦科学院的这种行事，根据我所提出的道德准则，当然是不对的；不过，就算他们 362
不接受我的道德准则，他们也肯定要拿出另一套准则，据此表明他们的行事是对的。

丹麦科学院确实提出了问题，我已经准确回答了。我首先在一个否定性的部分阐明：伦理学的原则并不就在人们这六十年来以为是肯定证明了的地方。然后，在肯定性的部分，我揭示了道德上值得赞扬的行为的真正源头，并确实证明了那就是真正的源头，而不会在任何其他地方。最后，我指出了伦理学的真实根据的关联——并不是与我的形而上学的关联，正如判词所错误陈述的，也不是与任何某一特定的形而上学的关联，而是与一种普遍的根本思想的关联；这一根本思想是非常多的，或许是大多数的，毫无疑问是最古老的，依我看来是最真确的形而上学体系所共有的。我并没有以附录的形式给出这形而上学的阐述，就像判词所说的那样，而是放在这篇论文的最后一章，是整篇东西的结论，即拱顶石，是最终得出的更高一级的思考。至于我说过的在此所做的超出了这任务实际上的要求，恰恰是因为这任务并没有任何字词表明要求某一形而上学的解释，更没有像判词所声称的，这任务实际上旨在获得这样一种形而上学的解释。此外，这一形而上学的分析是否是一样附加的东西，亦即某样我做出了超出要求的东西，是次要的事情，甚至无关紧要。这解释搁在那里就可以了。但这判词想以这一点批评我，却说明了给出判词的人的窘境：他们是要用尽一切办法，务求拿出哪怕是点点针对我这篇论文的东西。此外，根据这种问题探讨的本质，那种形而上学的考察必须作为文章的结尾。这是因为假如这形而上学的思考放在了文章的前头，伦理学的原则就必须以综合的方式从这形而上学的考察中推导出来——这只有在科学院说了要在那许多各个极不一样的形而上学当
中，到底是从哪一种形而上学推论出一个伦理学原则才是可能的。但这样的 363
话，这个伦理学原则的真理性就完全取决于在此预设了的形而上学，因而是有疑

问的。据此，所提出的问题的本质决定了有必要为道德的原初原则给出某一分析性的*(analytische)理据，亦即在不预设任何一门形而上学的情况下，从现实事物中汲取的理据。正是因为在近代，这条途径被普遍承认是唯一确切可靠的，所以，康德和在他之前的英国道德学家致力于在独立于任何形而上学的预设之下，通过分析的途径为道德原则和源泉找出理据。再度离开这一途径明显是走回头路。假如科学院真的要求这样做，那他们起码以最明确的方式说出来，但在他们的问题里面，却没有任何这方面的暗示和提及。

此外，既然丹麦科学院宽宏大量地对我的作品中的根本缺陷保持缄默，那我就小心不要披露出来。但恐怕这是无济于事的，因为我已预见到一些好事者会循着蛛丝马迹发现这一污点。这有可能让读者误以为我给挪威科学院的应征论文也起码带有同样的缺陷。当然，这并没有妨碍皇家挪威科学院褒奖我那篇应征征文。成为这个科学院的院士是一种荣誉，其价值随着过去的每一天，我看得越加清楚和体会得越加充分。这是因为作为科学院，他们关注的除了真理、光明、人类思想和知识的进步以外，不会还有其他。一个科学院并不是信仰的裁判所。但每一个科学院，在提出如此高级、严肃和充满异议的问题(一如这两个由科学院所提出的有奖问题)之前，先要自己弄清楚和确定下来：他们是否真的准备好了公开赞成和同意那真理——不管其是否好听(因为科学院并不提前知
364 道这真理)。这是因为在之后，在收到对一个严肃问题的严肃回答以后，就已经

* 叔本华在此所用的"分析"和"综合"的方法，与传统的意义不同，叔本华说："分析的方法就在于把既有的东西还原为某一获得承认的定理；综合的方法则在于从这样的定理作推论。所以，这两种方法相似于在第9章(即《作为意欲和表象的世界》第2卷。)中所讨论的'归纳'和'演绎'，只不过'演绎'的目的并非要奠定命题，而是要推翻命题。分析的方法是从事实，从独特的个别情形出发而达到定理，达到普遍性的东西，或是从结果出发而达到原因；综合的方法则相反。因此，描述其为**归纳和演绎的方法**将更加的准确，因为传统的名称并不贴切，表达是糟糕的。"(《作为意欲和表象的世界》第2卷，第12章)(*为译者注，下同)

不可以收回这问题了。一旦那石头客人得到了邀请，他要进来的话，甚至唐璜也毕竟是绅士而不可能否认发出了邀请。无疑是出于这方面的忧虑，欧洲的科学院在提出这类问题时一般都相当的谨慎。这里提出的两个问题的确是我记忆中首次遇到的，也就正因为这是少有发生的事情，所以我就接下了这回答的任务。这是因为虽然自相当一段时间以来就很清楚：我对待哲学是太过认真了，以致不会成为一名哲学教授，但我不相信与一个科学院打交道时，我那同样的缺陷也会与我过不去。

皇家丹麦科学院对我的第二条指责是："作者论文的形式并没有让我们满意。"对此，我是无话可说的，因为这是皇家丹麦科学院的主观评语[1]，为了说明，我把我的作品连同那评语印出来，这样就不会走样，可以原封不动地保存下来：

只要水还在流动，巨树仍在生长
只要太阳还在升起和照耀，只要月亮还在闪亮
只要河流还有水，海洋还有咆哮，
我就会告诉游人：弥达斯就埋葬在这里。

我在此要说的是，这里印出的文章是我当初寄出时的样子，也就是说，我没有作任何的删除或改动。但在寄出文章以后，所加上的很少的、简短的和并非
关键性的补充，我则用十字记号在每一补充部分的开始和结尾处作了标示，以免 365
种种的唠叨和借口辩解[2]。

---

[1] "他们说，这让我不快！然后就以为把这了结了。"——歌德（[ ]为作者注释，下同）

[2] 只是第一版才如此。在现在这一版本，那些十字记号已经去掉了，因为那多少有点扰乱，尤其是现在加进了很多新的补充。因此，谁要是想了解寄给科学院的论文的精确样子，就必须手头上有这论文的第一版。

判词除了上述还补充了这一句：“他也没有在这问题上充分证明这道德的基础。”对此，我指出这一事实以作反驳：我是确实和认真地、以近乎数学般的严格性证明了道德的理据基础。这在道德学上是没有先例的，这之所以成为可能，只是因为我比前人更深入人的意欲之中，暴露了意欲的三种终极动因，并赤裸裸地把这些终极动因展现出来——而意欲的所有行为都是出自这三种动因。

判词接下来却是：“他自己也不得不承认这一点。”如果那意思是我自己声称我所给出的道德的理据并不足够，读者可以看到这可是无影无踪的事，我也根本没想过要表达这意思。假如判词这一句话或许暗示：我曾在某一处说过，那违犯自然的性欲犯罪，其卑鄙性并非从公正和仁爱美德的同一原则推论出来的——那就是把我的话无限放大了，而这不过是又多了一个证明：他们就是要抓住每一个机会来蔑视和拒绝我的文章。在结论处，皇家丹麦科学院还给了我这一句粗暴的批评作为临别赠言，就算这批评的内容是有根有据的，我认为他们也没有正当理由这样做。所以，我在这方面帮他们一把吧。他们是这样说的：“在提到新时期的多个杰出的哲学家时，作者的口吻是如此的失礼，以致激发起
366 我们强烈的义愤。”这些“杰出的哲学家”，也就是——费希特和黑格尔！这是因为我只是对这些人用了强烈和不客气的语词，因此是实话实说，以致丹麦科学院所用的字词有可能适用在这里，以这些字词所表达的责备就其本身而言，甚至是合理的——假如那些人真的是“杰出的哲学家”。不过，这是关键的地方了。

关于费希特，我在论文中只是重复我早在22年前，在我的主要著作中对其作出的评判。在此所谈论的，我在一个专门讨论费希特的章节里说明了理由。从那章节足以看出费希特远非“杰出的哲学家”。虽然如此，我把他作为一个“有才华的人”排在远高于黑格尔的位置。只是对黑格尔，我才不加解释地以最明确的言词说出了我的不合资格的谴责性的判决。这是因为我确信他不仅在

哲学上一无是处，甚至对哲学并以此对德国的文坛有至为败坏性的、十足愚昧性的，简直是瘟疫似的影响；因此，利用每一个机会以最坚决的方式抵消和消除这种影响，是每一个有能力独立思考、独立判断的人的义务和责任。因为假如我们沉默，那谁会发声呢？在判词结尾处给我的批评，因而是与费希特和黑格尔有关的。确实，皇家丹麦科学院所说的“新时期的多个杰出的哲学家”，主要是黑格尔，因为他是受伤最重的；对他我粗野、有失风度地并没有给予有义务表示的敬意，所以，他们也就高高在上地从法官席位上对像我这样的作品，夹带着没有资格的责备予以蔑视和拒绝，公开宣称黑格尔就是一个“杰出的哲学家”。

当日报、杂志的一众写手共谋吹捧拙劣的作品，当领薪水的教授、黑格尔货 367
色的教授和一心要成为这样的教授的编外讲师，不知疲倦地和极为无耻地把那头脑至为平庸、但江湖骗术绝不平庸的人四处吹嘘为这世界上从来不曾有过的最伟大的哲学家，这是不值得任何认真考虑的，尤其是对这种可怜的声嘶力竭，就算是甚少经验的人也肯定逐渐看得出这里面笨拙的目的性。但当事情发展到一个外国的科学院会维护这样一个假冒哲学家，称其为“杰出的哲学家”，甚至羞辱和诽谤那诚实和无所畏惧地坚决反对虚假的，靠欺骗、贩卖和编造得来的名声的人——对那种无耻称颂和强迫别人接受虚假、拙劣和败坏头脑的东西，也只有这样的坚决态度才与之匹配——那事情就不是开玩笑了，因为一个得到了权威认证的判决会误导不知就里的人犯下大错。因此，我们必须让其失效，抵消其作用，因为我没有科学院的权威，所以，就必须透过理据和证明来进行。因此，我现在就把这样的理据和证明清楚、明白地展示出来，希望这些会有助于向丹麦科学院推荐贺拉斯的这一建议作将来之用：

认真检验你要推荐的人，

这样你就不会
为别人犯下的罪过而脸红。

假如我现在为了这一目的而说出黑格尔的所谓哲学是极尽故弄玄虚的东西，还真会为后世提供讽刺我们这时代的源源不断的话题，是瘫痪一切思想能力、窒息一切真正思想的东西；透过犯罪般的乱用语言，弄出一套由最空洞的、最没有意义的、最没有思想的，因此正如结果所证明了的最愚弄人的字词垃圾所组成的假哲学，这套假哲学以取自虚空的、荒诞的念头为内核，既没有理据也没有结
368 论，亦即无从证明，其本身也无法证明或者解释什么，并且也没有原创性，只是对经院的现实主义及斯宾诺莎主义的拙劣模仿，这头怪兽还据称从反面表现了基督教，亦即：

前面是狮子，后面是龙，中间则是山羊

——假如我这样说，那我是对的。假如我更进一步地说丹麦科学院的这个“杰出的哲学家”，以前人从未有过的方式乱写一通不知所云的东西，以致谁能读一下他那备受赞美的作品，所谓的《精神现象学》，而又不会感到犹如置身于一个疯人院的话，他就是这疯人院的人了——我仍然是对的。不过，我也给了丹麦科学院一个借口，说那智慧的高级学说可不是像我这样智力低下之辈所能及的，在我看来不知所云的东西却是深不可测的思想。这样的话，我当然必须找到一个不会滑掉的紧固把手，把对手逼至死角，让其无路可逃。因此，我现在要无可辩驳地证明：丹麦科学院的这位“杰出的哲学家”，甚至缺乏普通人都会有的、再普通不过的理解力。至于一个人是否缺乏这普通的理解力，仍可成为

“杰出的哲学家”，则是科学院不会提出的一个论题。我将用三个不同的例子来证实他这缺陷。这些例子我取自他对自己所写的应该是思考得最多、掌握和考虑得最周详的书籍，亦即取自他给大学生的教科书，书名是《哲学的百科全书》，一本被一位黑格尔主义者称为黑格尔主义者的《圣经》的书。

也就是说，在这书中名为“物理学”的部分，即§293(第2版，1827)，他讨论 369
了比重(specifischen Gewichte)——称之为比重力(或比重量 specifische Schwere)——并以下面的议论反驳比重取决于可渗透性差别的假设，“关于存在的重量比值的一个例子是这一现象：当一个在其支撑点上取得平衡的铁棒，在被磁化时会失去平衡，现在就显示一边重于另一边。在此，一部分受到了如此的影响，以致在没有改变体积的情况下变得更重了；物质的质量并没有改变，就这样在比重上变得更重了”。也就是说，丹麦科学院的“杰出的哲学家”作出了下面的推论：“如果一个在其支撑点上取得平衡的铁棒，之后在一边变得更重了，那它就会向这一边下沉；但假如一条铁棒，在其磁化以后向一边下沉，那铁棒在那一边就是变得更重了。”一个与此推论相称的类比是：“所有的鹅都有两只脚，你有两只脚，那你就是一只鹅。”这是因为套上直言式的话，黑格尔的三段论是：“所有的在一边变得更重的东西都会向那一边下沉；这磁化了的铁棒向一边下沉；所以，这铁棒在那一边变得更重了。”这就是“杰出的哲学家”和逻辑学改良家的三段论。不幸的是，人们忘了教训他：“从只是两个肯定的前提，不能推出第二格的结论。”但说真的，这是与生俱来的逻辑，每一个有健康的和端正的理解力的人都不可能得出类似的结论，而缺乏这样的逻辑就被表示为“缺乏理解力”、“愚钝”(Unverstand)。至于包含这一类辩论和谈论物体在没有增加质量的情况下变得更重的教科书，是多么适合扭曲掉年轻人的端正理解力，不用更仔细分析了。——这是第一个例子。

370 丹麦科学院的“杰出的哲学家”缺乏平常人的理解力的第二个例子，记录在同一部主要的和作教材用的著作§269的这一个句子：“首先，引力与惯性法则是直接相矛盾的，因为由于那引力，物质就追求脱离自身而向往另一种物质。”——这是什么意思?！并不明白一个物体受到另一个物体的吸引，与前者受到后者的排斥都与惯性法则不相抵触吗?！无论是前一种情况还是后一种情况，都是增添了某一外因，取消或者改变了直至这之前的静止或者运动状态；情形甚至无论是在吸引还是在排斥之时，作用和反作用都是互相等同的。竟然狂妄无知地写下如此幼稚可笑的东西！并且是在一本给学生用的教科书里。学生们因此对大自然理论的最早基本概念或许就会全都永远搞错了——任何一个学者对这些基本概念都不能不熟悉。当然，名实越不相符，就越让他更狂妄。对一个可以思考的人来说(但我们的“杰出的哲学家”可不是这样的人，因为他只是始终把“思想”挂在嘴边，就像酒店总挂着王公大人的招牌——但那些人却从来不曾在他们店里投宿过)，要解释一样物体为何排斥另一样物体，并不比解释这一物体为何吸引另一样物体更容易，因为无论对于排斥还是吸引，那无法解释的自然力都构成其基础，正如每一个因果性解释都以这些自然力为前提条件。因此，假如说一样物体由于引力的作用而被另一物体吸引，追求“脱离自身”向往这物体，那我们也必须说被排斥的物体“脱离自身”逃离那排斥性的物体，无论是在前一种情形还是后一种情形都看到惯性法则被取消了。惯性法则是从因果性法则直接出来的，并的确只是因果性法则的另一面：“每一次的变化都是由一个原因所造成的”，因果性法则这样说；“没有发生任何原因的话，就不会有任何变化”，惯性法则这样说。因此，一件事实假如是与惯性法则相抵触的，那也就完全与因果性法则相抵触，亦即与先验确切的东西相抵触，展现给我们的某一
371 样作用效果是没有原因的——而要接受这一点的话，就是一切缺乏理解力的内

核。——这是第二个例子。

对上述与生俱来的特性的检验，就在丹麦科学院的“杰出哲学家”的同一部杰作里的§298。在那里，在反对别人通过细孔解释弹性而展开论战时，他说：“此外，虽然假如在抽象中承认物质是可逝的，而不是绝对的，但在应用时仍会有对此的拒绝……；以致事实上物质是被设想为绝对独立的、永恒的。这一错误是经由理解力的普遍错误所造成的。”——又有哪一个傻瓜承认了物质是可逝的呢？哪一位把与此相反的称为一个错误？物质是长驻的，亦即物质并不像所有其他东西一样生成和消逝，而是不灭的——一如其不生，历经任何时间而长存，因此，其定量既不会增加也不会减少——这是一个先验的知识，其牢固和可靠犹如数学知识一般。物质的生成和消逝，哪怕只是想象一下，对我们来说也实在是不可能的，因为我们理解力的形式并不允许这样做。否认这一点，把这说成是错误的，也就是完全舍弃一切理解力。这是第三个例子。我们甚至有充分的理由把“绝对”的称号和属性赋予物质，因为绝对的意思是其在因果性范围之外存在，并不进入无尽的因果链中，因为那因果链只涉及物质非本质的属性、状态、形式，并把这些互相连结起来。这因果法则只扩展至这些东西，只涉及在物质那里所发生的变化及其生生灭灭，但不会涉及物质。的确，那“绝对”的称号和属性，只在物质那里才有其唯一的例证，并由此获得现实性和应用。除此之外，“绝对”就是一个找不到主体的称号和属性，因而是一个出自虚空的、无法通过任何东西以实现的概念，那不过是滑稽哲学家的吹气玩具。顺便 372
一说，黑格尔的上述话语很天真地暴露出对那些婆婆妈妈的老妇人的哲学，这样一个庄严的、超级超验的、在空中特技飞行但又深不见底的哲学家，心里其实是多么的情有独钟，对那些定理他是永远不会让自己提出质疑的。

所以，丹麦科学院的“杰出的哲学家”明确地教导我们：物体在不曾增加质量的情况下可以变得更重，一根受到了磁力影响的铁棒尤其是这样；同样，引力是与惯性法则相矛盾的；最后，物质是可逝的。这三个例子足以展示很久以来就已经在那探头探脑的东西——一旦那厚厚的、嘲笑一切人类理解力的、荒唐的胡言乱语的外衣露出了点点破口；而那杰出的哲学家就裹着这层外衣昂首阔步地游走，热衷于向精神思想方面的庸众装出样子。人们说“从其爪子就可看出是头狮子”，但我必须说，不管这是否好听，“从其耳朵就可看出是头驴子”。那现在，从在此所展示的黑格尔哲学的样品，正直、不带偏私的人可以作出判断：到底谁才是“失礼”的？是毫不客气称呼这教导荒唐货色的人为江湖骗子的人，抑或从科学院的宝座上颁布判决说他就是一个“杰出的哲学家”的人？

我还要补上这一点，从那位“杰出的哲学家”作品中如此之多的各式荒谬说法中，我特地给出以上三个例子，是因为这所说的内容并非涉及困难的，或许无法解决的，因此可以有不同观点的哲学问题，也并非涉及专门个别的、需要预先掌握精确的经验知识才能明白的物理学的真理；这里所涉及的只是先验的领悟，亦即每一个人只需仔细回想就可以解决的问题。因此，在这类事情上作出颠倒
373 性的错误判断，就是一个明确的和不可否认的标志，表明此人非一般地缺乏理解力；但在给学生用的课本中放肆地提出这样一些荒唐的理论，则让我们看到一个头脑平庸的家伙一旦被人们呼喊为伟大的思想家，会是怎样地陡长嚣张气焰的。因此，做出这事情是任何目的都无法合理辩护的手段。人们把那三个所展示的样品与在同一部杰作中§98以“再就是那排斥力”开始的段落放在一起比较，看看这个罪人以怎样的一副傲慢态度，高高在上地打量着牛顿万有引力的普遍定律和康德关于自然科学的形而上学基本知识。谁要是有耐性读完从§40—§62——在那里，“杰出的哲学家”歪曲地描述了康德哲学，并且因为没有能力估量康德的伟大贡献，也由于天生太过低级，以致无法欣赏这极其罕有的现象、

喜欢这个真正伟大的思想家。他反而是高高在上地、自我感觉优越和气度不凡地向下俯视这个伟大的人物，就像俯视一个他已忽略了百次之多的人：现在，对这人学生一样的、吃力的尝试，他带着冷冷的蔑视，半嘲讽半同情地指出缺点和失误，以教诲他的那些学生。在§254也是这样。对别人的真正成就装出一副了不起的气派，当然是各式江湖骗子熟用的招数，对那些头脑简单的人却不会轻易失效。因此，除了乱写一气那些胡说八道以外，装腔作势就是这个江湖骗子的主要招数。所以，一有机会，不仅对陌生的哲学论题，而且对每一门学科及其方法，对人类头脑思想在长达数世纪里通过敏锐的洞察，通过勤勉的汗水和努力所取得的一切，他都狂妄地、苛刻地、轻蔑地和嘲弄地从其字词大厦的高处往下傲视，并以此的确在德国的公众那里，对他那些以胡言乱语封存起来的智慧，产生出某一很高的看法，因为那些读者甚至在想：

> 他们看上去高傲和不满： 374
> 在我看来就像出生于高贵名门。

以自己的方式、方法作出评判是极少数人才有的特权，其余人等则是听从权威和例子的指挥。后者以别人的眼睛观看，以别人的耳朵倾听。因此，与现在所有的世人一样思考是相当容易的，但与三十年后所有的世人一样的思考，却不是每一个人能做到的。所以，谁要是习惯于随便听信别人的判断，全凭听信就认定一个作家是值得敬重的，在这之后也想让别人承认这一点，那他很容易陷入这样一个人的处境：这个人贴现了一张糟糕的汇票，本以为得到承兑，但被连带尖刻的拒付证明退了回来。这样的人必须学会下一次更好地检查签发汇票的商行和转让人的商行。假如我不是认为那在德国巧妙制造出来的对黑格尔的赞美呐喊和黑格尔的众多党徒，对丹麦科学院给一个糟蹋纸张、时间和头脑的人用上了一个“杰出的哲学家”的荣誉称号，施加了压倒性的影响，那我就不得不否定我所真诚深信的东西了。所以，在我看来很适合让皇家丹麦科学院回想一下一个真正杰出的哲学家——洛克（被费希特称为所有哲学家中最糟糕的一个，这反倒是洛克的荣誉）——写出的一段美妙文字，那是在他的巨作倒数第二章结尾处。为便利德国读者，我把这段文字翻译成了德文：

> 尽管在这世界上，针对错误和看法，人们大声嚷嚷，但我必须还人类以公道。我要说的是，其实并没有通常所以为的那样多的人犯下了错误和持有错误的看法。这并不是说我认为他们领会了真理，而是因为他们对为之轰动的
> 375 学说，其实并没有想法和意见。这是因为假如有人盘问一下这世界大多数派别的大部分的坚决支持者，就会发现对那些他们如此热心的事情，他们是没有自己的意见的；他也更没有理由认为他们会去检验一番那些事情的论据和可能性。他们下定决心拥护由于教育或者利益而让他们卷入其中的党派；然后，他们就像一支军队的普通士兵一样，听从上司的指挥而展现出勇气和热情，甚至不会检查或者只是知道他们为之而战的原因和目标。假如一个人的一生显示他并不认真看重宗教，那我们有什么理由认为他会对他的教会的主张而伤脑筋，大费周章地检查这个学说或者那个理论的根据和理由？对他来说，做到这一点就足够了：服从其指挥者，随时手脚、口舌并用地支持那共同的事业，并以此向社会上那些能够给予他声誉、晋升或者保护的人证明和表现自己。因此，人们所声称的和为此而战的看法，是他们从来就不曾确信的，也不曾成为其改宗者。那些看法甚至不会浮现在他们的脑海中。虽然我们不可以说这世上错误的或者未必确实的看法比实际上的要少，但这一点是确实的，实际上同意这些看法并把其误以为真理的人，比想象中的要少。

洛克说得相当对，谁给出不错的酬劳，就能随时人多势众，哪怕其事业和目
标是这世上至为不堪的。透过可观的金钱补贴，我们既可以把一个拙劣的哲学
家，也可以把一个对高位提出非分要求者暂时推至高位。但是，洛克在此却没
有考虑那一大帮支持谬误看法和传播虚假名声的人，甚至那组织中的骨干和精 376
锐。我指的是许多并不是妄求成为诸如黑格尔货色的教授，或者享受别的受俸
职位的人，而是指那些纯粹头脑简单者：他们深感自己判断力方面的无能，所以
就跟着那些懂得如何向他们摆出一副高深样子的人后面鹦鹉学舌；每当看到人流
聚集处，就硬凑上去一道招摇过市；每当噪声响起，就一起呐喊。为从另一侧
面补充洛克对在各个时期都不断重复的一个奇特现象所给出的解释，我与大家分
享我喜爱的西班牙作家的部分章节。因为这内容相当滑稽好笑，并且出自一本
出色的、在德国几乎不为人知的著作，所以，读者不管怎样都会欢迎的。这一
部分特别应该被德国许多年轻的和年老的傻瓜当作一面镜子，因为这些人私下在
内心深处感觉到了自己精神思想方面的无能，所以就跟着那些无赖唱起对黑格尔
的赞歌，假装在这哲学江湖骗子的那些言之无物或者无稽的话语里找到深奥奇妙
的真理。“例子是令人反感的”，所以，我只是抽象地给予他们教诲：在智力方面
最贬低自己的，无过于赞叹和欣赏拙劣的东西。这是因为爱尔维修说得很对：
“取悦我们所需的思想智力程度，恰恰就是我们拥有的思想智力程度。”暂时无
法认出优秀的东西则更容易让人原谅，因为所看到的各种类别的优秀东西，由于
其原初性，都是那样的新颖和陌生，要第一眼认出这些就是优秀的东西，不仅需
要理解力，而且还需要具体方面的教育和修养。因此，一般来说，优秀的东西
越属于高级的类别就越迟才得到承认，而真正照耀人类的有与恒星一样的命
运——其光芒需要多年才能到达人的视线范围。相比之下，崇敬拙劣、虚假、没
有思想的，甚或荒唐胡闹的东西，则是无法让人原谅的，只能以此无法更改地证 377
明了这人就是个笨蛋，并因此至死都是这样，因为理解力是无法学到的。但在

另一方面，因为我在受到挑衅之下，对黑格尔的货色——这德国文学中的瘟疫——恰如其分地作出了处理，所以，我确信会得到以后或许会出现的诚实和有见识的人的感谢。这是因为他们会完全同意伏尔泰与歌德以惊人的一致表达的看法："青睐拙劣的作品，就跟责骂优秀的作品一样，都是阻挠思想进步的。"(致曼恩公爵夫人的信)"那事实上的蒙昧主义并不就是人们阻挠传播真实的、清晰的和有用的东西，而是引入谬误、虚假的东西。"(《歌德遗著》，第9卷，第54页)但有哪个时期像德国过去的二十年那样，经历了如此有计划和强制性地引入相当拙劣的东西？还另有哪一个时期如此神化那些荒唐的胡言？席勒的诗句似乎明确预见到的，还会是哪另一个时期？

> 我看见声望的神圣花冠
> 在平庸的额头上受到亵渎

正因此，我想传达给大家的这段西班牙叙事文——作为这篇前言的欢快结尾——是那样的适时、应景，甚至会让人怀疑是在1840年撰写的，并非1640年。所以，我把这篇出自巴尔塔扎尔·格拉西安的《批评家》的故事忠实翻译出来，以便完整地传达。这是1702年安特卫普首版四开本的《洛伦佐·格拉西安作品集》第1卷，第3部分，第4回，第285页：

> ……但我们两个旅行者[1]的向导和解析者发现，在所有人中只有制绳者才是值得夸赞的，因为走的是与所有其他人相反的方向。

[1] 他们是父亲克里蒂洛和儿子安德雷尼奥。解析者是德森佳诺，亦即幻灭；他是真理的第二个儿子，真理的第一个儿子是仇恨："真理生下仇恨。"

当他们抵达的时候，他们所听到的引起了他们的注意。经过四周的一番 378
观望以后，他们看到了在一个普通的木板舞台上，站着一个干练的、不停缠着人说话的人，周围是一大群人，在此就要被磨坊的水轮碾磨和处理了。他控制这些俘虏，拴住了他们的耳朵，虽然他用的不是底比斯女巫的金链子[1]，而是以铁的辔头。这家伙发挥在这种场合不可缺少的口才，说要给大家看看奇妙的东西，“现在，我的先生们，”他说，“我要向你们展示一个带翅膀的奇迹，因此也是一个智力的奇迹。我高兴的是，我能与有见识的人，与完好的人打交道；但我必须说假如你们当中有某些人并不具备超常的智力禀赋，那他现在可以马上离开，因为即将出现的高级的和微妙的事物是他所不能理解的。所以，注意了，我的有见识、有智力的先生们！朱庇特的雄鹰就要出场了：这雄鹰所说的、所议论的都合乎其身份，佐伊尔一样地嬉笑和阿里斯塔克斯一样地讽刺挖苦。从他的嘴巴说出的每一个字都无不包含着神秘，无不包含着一个寓示了多方含义的机智思想。”他所说的都是“至为崇高的深刻”的格言[2]。“这肯定是个有钱或有权力的人，”克里蒂洛说，“因为假如他贫穷的话，那他所说的一切都不会有价值。以银铃般的声音，可以歌唱得很好；但 379
以金子的嘴巴说得更美妙。”“好了，”那骗子继续说：“那些并非智力的雄鹰的先生，现在就请告辞吧，因为现在这里对他们来说没有什么可收获的。”——什么？没人离开？都是一动不动的？这是因为人们都不会承认自己是没有

[1] 格拉西安指的是赫拉克勒斯。关于这大力神，在第2部第2回第133页（也在《诗之才艺》第19篇，在《明慎之道》第398页）说，从他的舌头长出小链条，把其他人的耳朵拴在一起。但格拉西安（由于受到阿尔恰托的寓言画的误导）把赫拉克勒斯与墨丘利弄混了，因为墨丘利作为口才之神正表现为这个样子。

[2] 这是在黑格尔杂志，俗称《科学文献年鉴》1827年第7期，黑格尔的用词，格拉西安的原文只是“深刻的思想和格言”。

见识的;相反,每个人都觉得自己非常有见解,认为自己的智力非比一般和对自己有很高的评价。现在,他拉拽一个粗大的辔头,然后出现了——一只至为愚笨的动物,只是提起它的名字都是一种侮辱。“你们看看吧,”骗子嚷道:“一只雄鹰,一只有着一切闪光素质的雄鹰,无论思想还是言谈方面。人们可不要说出相反的话,因为那只会有损他自己的智力的声誉。”——“天啊!”一个人喊道:“我看见它的翅膀了,它们是多么的壮观!”——“而我,”另一个人嚷着:“却可以数出它的羽毛!啊,那些羽毛是多么的细腻!”——“你难道没看到吗?”一个人对旁边的人说。“我没看到?”这人喊着:“哟,我看得可清楚了!”但一个诚实的和有智力的人跟他旁边的人说:“我的确是一个诚实的人,我没看到什么雄鹰在那里,也没看到什么羽毛,只看到弱小的四只脚和一条体面的尾巴。”——“嘘!”一个朋友回应道:“不要这样说,你会搞垮你自己的:他们会以为你是个大……什么什么。你就听我们说的,随大流就好了。”——“我对所有的圣者发誓,”另一个同样正直的人说:“那不仅不是一只雄鹰,而且恰恰相反,那就是一只大……”——“不要作声,不要作声!”他的朋友一边用手肘碰他一边说:“你想要大家都笑话你吗?你除了说那是只雄鹰以外,不可以说是别的!——哪怕你想的与此完全相反,我们都说是的。”——“你们
380 没有注意到它说出的妙语吗?”那骗子吆喝着。“谁要是无法理解和感觉到这些,就肯定是点点天资聪颖都没有的。”马上,一个学士跃上前来,一边嚷嚷着:“太美了!多么伟大的思想!”这世界上最出色的东西!多了不起的格言!赶紧把它们写下来!哪怕走漏了一丁点,也是永恒的遗憾(在他去世以后,我将要编辑我的笔记本)[1]。就在这一瞬间,那奇妙的动物发出了震耳欲聋的

[1] 括号中的话是我加上去的。

叫声，足以让整个市议会会议慌了神，与此伴随的是那洪水般的不得体的话语，搞得每个人都吃惊地站在那里，面面相觑。“抬眼看！抬眼看！我的胆怯[1](gescheuten)的人”，那狡猾的骗子匆忙喊道：“抬眼看并拈起脚尖！那就是我所称的发言！还有像这样一位阿波罗第二吗？对他的圆润的思想和雄辩的发言，你们怎么看？这世界上还有比这更有智力的人吗？”四周站着的人们互相张望着，但没有人敢吭一声不满，或者说出他所想的和真相到底是什么，只是因为害怕被视为蠢人。相反，所有人都用同一个声音发出表扬和赞许。“啊，这鸟喙!”一个可笑的喋喋不休的女人喊叫着：“太让我着迷了！我可以整天听着都不会厌倦。”——“那我是见鬼了，”一个胆小者轻声说道：“假如那不是一头到处都有的驴子。但我却要小心不把这说出来。”——“我以诚信担保，”另一个人说：“那不是什么发言，只是驴叫而已，但谁要这样说，可就惨了！现在这世道就是这样：一只鼹鼠被认为是一只猞猁，青蛙被当成金丝雀，母鸡成了狮子，蟋蟀被当成金翅雀，驴子被当成雄鹰。与此相反的事 381
情与我何干？我保留我自己的思想，但跟所有人一样的说法，就让我们这样活着吧！那才是最重要的。”

克里蒂洛看到一边是这样的卑鄙勾当和另一边是这样的滑头，感到非常的生气。“愚蠢竟可以这样控制人的头脑吗?”他在想。但那大言不惭的骗子却在大鼻子阴影下嘲笑所有人，并像在喜剧里那样在一旁得意地跟自己说：“我难道不是为你戏弄他们所有人？一个老鸨能做得比这更多吗?”他又重新给了他们百多样无聊的东西领会，同时，他再一次吆喝：“大家可不要说这并

[1] 我们应该写成Gescheut(胆怯的)，而不是Gescheidt(聪明的)。这个词的词源基础是尚福尔所美妙表达的：“《圣经》说智慧始自对上帝的恐惧；而我认为智慧始自对人的恐惧。”

非真的如此，否则，他就是给自己打上了傻瓜的印记。”那低级、无耻的喝彩声越发响亮了，甚至安德雷尼奥也与所有人一道喝彩。但再也无法忍受这些的克里蒂诺就想着离开。他对那惊呆了的解析者说了这些话：“这人还要消磨我们的耐心多久呢？你也还要保持沉默多久？无耻、让人不快和恼火已经超出了一切极限！”对此，解析者回答说：“你就稍稍耐心点吧，等到时间终于发话：时间就会恢复真相，一如其始终做的那样。只需等到那巨怪尾部转向我们，你就会听到现在还在赞叹的人诅咒它。”正当那骗子再度拉进来那雄鹰和驴子的复合物（雄鹰是假的，驴子却是真的）的时候，事情果如所说的那样发生了。在那一刻，终于有人相继说话了，“我敢保证，”一个人说：“那肯定不是什么天才，它只是一头驴子。”“我们是多么的愚蠢啊！”另一个人喊道。然后，其他人也都相互激发起勇气，直至最后说出“我们见到过类似的骗局吗？它哪曾说出一个有一星半点内容的字词，我们却都鼓掌喝彩。一句话，它就是
382 一头驴子而已，我们真该被人放上驮鞍。”但现在，那骗子再度走向前来，许诺另一更奇妙的东西：“从现在开始，”他说：“我将要真的给你看一个世界闻名的巨人，恩克拉多斯和堤丰都无法与之相比。但与此同时，我必须一提：谁要是向他喊出‘巨人’的，就会交上好运，因为他会帮他得到巨大的荣誉，会给他大堆的财富，收入成千上万的皮阿斯特，还有体面、高职和地位。那些看不出巨人的就倒霉了：他不仅不会得到任何恩惠，而且还会遭受闪电和惩罚。所有人都看好了！现在他来了，展现了真身，啊，他是多么的高大伟岸！！”一道帘子拉开了，一个矮小的男人出现了；假如他被一辆起重车吊起来，那就没人能看到他，就像从肘子到手掌一般小如无物，无论从哪个方面都像俾格米人似的，里里外外都是如此。“好了，现在你们在干什么？为什么不叫喊了呢？为什么不鼓掌喝彩？提高点音量，演说家们！吟唱吧，诗人们！写作吧，天才

们！你们的合唱就是：著名的、不同凡响的、伟大的人！”所有人都呆站在那里，彼此以眼睛问道：“他有一个巨人的什么呢？你在他身上看见什么英雄的特质吗?”但很快，那群阿谀奉承者就开始越来越大声地叫喊：“对！对！巨人，巨人！世上第一人！他就是一个伟大的王侯！这是一个多么勇敢的元帅！那是个多么杰出的大臣!”金币马上下雨般落在他们的身上。作家们已经在那写作了，但写的不再是故事而是颂词。诗人呢，甚至佩德罗·马提奥[1]本人也在啃咬着指甲，要为生计而发愁。没有人够胆子说出相反的话。他们卖力呐喊，唯恐落后于他人：“巨人！伟大的，至为伟大的巨人!”这是因为每一个人都希望获得高职，获得厚薪的神职。私下在内心里，他们当然就 383
说：“我真够胆撒谎的！这人还不曾长大呢，还只是个侏儒。但我该怎样做呢？你只管试试说出你所想的，然后看看这会给你带来什么吧。但像我那样做，我就有吃有喝有穿的，就会闪烁生辉，变成伟大的人物。所以，他想成为什么就成为什么吧。我不管全世界怎么看，他反正就是个巨人。”安德雷尼奥开始随大流，也在那叫嚷：“巨人，巨人，硕大无朋的巨人!”瞬间，礼物和金币就雨一般地落在他的头上，他也就喊出：“那，那不就是人生的智慧嘛!”但克里蒂洛站在那里，快要情绪失控的样子：“我再不说话，就要气炸了”，他说。“那你就不要说话，”解析者说道：“不要急着去毁灭自己。等着这巨人转过身去，那你就有好戏看了。”事情果然如此，因为那家伙一扮演完巨人的角色，一回到裹尸布衣帽间，每个人就都开始发声：

“我们是这样的笨蛋！那根本就不是个什么巨人，只是个侏儒，他本身什么都不是，也将什么都不是。”并且互相之间问到这事情怎么可能会发生。但

[1] 他歌唱了亨利四世，见《批评家》第3部，第12回，第376页。

> 克里蒂洛说了:“人们对一个人的谈论,在这人的生前或者死后,差别却是多么的巨大! 人去了以后,言词都不一样了:在我们的头顶之上与在我们的脚底之下,那是多么巨大的距离!”

但这当代西农的骗术却还没有到尽头。现在，他跑到了另一头，把杰出的人、真正的巨人带了出来，并声称是侏儒，是一无是处、什么都不是的人。对此，所有人都表示赞同，那些人也就不得不被当成侏儒，那些有判断力和能评判的人却不敢吱声。事实上，他展示了凤凰，却说那是只甲虫。所有其他人都说是的，凤凰就不得不是只甲虫了。

格拉西安就谈到这里，对丹麦科学院真诚认为需要对其表示尊敬的“杰出的
384 哲学家”，就谈这么多。也因为丹麦科学院这样的做法，让我针对他们给予我的训斥回敬了他们一课。

我还要说的是，读者本来可以比这早半年就获得这两篇应征论文——假如我不是相信皇家丹麦科学院会按道理和仿照所有科学院的做法，在为外国人登出有奖征文问题的那同一张报纸上面(在此就是《哈勒文学报》)，也公示对这篇论文的判定。但丹麦科学院并没有这样做。我必须从哥本哈根那里请求给予判定结果，而这因为给出判定结果的时间甚至没有在有奖征文时一并交代，所以更添了难度。因此，我迟了 6 个月的时间才从哥本哈根取得了判定结果[1]。

缅因河畔法兰克福,1840 年 9 月

[1] 但他们后来公布了判决,亦即在这部伦理学作品和我的这一指责出来以后。也就是说,他们在 1840 年 11 月《哈勒文学报》的公告版和在同月《耶拿文学报》上才刊登了那判决结果,因而是在 11 月份公布了早在 1 月份就已判定的结果。

第二版前言

这两篇应征论文在第二版里有了相当重要的补充，这些补充大部分都不长，但加进了许多章节中，有助于透彻理解文章的整体。我们不可以根据页数对此评估，因为现在这一版纸张的尺寸更大了。此外，这些补充将会更多——假如不是因为我并不确定是否在有生之年还能看到第二版的话，因为在此期间，我就不得不把与这书相关的思想不断地暂时放置在我所能放置的地方，亦即有些是在我的主要著作第2卷第47章，有些在《附录和补遗》第2卷第8章。

这篇受到皇家丹麦科学院的蔑视和拒绝、只获得 385
了公开责备作为酬劳的讨论道德基础的论文，在20年以后再次出版了第二版。针对科学院的判词，我在“第一版前言”中已经给出了必要的详尽分析和阐明，并首要证明了在科学院给出的判词中，科学院否认提出了他们其实提出的问题，另一方面却声称提出了他们根本就没有提出过的问题；我对此（在这一版本第358—363页）作出了如此清楚、详尽和透彻的阐明，这世界上也不会有任何一个强词夺理的诡辩者还能把这黑的说成是白的。但这些到现在还有什么意义，是用不着我说了。对科学院的整个行事，经过这20年至为冷静的思考以后，我现在还要补充下面这些。

假如科学院的目标是尽可能地压制真理，竭尽全力扼杀有思想和有才能者，大胆无畏地维护夸夸其谈者和江湖骗子的名声，那这一次，我们的丹麦科学院出色地实现了这一目标。 但因为我无法按所要求的尊重那些空谈者和江湖骗子——这些家伙被那些可被收买的唱赞歌者和受迷惑的蠢人捧为伟大的思想家——所以，我干脆给丹麦科学院的先生们一条有用的建议。假如那些先生们要向这世界发出有奖问题，那他们必须预先备好一定的判断力，起码能作看家护院之用，必要时哪怕只足以分辨出良莠。 否则，假如我们准备得太糟糕（彼得吕斯 · 拉米斯《辩证法》第二部分[*]），那我们就会搞得非常难看。 也就是说，迈达斯的判断的后面，紧随着迈达斯的命运[**]，概莫能外。 任何一切都无法让人幸免于此，无论多么严肃的面孔，无论多么气度不凡的表情都
386 无济于事。 事情总会败露。 无论人们戴上多厚的假发，始终会有不够谨慎的理发匠，不够谨慎的芦苇秆，事实上，在今天，人们不会再那么费力先要在地上挖个洞[***]。 除了所有这些以外，他们竟还有孩子般的信心，要公开数落我一番，并刊登在德国的报刊上，就是因为我并不是那么的笨蛋，不会被那些恭顺的部长一类家伙唱出的、由无脑的文坛暴民长时间接力的颂歌所镇住，不会把那些只是

---

* 彼得吕斯 • 拉米斯(Petrus Ramus，1515—1572)是法国逻辑学家和哲学家，他的《辩证法》第二部分是“论判断”。

** 在奥维德的《变形记》中，有一次，音乐之神阿波罗与潘神进行音乐技巧比赛。潘神吹奏的乡村曲调让在场的国王迈达斯觉得很好听。然后，阿波罗拉动七弦琴琴弦，美妙的音乐让作为裁判的山神把比赛的胜利判给了阿波罗。迈达斯不同意，阿波罗就给了迈达斯一对驴耳朵，以讽刺他那糟糕的判断力。

*** 迈达斯国王想要向国民隐藏起自己的驴耳朵，就整天戴着厚厚的假发和帽子。唯一见到他的耳朵的是他的理发师。理发师虽然承诺了不会告诉任何人，但这个秘密让理发师有点受不了了。最后，理发师走到山上，在芦苇秆丛中挖了个洞，然后，看着四周无人，就悄声对这洞里说：“迈达斯国王有驴子的耳朵。”在如释重负以后，理发师就回家了。但不幸的是，理发师刚好挖了回声处，这样，理发师的秘密就在王国的山上回响了。

骗子的人，把那些永远不是追求真理，始终只是追求自己个人事情的人，与丹麦科学院一道奉为“杰出的哲学家”。这些院士们难道就不曾想到要首先问一问自己：他们是否真有一丝一毫的合理理由公开数落我的观点？难道他们已被一切神灵所抛弃，完全不曾想到过这一点？现在，后果来了，报应到了：芦苇秆已经沙沙作响了！我终于突破了多年来由全部哲学教授联合起来的抵抗，对于我们的院士口中的“杰出的哲学家”，有学问的公众越来越睁开了眼睛：假如这些“杰出的哲学家”仍然是由可怜的哲学教授以微弱之力所撑持——这些哲学教授早就与他们一道名声扫地了；此外，这些教授也需要他们作为授课的材料，哪怕只是短时间的——那这些人在公众的心目中已大打折扣了，尤其是黑格尔已经快步走向那在后世等待他的蔑视下场。对他的看法自这二十多年来，距在“第一版前言”所说的格拉西安的寓言的结局，已经走完了四分之三的路程；再过若干年，就会与在二十年前那激起丹麦科学院“强烈的义愤”的判决相会了。所以，对数落和责备我的丹麦科学院，我在他们的纪念册回赠他们一首歌德的 387
诗歌：

你可以始终称颂拙劣的东西：
并为此马上收获奖励！
在你那污水潭里浮游
你就是马虎者的守护神。
责骂优秀的东西？你就试试看！
如果你放肆大胆，这就是下场：
人们追踪到你的话，
你就将深陷泥潭，咎由自取。

至于我们的德国哲学教授认为这些伦理学的应征论文的内容不值得丝毫的重视，更遑论仔细琢磨——我在《论充足理由律的四重根》（第2版第47—49页）已予以应有的承认，并且是不用说的。这一类高贵的思想人物又如何会留意小人物如我所说的东西！对我这样的小人物，他们顶多在文章中，在短暂的间隙高高在上地往下扫来蔑视的一眼和投下责备的话语。不，对我所表达的，他们不会在意：他们坚持他们的意欲的自由和道德的法则，哪怕与此相反的理据如此之多，就像雨后春笋。这是因为他们坚持的那些东西属于必不可少的条款，他们也知道这些东西存在的目的：它们的存在就是要"愈显主荣"；他们都理应成为皇家丹麦科学院的院士。

缅因河畔法兰克福，1860年8月

有奖征文《论意欲的自由》

获得皇家挪威科学院（特隆赫姆）褒奖

（1839 年 1 月 26 日）

自由是一个神秘之谜。

挪威皇家科学院提出的问题是这样的： 391

能否通过人的自我意识以显示和证明：人的意欲（意愿）是自由的？

一、对几个关键概念的定义

对如此重要、严肃和困难的一个问题，这样一个根本上恰恰也是所有中世纪和现代哲学所关注的首要难题，就这一问题所包含的几个主要概念作出很精确的界定和分析，是很有必要的。

1. 什么是自由

“自由”这一概念，经仔细考察它是否定特性的。说起“自由”，我们只想到没有了一切起妨碍作用的东西，这些起妨碍作用的东西作为显现出来的力量，却必然是肯定特性的。根据这些起妨碍作用的东西可能的性质，自由的概念也就相应分为差别很大的三类，亦即自然、身体的自由，智力的自由和道德的自由。

a. 自然、身体的自由是没有任何种类的物质障碍。所以，在德文里，我们说“自由的天空”（freier Himmel）、“自由的全景”（freie Aussicht）、“自由的空气”（freie Luft）、“自由的田野”（freies feld）、“一个自由的位置”（ein freier platz）、物理学中的“自由热”（freie elektrizitat）和“自由电”、“山洪的自由奔流”（freier lauf des stroms），亦即不再受到山石或者水闸的阻碍，等等，甚至“自由的住宿”(freie wohnung)、“自由费用”(freie kost)、“自由报刊”(freie presse)、“邮资自由的信件”(postfreier brief)等，都表示了这些东西并没有附带那些通常都会有的、妨碍我们享用的麻烦条件。但在我们的思维里，“自由”的概念常常是动物性存在物的属性，因为动物的特质是它们的活动发自它们的意欲(意愿)，出于主观任意，并因此被称为自由的——假如没有任何物质障碍让它们不可能活动的话。但由于这些障碍可以是差别很大的不同种
392 类，而受这些障碍所妨碍的又始终是意欲，这样，为了简便，我们就喜欢从肯定特性的一面去理解这一概念，并以此理解一切唯独透过自己的意欲(意愿)而活动起来的或者唯独出于自己的意欲而做出的行为。这样的概念转换从本质上并没有改变什么。因此，动物和人就在这自然的意义上被称为自由的——只要既没有皮带、绳索，也没有监狱、瘫痪等，亦即没有自然、物质方面的阻碍、阻挠他(它)们的行动，而是这些都顺应他(它)们的意欲。

自由的概念这一自然、身体的含意，尤其作为动物性存在物的属性，是原初的、直接的并因此是最常用的含意。正因为这样，这一意义上的“自由”概念，并不会让人产生疑问或者引起争议；相反，这一概念的现实性总能得到经验的证实。这是因为只要一个动物性存在物仅仅出于自己的意欲(意愿)行动起来，那这个动物在这意义上就是自由的。在此，不会有人再去考虑大概是什么会对这动物的意欲本身发挥影响。这是因为“自由”的概念，以原初的、直接的并因此是最常见的含意，只是与能够，亦即与在行动时并没有自然的障碍相关。因此，我

们说天空中的飞鸟、森林里的走兽是自由的；人就其本性而言是自由的；自由的人才是幸福的，等等。我们也才会说某一民族是自由的——这样说的意思是这一民族只受法律的治理，但这些法律是这一民族自己制定出来的。这样，这一民族就只是遵循自己的意愿(意欲)。据此，政治上的自由可归于自然、身体方面的自由。

但如果我们不考虑自然、身体的自由，只考察另外两种自由，那我们所涉及的就不是这一概念的通俗含义，而是其哲学含义了，大家都知道，这就为许多困难敞开了大门。“自由”的哲学含意可分为相当不同的两类：智力的自由和道德的自由。

b. 至于智力的自由，亦即亚里士多德所说的“在思想方面自愿的或者非自愿的”，我们在此考虑，只是为了使自由概念的划分能够完整。 393
所以，我擅自把讨论智力的自由的部分挪至本文的结尾处，因为到了本文的结尾，智力的自由里面所运用的概念已经在前面的部分得到了解释，以致只需三言两语就可以处理完毕。但在分类方面，智力的自由却因为与自然方面的自由紧密相连而必须紧随其后。

c. 这样，我现在马上转到第三种自由，亦即道德的自由，这其实是挪威皇家科学院的问题所谈论的“意欲(意愿)的自由”。

这一概念一方面与自然、身体的自由相关，这也让我们明白道德的自由必然是迟了很久才起源的。正如我所说的，自然、身体的自由仅仅与物质方面的障碍有关。只要没有物质方面的障碍，马上就有自然、身体的自由。但在不少情形里，人们已经观察到一个人在没有物质障碍的情况下，只是透过动因，诸如威吓、许诺、危险等，就会在行动上受到制约——如果没有这些动因的话，他本来肯定是随心所欲行事的。这样问题来了：这个人是自由的吗？或者某一强力的相反动因是否真的能够阻止和让某一与意欲（意愿）相符的行为变得不可能，就跟物质障碍一样？对此问题的回答，对具健康理解力的人来说并不困难，那就是某一动因永远无法像某样物质性的障碍那样发挥作用，因为这物质性的障碍轻易就可以完全压倒人的身体力量；相比之下，一个动因就其自身而言永远不会是无法抗拒的，永远不会具有无条件的威力，而是永远有可能被另一个更强力的相反动因压过——假如有这样一个动因，具体情形中的那个人也能受这一动因的影响的话。我们也经常看到，甚至在所有动因中通常最强力的一个，亦即保存生命的动因，仍然不敌其他动因，例如，在自杀和为他人、为他人的看法、为许多种种的利益
394 而献出生命的实例中，都可看到这一点；反过来，就算是各种程度的最厉害的酷刑折磨有时候都能克服，因为受刑人一想到招供了就会丧命。虽然从这些例子可以清楚地看到，动因并没有纯粹客观（客体）性的和绝对的强制力，但带有某种主观（主体）性的和相对的强制作用，亦即对相关者而言。无论是哪一种情况，所产生的结果都是一样的。这样，现在的问题是意愿（意欲）本身是自由的吗？因此，“自由”的概念从原先人们只想到的与能够相关，在此与意欲（意愿）发生了关联。问题也就产生了：到底意欲（意愿）本身是不是自由的？认真思考一下就可发现，要把自由与意欲（意愿）拉上关联，那“自由”概念原初的、纯粹经验的，并因此流行的含意却是无法胜任的。这是因为根据这一含义，“自由”意味着“符合自己的意欲（意愿）”。如果我们现在询问意欲本身是

否自由，其实等于询问意欲是否与意欲自身相符一致了。这一点虽然是不言自明的，却还是没有告诉我们任何东西。根据自由的经验上的含意，即“如果我可以做我所意欲（意愿）的，那我就是自由的”，而以这句“我所意欲（意愿）的”，自由也就确定下来了。但现在，既然我们询问的是意欲（意愿）本身是否自由，那问题应该是这样的：“你也可以意欲（意愿）你所意欲（意愿）的吗？”这样的发问似乎是说意欲（意愿）的背后还有意欲（意愿）所依赖的另一意欲（意愿）。假设对这一发问的答案是肯定的，那第二个问题又随即出现了，“你也可以意欲你所想要意欲的吗？”这样，这一发问就会一直层层往后深入，以至无穷，因为我们会认为某一意欲依赖于另一更早、更深的意欲，会徒劳地试图找到我们可以认定是绝对不依赖于任何东西的最终意欲。如果我们愿意认定有这样一个最终意欲，那我们也尽可以同样把第一个意欲视为那随意认定的最终意欲——但这样，我们的发问就可以还原为完全简单的“你可以意欲吗？”不过，对此发问所给予的肯定回答是否可以断定意欲是自由 395
的，是我们想要知道的，并且仍然是悬而未决的。“自由”那原初的、经验的、从行动中拿来的概念，因此无法与“意欲”的概念产生直接的关联。所以，为能够把自由的概念运用于意欲，就得对自由这一概念稍稍改变一下，好让人们在抽象中理解其含意。这样，我们只是把自由理解为总的来说并没有任何必然性。经过这样的处理，“自由”的概念仍保留我在本文一开始就认定的否定特性。据此，必然性的概念作为具有肯定性的、为“自由”的概念提供了否定性含意的概念，就是我们首先需要讨论的。

我们因此会发问：必然的是什么意思？一般的解释是："必然的相反就是不可能，或者必然的就是不可能是其他别的样子。"这种常规的解释只是玩弄字词，用另一种字词改写和复述概念的意思而已，并不会增进我们的认识。我提出的是这样一个实在的解释：必然是从某一个充足根据所引出的结果。正如每个准确的定义一样，这一命题是可以反过来的。根据这一充足根据是逻辑方面的、数学方面的，抑或自然物质的、被称为原因的，这一必然性相应的是逻辑的（例如，具备某些前提以后，那必然引出的结论）、数学的（例如，假如一个三角形的三个角相等，那这三角形的边长相等），或者自然物质的（例如，只要具备了原因，效果就会出现）：那必然性总是同等严格地伴随着结果。只有在我们领会到某样东西是从某一既定原因所引出的结果，我们才会认识到这一结果是必然的。反过来，一旦我们认识到某样东西是某一充足原因的结果，我们就会明白这某一东西是必然的，因为所有原因都具强制性。这一实在的解释是那样的合适和充分，以致"必然性"与"从某一充足的原因所引出的结果"简直成了可以互换的概念，亦即无论在任何
396 情况下，其中一个概念都可以取代另一概念[1]。因此，缺少必然性等于缺少某一决定性的充足原因。人们会把偶然当作是必然的相反，而这里并没有矛盾。也就是说，每一偶然发生的事情相对来说只是偶然发生的。这是因为在这一现实世界——也只有在这一现实世界才会有偶然的事情发生——所发生的每一件事情与导致其发生的原因，都是必

[1] 读者可在我的论文《论充足根据律的四重根》第2版，第172—174页读到我对必然性概念的讨论。

然的关系，与所有其他一切，亦即与其在时间、空间相遇的其他一切，
则是偶然的关系。既然缺少必然性是“自由”的标志，那自由就必然独
立于任何原因，因此也可以定义为绝对的偶然：一个最成疑问的概念能
否设想，我是不敢保证的。但这概念却以一稀奇古怪的方式与自由的
概念巧合在了一起。不管怎样，自由与必然性是没有任何关联的；也
就是说，自由是不依赖于任何根据、原因的。那么，把这个概念套用于
人的意欲（意愿），等于说一个人的意欲（意愿）在表现出来（意欲活动）
时，并不受到原因或者充足根据、理由的左右和决定，因为否则的话，
一个人的意欲行为就不会是自由的，而是必然的，因为从某一原因、根
据（无论这原因、根据属何种类）所引出的结果总是必然的。康德为自
由所下的定义正是基于这一道理——根据康德的定义，自由是一种能
力，凭自身和自动就可开始一系列的变化。这是因为“凭自身”“自
动”，还原其真正本意，就是“并没有在这之前的原因”，而这就等于
“没有必然性”。这样，虽然上述定义让自由的概念看上去似乎是肯定
性的，但仔细考察一下，这一概念的否定特性还是凸显出来了。一个
自由的意欲（意愿）也就是不受根据、原因的决定；既然每一决定其他东
西的必然是一个原因、根据，在真实事物中，就是一个真实的根据，亦
即原因，那自由的意欲将是不受任何东西左右和决定的；这自由意欲的 397
单个表现（意欲活动）因此是绝对地和完全原初地从自身而发，并非由在
这之前的条件所必然带来，亦即并非由某样东西以符合规律的方式左右
和决定的。碰上这样的概念，清晰的思维也就宣告结束了，因为充足
根据（原因）律及其所有含意是我们整个认知能力的本质形式；在此，这

一充足根据(原因)律却不再有效了。但我们也不是完全没有表达这一概念的技术用语，即“自由的、不受任何影响的意愿选择”。此外，这是表达所谓意欲的自由的唯一清楚地界定了含意的、实在的和明确的概念。所以，碰上上述概念，我们免不了陷入摇摆不定、云山雾罩的解释之中，其背后隐藏的是迟疑不决的敷衍糊弄，就像讨论并不会必然引出结果的原因和根据一样。每一个从原因、根据所引出的结果都是必然的；每一必然性都是有因就有果。从这样一种“自由的、不受任何影响的意愿选择”的看法，所得出的最直接的、反映了这一概念的特质和因此作为标志的结果，就是真具备这样“自由选择”的人，在某一完全具体、确定的外在情形下，做出两种完全相反的行为都是同样可能的。

2. 什么是自我意识

答案是：对自己自身的意识——与对其他事物的意识相对而言。对其他事物的意识是认知能力的任务。在那些其他事物显现给这认知能力之前，认知能力就包含了这些显现方式的某些形式，因此这些形式是条件，决定了事物的客体性存在——亦即事物对于我们作为物体的存在——的可能性。这些认知能力的形式，我们都知道是时间、空间、因果律。虽然这些认知的形式存在于我们自身，但其任务只是为了让我
398 们能够意识到其他事物，并且一般都是与这些事物相关的。因此，虽然这些认知形式存在于我们自身，但我们不可以把这些认知形式视为属

于自我意识，宁可视其为对其他事物的意识，亦即让客观(客体)的认识成为可能。

此外，我不会受到有奖问题中所用拉丁词 conscientia* 的双重含意的误导，把列在“良心”的名下，同时也列在实践理性及其由康德宣称的绝对命令名下的那些人所熟知的人的道德性感情冲动归入自我意识，一是因为这些东西只是作为经验和反省回顾的结果而出现，亦即对其他事物的意识的结果；二是因为在那些道德感情冲动里面，在属于原初发自人性的、为人类所特有的东西与由道德和宗教教育所添加进去的东西之间，还没有清楚的、无可争议的界限。此外，通过把良心扯进自我意识，进而把有奖问题移至道德学的地盘，然后重复康德的道德证明，或者更精确地说，重复康德那自由是出自先验意识到的道德法则的假定——因为这样的推论：“你可以这样的，因为你应该这样的”——这不可能是皇家科学院征文的目的。

从上面所说的已清楚地看到，我们的总体意识中绝大部分并不是自我意识，而是对其他事物的意识，或者认知能力。我们的认知能力以其全部力量投向外在，是真实外在世界的舞台(从更深入考察的观点看，认知能力应是真实外在世界的条件呢)。认知能力首先以直观的方式认识、把握这一真实外在的世界；然后，认知能力反思、琢磨以此方式所获得的直观认识，并把这些认识加工、整理成概念。在语词的帮助下，对这些概念进行无穷尽的组合就构成了思维。因此，只有在减

* 拉丁词 conscientia 既可以是“意识”也可以是“良心”。

去了我们总体意识中这绝大部分的内容以后，所剩下的部分才是自我意识。由此我们已经可以看出，自我意识的财富不可能是巨大的；因此，399 假如所要寻找的证明意欲（意愿）是自由的材料真的在自我意识中，那我们希望不要遗漏这些材料。人们也曾经提出过一个内在感官[1]是自我意识的工具。这一点更多的是当作比喻，而不能按照字面理解，因为自我意识是直接的。不管怎样，我们接下来的问题是自我意识包含什么，或者一个人到底是如何直接意识到自我的？回答：完全作为一个意欲着的人。每个人只要观察一下自己的自我意识，很快就会发觉自我意识的对象物始终是自己的意欲活动。我们当然不可能只是把意欲活动理解为明确的和马上化为行动的意欲活动和正式决定，以及由此产生的行为。恰恰相反，谁要是有能力透过程度和种类的不同变化的表面，把握某些根本性的东西，就会毫不犹豫地把所有这些也算作意欲活动的表现：一切渴望、追求、愿望、要求、怀念、希冀、爱恋、高兴、欢庆等，还有不情愿和抗拒，一切厌恶、反感、害怕、愤怒、憎恨、悲哀、痛苦，一句话，一切情感和激情。这是因为这些情感和激情，只是自身的意欲在要么受到制约，要么可以恣意放任；要么得到满足，要么无法获得满足时那种或强或弱的；时而激烈和暴风雨一般的，时而又轻微柔和的活动。这些情感和激情都与获得了或者错失了所欲望之物，与忍受或者消除了所厌恶的东西有各式各样的关系。这些也就是同一

[1] 这早已见之于西塞罗的《学院派文集》，4，7，称为“内在的触觉”。在奥古斯丁的《论自由意志》中（第 2 部，3 及后面）就更清楚了。然后，在笛卡尔的《哲学原理》（第 4，190）和在洛克那里得到了详细的解释。

个意欲在忙着决定和行动时的明确感情。[1]甚至我们所说的快意或者 400
不快的感觉也可归入上述条目，因为这些感觉虽然彼此之间在程度和种类上差别很大，但始终可以归因于渴望的或者厌恶的情绪，因而可归因于意欲意识到自身得到了满足，抑或没有得到满足和遭遇了障碍，抑或在恣意放纵；这些甚至扩展至身体上的舒服或者痛苦的感受，以及在这两个极端之间的无数感觉。因为所有这些感情、情绪，本质上是作为与意欲相符的或者与意欲相悖的东西直接进入了自我意识。甚至我们自己的身体，精确考察的话，我们所直接意识到的只是作为向外作用的意欲的器官和接收舒服的或者痛苦的感受的大本营，但这些感受本身，正如刚刚说了的，可还原为要么与意欲相符，要么与意欲相悖时的意欲情绪。此外，不管我们是否把这些只是快意或者不快的感觉也包括其中，至少可发现意欲所有的那些活动，那些变换的意愿或者不意愿及其不停的此起彼落，构成了自我意识的唯一对象，或者如大家愿意的话，构成了内在感觉的对象。这些意欲活动与所感觉的和所认知的处于外在世界的东西有一种一贯的、得到各方认可的关系。但是，外在世界的这些东西，正如我已经说了的，并不在直接的自我意识的范围。所以，我们一旦与外在世界发生接触，也就到达了自我意识与对其他事物

[1] 值得注意的是，基督教教会之父奥古斯丁早已完全认识到这一点，而如此之多地大谈所谓“情感官能”的现代人却对此无法看清。也就是说，在《上帝之城》第14篇第6章里，奥古斯丁说起“灵魂的感情”——这些他在前一篇里分为四类：渴望、恐惧、高兴、悲哀。他说：“在所有这些情绪里面，都可以发现意志、意愿的存在；事实上，这些情绪不过是意志、意愿的情绪波动：因为渴望和高兴难道不就是意志、意愿同意我们想要的东西，恐惧和悲哀难道不就是意志、意愿不同意我们所不想要的东西吗？”

的意识领域接壤的边界。在外在世界所感觉到的对象物，却是引发意欲的上述活动和行为的材料与动因。
401 但人们可不要把这解释为“以待决之问题作为论据”，因为我们的意欲活动总是以外在物为对象，目标指向和围绕这些对象，这些对象作为动因起码引起了意欲的活动——这是无人可以否认的。否则，意欲就完全与外在世界所隔绝，囚困于自我意识的黑暗内在之中了。现在有待探究的，只是那些外在世界的物体是如何必然地决定意欲的活动的。

所以，我们发现自我意识强烈地，严格来说，甚至唯独只专注于意欲。至于自我意识是否可以在它唯一的素材中找到作为论据的事实，并由此说明意欲是自由的——按照字词所阐明的、唯一是清晰和确切的含意——是我们所关注的问题。现在我们打算径直往我们的目标航行了，在这之前，虽然我们只是逆风曲折而行，但已经明显接近这一目标了。

二、自我意识对意欲的感知

当一个人意欲的话，他是意欲着某样东西：他的意欲活动始终是指向某一对象物的，并且也只有与这对象物联系起来才可以想象。那么，“意欲着某样东西”——到底是什么意思呢？即意欲活动本身首先只是自我意识的对象，意欲活动是由属于对其他事物的意识的某一东西，亦即由某一认知能力的客体所引发而产生的。这一客体在这一关

系中名为动因，与此同时，它是意欲活动的素材，因为意欲活动是指向
这些素材的，亦即旨在造成这些素材的变化，因而对这些素材有所反
应：意欲活动的整个本质就在于这种反应。由此已经可以清楚地看
到，没有动因，意欲活动就不会发生，因为意欲活动既缺少了诱因也缺
少了素材。不过，现在的问题是，假如这些客体出现在认知能力面前，
那意欲活动是必然地发生，抑或不会发生？是完全不会发生，抑或另
一种完全不同的，甚至完全相反的意欲活动才会发生？亦即对这些事 402
物不会有所反应，还是在完全一模一样的情形里，可以有不同的，甚至
彼此完全相反的反应？简单地说，意欲活动会由动因必然引起吗，抑
或在动因进入意识的时候，意欲保留着意愿或者不意愿的完全自由？
因此，在这里，自由的概念被理解为上面所讨论过的，也被证明唯一在
这里可用得上的抽象含义，就只是非必然性；这样，我们的难题也就确
定下来了。但我们必须在直接的自我意识里寻找解决这一难题的论据
事实，并为了这一目的而仔细检验自我意识的陈述，不能以简短的定论
一刀割掉死结就了事，就像笛卡尔所做的那样。笛卡尔不曾多加思考
就断言：“我们对此问题的看法是，我们确切意识到我们是自由的，不受
任何影响的。没有什么比对这一点的理解更清晰、完全。”（《哲学原
理》）莱布尼茨（《论神的善良和仁慈》第 1，§50 和第 3，§292）已经批
评过这种断言是站不住脚的，虽然在这一问题上，莱布尼茨本人也似风
中的芦苇左右摇摆。说了一番至为自相矛盾的意见以后，莱布尼茨最
后得出了这样的结论：意欲虽然会受到动因的影响，但这种影响不是必
然的。他说：“一切行为都是被决定的，从来不是不受影响的，因为总

有某一根据和原因在影响我们，虽然这一根据原因并非必然地决定我们这样做而不会那样做。”（莱布尼茨，《论自由：作品集》，艾德曼编辑，第669页）这给了我机会指出这一点：莱布尼茨在上面提出的两个选择之间的这条中间路线是站不住脚的。我们不可以根据某种常有的一知半解而说动因只是在某种程度上决定意欲，意欲受到动因的影响——但那仅是在某一程度上，然后，意欲可以不摆脱其影响。这是因为我们一旦认为某种力有其因果性，因而承认这力会发挥作用，当这力遭遇阻
403 碍时，只需根据阻碍的程度而相应加强这力的强度，就会达致其效果。如果用10杜卡收买不了一个人，但已使这个人动心的话，那增至100杜卡就可以达到目的，等等。

我们带着我们的难题审视我们在上面已确定了含意的直接的自我意识。那么，自我意识能够就抽象的提问给予我们什么样的证明和解释呢？抽象的提问即必然性的概念是否可以应用于在某一既定的动因呈现给智力以后，意欲活动随即开始的情形？或者在这样的情形下，意欲活动不会出现的可能性或者不可能性？如果我们期望能从自我意识那里获得关于因果律，尤其是关于动因以及这两者可能带有的必然性的一些透彻、深刻的解释和说明，那我们的期望可能会落空，因为每个人都有的自我意识，是一样太过简单和极为有限的东西，无法对这些问题发表什么意见。更确切地说，这些概念是从投向于外在的纯粹理解力中获得的，并且只能放在反省理智的论坛里讨论。而那天然的、简单的，并且的确是单纯、幼稚的自我意识，甚至无法明白这一问题，更不用说回答了。自我意识关于意欲活动的证词——每个人在自己的身上

都可以听到这些证词——在去除了所有无关重要、外在不相关的枝节还原为赤裸裸的内容以后，表达的大概是这样的意思：“我可以意欲（意愿），当我意欲做出某一行为（行动）时，我身体可活动的四肢就会马上实施这一行为；只要我意欲（意愿）这样做，这是必然发生的。”即简单的一句话：“我可以做我意欲（意愿）做的事情。”直接的自我意识表达不外如此，不管人们如何把这所表达的翻过来倒过去变换形式。自我意识的表达涉及的始终是能够做出与意欲相符的行为。这也是一开始我们提出的自由的、经验的、原初的和流行的概念——根据这一概念，“自由”的意思是“与意欲相符”。这种自由是由自我意识无条件地表达出 404
来的。但这可不是我们所要询问的问题。自我意识表达了行事的自由——在意欲活动的前提下，但我们要问的却是意欲活动的自由。也就是说，我们探究的是意欲活动本身与动因之间的关系，但自身意识的那一表达——“我可以做我意欲（意愿）做的事情”——却不包含关于这一关系的内容。我们的行事，亦即我们身体的动作依赖于我们的意欲——这当然是自身意识所表达的——与我们的意欲行动不依赖于外在的环境，却是完全不同的两码事，后者构成了意欲的自由。但在意欲是否自由这一问题上，自我意识却无法说明什么，因为这涉及的是在自我意识的范围之外，原因在于意欲的自由涉及外在世界（这属于我们对其他事物的意识）与我们的决定之间的因果关系，但自我意识无法判断那完全是自我意识范围以外的东西与自我意识范围以内的东西之间的关系。如果认知力对这两者之一根本无从认识，那就无法确定这两者之间的关系。显而易见，意欲活动的客体对象和目标——正是这些决定了意欲的行动——是在自我意识范围以外的对其他事物的意识。意欲活动本身才是唯一在自我意识之中的，现在要探询的是对象、目标与意欲活动之间的因果联系。意欲活动才是唯一的自我意识的事情，连带对身体四肢的绝对控制和操纵——即“我所意欲（意愿）的”所表达的真正意思。也只有行使这种对身体、四肢的控制和操纵，亦即做出行为（行动），才让自我意识确认其为意欲行为。这是因为只要意欲行为还在酝酿之中，就只是称为愿望而已，假如酝酿完成了，那就是决定。至于这是否真的是决定，只有行为才能向自我意识证明，因为直到付诸行动之前，这决定还是会改变的。在此，我们已经到了那当然是无法否认的假象的首要源头——由于这一假象，那些没有成见的（没有哲学修养的）人就觉得在某一既定的情势下，做出彼此相反的意欲行为都是可能的。他
405 们还一边以自己的自我意识夸口，认为自我意识表明了这一点。也就是说，这些人混淆了愿望（希望）和意欲两者。一个人可以有彼此相反的两种愿望[1]，却只能意欲其中之一；到底意欲的是什么，只有通过行动才能透露给自我意识。关于那有规律性的必然性——由于这必然性，在两个相反的愿望中，是这一个而不是另一个成为意欲行动和成事——自我意识恰恰因此而不会包含任何资料，因为自我意识完全是后验地了解到结果，而不是先验可知的。相反对立的愿望与其动因一道，在自我意识面前变换和重复着此起彼落。至于这每一个愿望，自我意识都表示每一个愿望都会化为行动事实——假如愿望成为意欲行动

[1] 对此，读者可参阅《附录和补遗》第 2 卷 § 327。

的话。这是因为后一种纯粹主观的可能性虽然对每一个愿望来说是存在的，也恰恰是那句话所说的，“我可以做我意欲做的事情”，但是，这种主观可能性却完全是假设性的：这仅表示“假如我意欲（愿意）这样做，我就可以这样做”。不过，要成为意欲活动所必需的确定不在自我意识里面，因为自我意识只包含了意欲活动，但不包含决定了意欲活动的根据和原因，这些根据和原因却在对其他事物的意识里面，亦即在认知能力那里。相比之下，客观的可能性在这里才是起关键作用的。但客观的可能性是在自我意识的范围之外，是在客体的世界，动因、人作为客体就隶属于其中。因此，客观的可能性对自我意识是陌生的，是属于对其他事物的意识。那主观的可能性，就跟一块石头可以迸发出火花的可能性是同样的性质，但石头能否迸发出火星却以钢铁为条件，客观的可能性则在于这钢铁。在下一节，我将从另外一面重新说起这一点。我们不再像现在所做的那样，从内在的一面考察意欲行为，将从外在的一面进行考察。也就是说，我们将探究意欲行为的客观可能性。这样，当这难题经过来自两个不同角度的光线照亮以后，事情就会变得完全清楚了。同时，我所举出的例子也将阐明这一难题。

那在自我意识中的这一感觉：“我可以做我意欲做的事情”时刻伴 406
随着我们，这感觉只说明了我们意欲的决定或者明确的行为，虽然出自我们的内在深处，但总是马上就过渡到直观世界，因为我们的身体一如其他所有一切，都属于这直观的世界。这意识构成了连接内在世界和外在世界的一座桥梁。要不是这一座桥梁的作用，这内外两个世界之间被一道不可逾越的鸿沟所分开，因此，在外在世界，存在的仅仅是在每一意义上独立于我们的直观所见的客体(物体);在内在世界,只是完全不会化为结果的和只是感觉到的意欲活动。假如我们询问一个全然不带偏见的人,那他大概会以下面这些话表达那直接的意识——这常常被人们误以为是意欲的自由——“我可以做我意欲(意愿)做的事情:我要往左走就往左走;我要往右走就往右走。这都唯一取决于我的意欲。所以,我是自由的。”这些表达当然是完全真实的、正确的,但在说这话的时候,已有了意欲的前提,亦即假定意欲已经作出了决定。这样,人的意欲是否自由的问题并不就此得到了解决。因为这些表达一点都没有谈论到意欲行为本身的开始,到底是依赖其他东西还是独立自主的,只是说出了意欲行为一旦开始了以后会有的结果。或者更精确地说,这些表达只是说出了我们意欲行为一旦开始,身体动作的现象就不可避免。正是在这些表达背后的意识,使那些不怀偏见、没有哲学修养的、但在其他方面可以是个伟大学者的人,把意欲是自由的视为那样的直接确切,以致他们把意欲是自由的作为毋庸置疑的真理表达出来,并且的确是怎么也不相信哲学家竟会真心怀疑这一真理。他们在心里认为所有关于意欲是否自由的辩论,纯粹是经院哲学的过招,这些你来我往的交锋说到底不过是瞎扯而已。正因为这经由意识所获得的
407 和当然是重要的确切感觉随时陪伴着他,并且因为人类本来和首要是从事实际事务而不是理论探索的,人对自己意欲行为的主动一面,亦即自己的意欲行为的作用效果的一面,比起被动的一面,亦即依赖性,有清晰得多的意识,所以,相当困难的是让一个没有哲学修养的人理解我们的难题的真正含义,明白这一问题现在要问的并非他的每一次意欲活动

以后的结果，而是探究引起他每一次意欲活动的根据和原因；让他懂得
他的行事虽然完全只依赖于他的意欲活动，但现在我们要求知道的是他
的意欲活动本身依赖和取决于什么，是完全不依赖于任何一切，还是依
赖于某样东西？ 他当然可以做出这一事情——假如他意愿的话；他也同
样可以做出另一事情——假如他意愿的话，但现在，他应该集中精神想
一想：他是否能够既意愿这样东西，又同样意愿那样东西呢？ 带着这
样的目的，我们就向这个人提出大概这样的问题：“对在你那里产生的
两个彼此相反的愿望，你的确会既顺从这个愿望又顺从那个愿望吗？
例如，对两个彼此排斥的占有物，你是否同等程度地既愿意挑选这个，
也愿意挑选那个？”这个人会说：“或许作出选择对我来说是困难的，但
我意欲选择这个，抑或选择那个，永远是完全取决于我的，而不是取决
于任何其他的控制力量，因为我有完全的自由去意欲选择哪个东西，与
此同时，我将听从我的意欲行事。”现在如果我问他：“但你的意欲本身
取决于什么呢？”他就会从自己的自我意识回答：“是取决于我，而不是
任何其他别的！我可以意欲我所意欲的东西；我要意欲什么就意欲什
么。”他说出后一句话的时候，并不是故意要说出同义反复的冗辞，也
没有在内在意识中想到过要依赖同一律——因为只有根据同一律，他的
说法才是真的。 相反，在此，在被追问得迫不得已的时候，他就说起他
意欲中的意欲，好像他在谈论我中之我一样。 经过一连串的追问，他
已退到自我意识的内核——在这里，他的“我”和他的意欲已经不分彼
此，除此再也没有什么可以对这两者作出判断了。 至于在上述的选择 408
中，他意欲这一东西而不是那一东西——在此，假设他这个人和供选择

之物是既定的——有可能还有一个与他最终的选择结果不一样的结果吗？ 或者是否根据刚才给出的资料，选择的结果已经必然地确定了下来，就像在三角形里，最大的角必然面对最长的边一样？ 这些问题与自然的自我意识相隔如此遥远，以致根本不是自我意识所能理解的，更遑论要自我意识本身带着现成的答案，或者只是还未萌芽的答案种子，只需朴实地把它交出来。 一如所说过的，那些不怀偏见、但没有哲学修养的人，一旦真正弄明白这一问题的含意以后，面对这问题所必然带来的困惑，总会选择逃避和搬出上述直接的确切感觉，“我意欲做什么就可以做什么；我想意欲什么就意欲什么”，就像上文所述。 他会一再无数次地试图这样说，以致很难让他直面他总是想要回避的真正问题。这也很难怪他，因为这一难题的确是充满疑问的。 这一难题探寻着直达人的最内在的本质，他想要知道的是一个人是否也和世界上所有其他事物一样，由于自己的性质构成而一劳永逸地成为一个明确的存在物，并且像大自然的所有其他存在物一样，有确定的、持久的素质，而一有外在的机会，必然引发这些素质的反应；这些素质据此从这方面看都带有不变的特性(性格)；所以，这些素质中的那些大概可作修改的东西，完全听任外在机会和诱因的限定和左右？ 抑或人类唯独是整个大自然的例外？ 假如我们终于让这个人明白摆在他面前的这一充满疑惑的问题，让他清楚地知道了现在我们要探究的是他的意欲活动的根源，要探
409 究的是他的意欲活动的开始是否根据某些法则，抑或完全没有法则，我们就会发现，直接的自我意识并不包含有关这一问题的任何情况，因为那不怀偏见的人在此是从自我意识出发的。 他在思索和试图给出各式

各样的解释时所暴露出的茫无头绪，他的那些根据有些是他从自己的和他人的经验中取得的，有些又是他试图取自泛泛普遍的理解力规则；从他那些心中没底的和摇摆不定的解释足以显示出对那个他终于弄明白了含义的问题，他的直接的自我意识提供不了任何资料，而在这之前，在错误理解这一问题的时候，他的自我意识马上就有了资料。归根到底是因为一个人的意欲就是这个人本身，是这个人的本质的真正内核，因此，那同样的东西构成了他的意识的基础，是一样完全既有和现存的、他无法超越的东西。因为他本身就是如其所意欲，他意欲就如其所是。因此，如果我们问他是否也可以意欲（意愿）与他所意欲的不一样的东西，那等于问他是否也可以是与他现在不一样的另一个人。对此问题，他是不知道答案的。也正因此，就算是哲学家——哲学家只是受过训练而与一般人有别——要想在这棘手的问题上达到清晰，也必须求助于自己那提供先验知识的理解力，求助于思考这些东西的理性和求助于经验，因为经验可以把自己与他人的行事罗列面前，让理解力知识作为最终的和唯一的有能力的裁判庭来对其解读和检验。这裁判庭的决定虽然不如自我意识那样容易、直接和简朴，但在这方面是说及正题和足够的。提出这问题的是头脑，那头脑也必须回答。

此外，对那模糊难明的、深奥的、思辨的、困难的、疑问重重的问题，假如直接的自我意识并不能提供答案，那也不足为奇。这是因为自我意识是我们整体意识中相当有限的一小部分，而我们的整体意识——其内在是阴暗不清的——却以其所有的客观认知能力，完全投向于外在。这意识中所有完全可靠的，亦即先验确实的知识，的确只涉 410

及外在世界；在这方面我们的意识可以根据某些普遍的、植根于这意识本身的规律，可靠地判断外在世界什么是可能的，什么是不可能的，什么又是必然的，并以此方式方法先验地奠定了纯数学、纯逻辑，甚至纯粹的基本自然科学。把先验意识到的形式应用在以感官接收到的资料上面，马上给人提供了直观的、真实的外在世界和由此的经验。更进一步，把逻辑和构成逻辑基础的思维能力应用在外在世界，就有了概念和思想的世界；以这样的方式，又再度产生出科学及其成就，等等。因此，外在的东西就在我们的眼前，非常的明亮、清晰。但我们的内在却昏暗一片，就像一副涂黑的望远镜：没有什么先验的定理可以照亮自己黑夜般的内在，这些灯塔只是向外照射。在所谓的内在感官面前，正如上面所讨论的，除了我们自己的意欲，别无其他，所谓的内在感觉，其实都可归因于我们意欲的骚动。但意欲的内在感知为我们所提供的一切，正如上文所指出的，不外乎是意欲和不意欲，以及这一受夸奖的确切感觉："我所意欲（意愿）做的，就可以去做。"其实这句话只是表明："我可以看到我的意欲的每一活动都马上（以一种我完全无法了解的方式）显现为我身体的某一动作、行为。"并且严格来说，这句话对认知主体来说是经验命题。除了这些，这句话再没有包含更多的东西。对所提出的难题，那被求助的裁判庭无力解决。甚至我们可以说，真正意义上的这一难题，根本就不应交由裁判庭仲裁，因为它并不明白这一难题。

现在，我用更简短、更容易的字词，把我们在质询自我意识的过程中所获得的、对这一问题的回答再一次概括如下。每个人的自我意识

都非常清楚地表明：他可以做出他所意欲的行为。那么，假如可以设
想一个人能够意欲（意愿）彼此完全相反的行为，那当然可以推论：这个 411
人也可以做出两种完全相反的行为——假如他意欲这样做的话。这样，理解力粗糙的人会把这混淆为：他在某一既定的情形里，也可以意欲做出完全相反的两种行为，并把这称为意欲的自由。不过，在某一情形里，他可以意欲相反的两种事情，却完全没有包含在上述的陈述里面；上述的陈述只是表明：在两样完全相反的行为中，假如他意欲做出这一行为，那他是可以做到的；假如他意欲做出另一行为的话，他也同样是可以做到的；至于在既定的情形里，他是否可以意欲这样做的同时又同样地意欲那样做，却是悬而未决的，需要对此作更深的探究，并不只是透过自我意识就可以对此难题有一定论。表达这一结果最简短的、虽然带点学究味道的公式是：自我意识的陈述只是涉及意欲之后（a parte post），关于自由的问题，探讨的却是意欲之前（a parte ante）。因此，自我意识那无可否认的表达，“我可以做我意欲做的行为”，一点都没有包含和确定了意欲是自由的，因为意欲的自由意味着每一次意欲活动本身，在某一单个情形下，因而也就是对某一既定的个人，并不是这个人所处的外在情势所必然决定的，而是既可以出现这样的意欲活动，也可以出现那样的意欲活动。对此问题，自我意识是完全沉默不语的，因为这事情完全在自我意识的范围之外；这一问题取决于外部世界与人的因果关系。如果我们问一个具有健康的理解力、但没有哲学修养的人，他根据自我意识的表达而如此充满信心地宣称意欲是自由的，那这意欲的自由指的是什么呢？这个人就会回答意欲的自由是“我可以做

我意欲做的事情——只要我的身体没有受到阻碍的话”。这样，他谈论的始终是他的行为与他的意欲的关系。但是，正如我在第一节已表明的，这仍然只是身体、物质的自由而已。假如我们进一步问他：在某一既定的情形里，他是否可以既意欲一样事情又意欲与此恰恰相反的另一样事情？虽然他在一开始的热情中给予肯定回答，但一旦开始弄明白
412 这问题的含意，他就开始有了疑虑，到最后就会陷入不确定和迷惘之中。为了摆脱这种迷惘，他喜欢旧调重弹，以“我可以做我想（意欲）做的事情”，拒不接受所有的说理和辩论。对这一话题的正确答案应该是：“你可以做你意欲做的事，但你在你生命中的每一既定的一刻，却只可以意欲做某一确定的事情，除这以外，绝对不会是其他别的。”关于这一点，我希望在下一部分能为大家扫除一切疑虑。

经过这一节的深入探讨，我们已经可以回答，并且是否定回答皇家科学院所提出的问题，但那只是基本上回答了问题，因为在接下来的讨论中，对自我意识中的实际情形所作的这些阐述将得到更完整的补充。我们所给予的否定回答，甚至可以在一种情况下得到多一次的检验。也就是说，假如我们现在带着这一问题求教于我们之前被指点去求助的唯一有能力的权威，亦即求教于纯粹理解力，求教于对理解力的材料进行反省思维的理性，求教于从这两者那里得来的经验；假如所有这些得出了大概这样的判定：“自由的、不受任何影响的意愿选择”是不存在的，人的行为一如自然界的所有其他事物，在每一既定的情形里都会作为某种必然出现的结果而发生——这更让我们确信：在直接的自我意识里，根本不可能存在任何资料可以证明这“自由的、不受任何影响的意

愿选择”。这样，运用“从不可能推论出不会真实存在”（a non posse
ad non esse）的逻辑推论方式——这一推论方式是先验确定否定性真理的
唯一可能的途径——我们的判定除了具有在这之前我已阐述的经验上
的理据基础以外，还另外获得了理性的理据基础。这样，我们的判定
就双倍牢靠了。这是因为自我意识的直接表达与从纯粹理解力的基本
原则及其在经验上的应用所得到的结果构成明显的矛盾，是不应设想 413
为可能的，因为这样虚假的自我意识不可能是我们的自我意识。在此
需要指出，甚至由康德提出的关于这一话题的据称的二律背反（两个逻
辑判断的相互矛盾），对康德来说，据说也不是由于命题与反命题出自
不同的认知根源而产生的，例如一个出自自我意识的陈述，另一个出
自理性和经验，而是命题与反命题都是出自自称的客观的根据，经由
理性推论而成。其实，命题完全只是基于理性的懒怠，亦即基于在究
本溯源过程中要停止在某一处的需要，反命题则的确有其所有的客观
根据。

因此，现在即将要作的间接的、在认知能力的领域和认知能力面前的外在世界范围里进行的探究，在同一时间也将把许多光亮投向至今为止我们所进行的直接探究，并会增补这方面的探究，因为这种间接探究向我们阐明了人的那种天然的错觉；这错觉是在我们的自我意识与我们对其他事物的意识出现矛盾的时候，对自我意识那些至为简单的陈述所作的错误解释所致，对其他事物的意识则是我们的认知能力，是与自我意识植根于同一个主体的。只有在间接探究结束之时，才稍为清楚地看到那句伴随我们所有行为的话（“我意欲”）的真正意义和内涵，才稍

为明白那对原初性和随意性的意识——正是由于这样的意识，这些行为才是我们的行为。这样，我们至此为止所作的那种直接探究才算是完备了。

三、对其他事物的意识对意欲的感知

现在，假如我们带着这一难题求教于认知能力，我们预先就知道，因为这一能力从根本上是投向外在的，所以，意欲不可能是认知能力直
414 接感知的对象，正如意欲是自我意识直接感知的对象那样，虽然自我意识在我们现在探讨的问题上被认为是不胜任的。其实，在这里，能够被考察的只有被赋予了意欲的*存在物*。这些存在物在认知能力的审视下，呈现为客体（客观）的和外在的现象，亦即经验的对象物。从现在起，这些存在物作为这样的东西被考察和评判，一方面是根据普遍的、为总体经验及其可能性而确定下来的、先验可靠的规律；另一方面是根据现成的、真实存在的经验所提供的事实。也就是说，我们现在不再像之前那样，面对只有内在感官才可感受的*意欲本身*，而是在此与外在感官感知的对象，与意欲活动着的、*受着意欲驱动的存在物*打交道。假如我们现在的劣势是对我们所要探究的真正对象，不得不间接地和从较远的距离来考察，那压倒了这一劣势的优势是我们现在在探究中可以应用一副比那阴暗的、呆滞的、片面的、直接的自我意识、所谓的内在感官完美得多的工具，亦即有所有外在感官和所有力度配备的、为客观

把握事物而设的理解力。

我们发现这理解力最普遍的和最基本的形式是因果法则，因为唯有通过因果法则的中介，才有了对现实外在世界的直观：因为我们把我们的感觉器官所感受到的刺激和变化，马上和直接地理解为“结果”，并且我们(用不着接受指引、教育和经验)可以马上从这些结果过渡到造成这些结果的“原因”——这些原因恰恰是经过这理解的过程显现为空间中的物体(客体)[1]。由此可以毫无争议、清楚无误地看到，因果法则是我们先验意识到的，所以，在涉及所有总体经验的可能性方面，我们 415
知道是一条必然的法则；在此我们并不需要康德为此重要的真理提供间接的、困难的、事实上并不足够的证明。因果法则是先验确立的，是一条普遍的、外在世界的一切现实事物都无一例外服从的规律。这种无一例外恰恰归功于这法则的先验特性。因果法则所涉及的从根本上只是变化。因果法则表明无论哪里无论何时，在客体、现实的物质世界里，一旦发生了变化，无论这变化是大是小，是多是少，在这变化之前必然也发生了某些变化；而要发生某些变化，在这之前又必然已经发生另外别样的变化。这样的连环变化一直无穷无尽。往前推溯的连串变化填充了时间，犹如物质填充了空间；但这连环变化的始点却是我们无法看出的，甚至无法设想，假定有这一始点更是不可能的。这是因为这一反反复复不厌其烦地重新冒出来的问题，“是什么引起这一变化”，永远不会让理解力找到一个可以停顿下来的地方，哪怕我们的理解力在

[1] 对这个理论的详细解释，读者可参阅我的《论充足根据律的四重根》第2版§21。

这不断回溯的过程中已经厌倦不堪？ 所以，引起这些变化的第一个原因是根本无法设想的，正如时间的起点和空间的边界是无法设想的一样。 因果法则也同样告诉我们，当更早的变化，亦即原因发生以后，由此变化所带来的随后的变化，亦即结果，肯定是完全不可避免地发生，因此也是必然地发生。 因果法则以这必然性的特征，证明自己是根据原则的一种形态，而根据原则是我们总体认知能力最普遍的形式。 正如在现实世界里，这一原则表现为因果关系，在思想世界里则表现为认识根据的逻辑性法则；就算是在空旷、但先验直观到的空间里，这一原则也表现为这空间中各个部分的位置严格必然地相互依赖的规律——把这种位置上的必然的相互依赖，专门和细致地演示出来是几何学的唯一
416 课题。 因此，正如我在本文开首已经说过的，“必然的”和“从某一既定的原因、根据所引出的结果”，是可以互换的概念。

所以，在现实外在世界的客观之物那里所发生的一切变化，都屈从于因果法则；因此，这些变化一旦发生，无论在何时何处，总是必然地和不可避免地发生。 并没有这一规律的任何例外的情形，因为这一规律先验地对所有可能的经验是牢不可破的。 至于这一规律在某一可能的情形的应用，只需问一问：这是否涉及在外在经验中某一现实东西里所发生的变化？ 如果是的话，那这现实东西的变化就会受制于因果性的应用，亦即必须经由某一原因所引致，也正因此，这一变化是必然的。

现在，我们带着我们这普遍的、先验确定的并因此无一例外地适用于一切可能的经验的规律，更仔细地审视我们的经验本身和考察在这经

验中既有的真实客体事物——我们的规律涉及这些客体事物可能会有的变化——那我们很快就会注意到在这些客体事物中的某些深刻的主要差别，根据这些主要差别，人们早就对其进行了分类。也就是说，一类是无机物，亦即无生命体；另一类是有机物，亦即有生命体，这一类有机物又可以分为植物和动物。我们又发现最后这动物，虽然在本质上彼此相似，也与其概念吻合，但在完美程度的序列中却有极其多样和细腻的等级差别，仍很类似于植物，几乎与植物分不出两样的一类动物，一直到最完美、最符合动物概念的动物：在这各级序列中，处于最顶端的是我们人类。

现在，我们不要受到上述那种花样繁多的说法迷惑，而是把所有这些存在物全部只视为经验中的客观和现实之物，并据此着手把先验牢不可破的、适用于所有可能经验的因果性法则，应用在这些存在物里发生的变化，我们就会发现，虽然经验无论在何种情形里都根据先验确定的 417
法则而得出结果，但我们提到过的在所有那些经验客体本质中的巨大差别，与因果性在经验客体中伸张权利时相应的改变方式是吻合一致的。更详细地说，与无机物、植物和动物的三种区别相应，主导着所有变化的因果性也同样显示出三种形式：最狭隘意义上的原因（Ursache)、刺激(Reiz)、动因（Motivation)。这些形式上的变化一点都没有影响因果法则的先验有效性，并因此影响由因果法则所奠定的原因引出结果的必然性。

最狭隘意义上的原因是：由于这原因，经验物体的一切机械性的、物理性的和化学性的变化就发生、出现了。原因所引起的变化都具有两个特征：第一个是牛顿第三定律“作用与反作用是对等的”应用在了这里，亦即此前的状态，也就是我们所称的原因，与接下来的状态，即我们所称的效果(结果)，经受同样的变化。第二个是根据牛顿第二定律，作用的结果与作用的原因在程度方面是精确一致的，因此，随着作用原因的加强，作用的结果也同样加强了——这样的话，只要知道了作用的方式，马上从原因的强度就可以知道量度和计算作用结果的程度，反之亦然。但在经验应用第二个特征时，我们不要把真正的结果与其一目了然的现象相混淆。例如，在挤压某一物体时，我们可不要期望这一物体的体积会随着挤压力度的增加而不断缩小。这是因为物体被挤进的空间不断减少，阻力也就随之不断增加。虽然在此所造成的真
418 正后果，亦即物体(受)压缩，也确实是与原因成正比增加的——就像马略特定律所说的那样——对上述一目了然的现象却不是这样理解的。再者*，把热传导给水，在一定程度内会把水加热，当热超过这一程度的话，只能把水快速蒸发掉而已。在后一种情形里，原因程度与结果程度的正比关系又再度出现了，许多例子也是这样的情形。就是这些最狭隘意义上的原因，造成了在所有无生命的，亦即无机体身上的变化。对这类原因的认识和假定，指导着我们对所有这些变化的考察，而这是机械学、流体动力学、物理学和化学的题材。唯一只受到这一类原因的支配和影响，因此成了无机体或无生命体的真正和根本特征。

---

* 这里似乎漏掉了其他不少权威版本都有的这一段话：“在许多情形里，当产生的作用达到了某一特定程度时，那整个的作用方式就会骤然发生改变，其实是因为反作用的作用方式改变了，因为这反作用在此之前的作用方式在某一体积有限的物体上面已经穷尽了。所以，例如，”

第二类原因是刺激。 首先，这类原因以其作用并没有遭遇到正比例的反作用；其次，这类原因与结果在强度(程度)上一点都不对称。 所以，在此，对这一类原因不可以根据原因的程度而量度，或者预先计算出结果的程度。 更准确地说，增加一点点的刺激就会取得相当大的结果(或说效果)，或者刚好相反，多加一点点的刺激就会完全消除在之前已产生的效果，甚至会引起反效果。 例如，人们都知道通过温度和在泥土中拌进石灰，可以让植物生长得特别快，因为这些原因作为刺激作用于植物的生命力。 只要这些恰如其分的刺激稍稍超出了一定的限度，非但不会提升和加速植物的生命，而且还会造成植物的死亡。 同样，我们可以通过酒或者鸦片明显加强和提升我们的精神力，刺激一旦超出适当的分量，就会引起反效果。 是这一类原因，亦即刺激，决定了这样的有机体身上的变化。 植物所有的变化和发展、动物身体所有单 419
纯有机性和植物性的变化，或者机能都是因刺激而发生和展开的。 它们也以这样的方式受到光、热、空气、营养、药物、接触、授粉等的作用。 动物的生活有其完全不同的范围——这我马上讨论；植物的整个生命却唯独按照刺激而展开。 植物吸收营养、生长；冠部全力向光亮处伸展，根部则尽力向更肥沃的土地伸展；植物的授粉、萌芽，等等——所有这些都是因刺激而引起的变化。 为数很少的某几种植物还可以因刺激而迅速地活动。 这些植物因此被人称为敏感的植物。 比较为人所知的有含羞草一类。 唯独和无一例外地受着刺激的左右和决定，就是植物的特性。 因此，植物是这样的东西：其身体所特有的、与其本质相符的活动和变化是唯一和总是由刺激所引起的。

第三类驱使活动起来的原因是标示出动物的特性的原因，即动因，亦即透过认知的因果关系。动因是在大自然存在物梯级排列的某一级别出现的，到了这一级别，那些存在物（生物）有了更复杂的和因此更多样的需求，这些需求再也无法只是利用刺激的机会得到满足，因为这些机会是必须等待的；这些生物必须有能力去挑选、抓住，甚至发现满足需求的手段和途径。正因为这样，在这样的生物那里，不仅是对刺激的敏感性并在刺激之下活动起来，取而代之的是对动因的敏感性，亦即一种表象能力、一种智力，它在完美程度上有无数的级别，在物质上则表现为神经系统和脑髓及与此相关的意识。至于动物生命以植物生命
420 为基础，植物生命恰恰仅因刺激而展开，那是大家都知道的事实。但动物作为动物而展开的所有活动，也正因此依赖于生理学所说的动物性机能的活动，却是因为认知到某一客体而展开，亦即随着动因而展开。据此，一只动物就是这样的东西：其身体特有的、与其本性相符的外在活动和变化，总是由动因所引起的，亦即因某些出现在已是前提条件的意识中的表象而展开。在动物梯级排列中，无论产生表象的能力和因此意识有如何无尽的等级，但是，在每一只动物身上都存在足够的能力和意识，把动因呈现出来和驱使其活动起来。在此过程中，那内在的驱动力——个别的表现是由动因所引发的——就像现已存在的自我意识表明：它是我们以“意欲”一词所标示的东西。

至于某一既定的机体到底是因为刺激还是因为动因而活动起来的，就算是从外在的角度观察——这是我们此刻所采用的观察角度——我们也可以没有疑问地区别开来，因为某一刺激的作用方式与某一动因的作

用方式，差别实在是太明显了。这是因为刺激永远是通过直接的接触，甚至通过吸收而发挥作用，就算这吸收不是明显可见的，例如在空气、光亮、温度刺激的时候，但刺激的作用也还是透过这样的情形显示出来：刺激的作用与刺激的持续时间和强烈程度有某种明显的关系，虽然这种关系并非在各级刺激程度下都保持一样。相比之下，如果是某一动因引起活动，那所有这些区别就都完全消失了。因为在这里动因真正的和最接近的作用手段并不是环境，完全只是认知。那作为动因发挥作用的东西只需被感知、被认识；至于这东西在距离上是远还是近，进入我们的统觉时有多清晰，都是一样的。所有这些差别在此一点都不会改变所造成的结果。只要感知了某一动因，它就会以完全一样的方式发挥作用——前提是动因对在此所要刺激的意欲是一个决定性
的原因。因为甚至物理、化学的原因，与刺激一样，也只有在所要影响 421
的对象物对这些原因敏感的时候，这些原因才可以发挥作用。我刚才说了“在此所要刺激的意欲”，正如我已提到过的，“意欲”一词所标示的东西，在这里向生物本身从内在直接地表现为给予动因以力量、让其能发挥作用的东西，是透过动因而活动起来的秘密弹簧。在唯一只受刺激而活动起来的物体(植物)那里，我们把那持久的、内在的条件称为生命力；在只是由最狭隘意义上的原因所活动起来的物体那里，称为自然力或者特质。这些东西在给事物以某种解释时，总是被预先假定为不可解释的，因为现在正谈论的存在物的内在，并不存在任何的自我意识可以让其直接相通。但这种存在于不具认知能力，甚至不具生命的存在物中的、对外在原因作出反应的内在条件，假如我们离开总体而言

的现象去探究康德所说的自在之物，大概根据其本质，是否与在我们身上的、我们称为意欲的东西为同一的，就像当代一种哲学真的想要表明的那样——这一点我存而不论，但无意反对[1]。

但在另一方面，我却不能不讨论在动因作用中，人的意识因优越于动物意识之处所带来的差别。这由理性一词所真正标示出来的优越之处，就在于人并不像动物那样，只是有能力直观理解这外在世界，而且还能够从外在世界中抽象出普遍的概念。为了能够把这些概念固定和保存在感觉意识中，人们就用字词标示它们，并以此进行无数的组合。
422 这些组合虽然一如构成这些组合的概念一样，始终与直观认识的世界相关，却构成了我们所说的思考的真正要素，并以此让人类有了相对所有其他物种的巨大优势的可能，亦即有了语言、思考，有了对过去的回顾、对将来的筹谋，有了计划和实现这一计划的决心；众人才能够按照计划共同协调行动，人类也才发明了国家、科学、艺术，等等。所有这些都是因为唯独人类才有能力拥有非直观的、抽象的、普遍的、人们名为概念(概括了事物)的表象，因为每一个这样的概念都概括了其名下的许多单个事物。这种能力是动物，甚至最聪明的动物都不具备的。动物因此除了直观的表象别无任何其他，据此也只能认识恰好是现有的东西，唯独生活在现时之中。因此，让动物的意欲活动起来的动因必须始终是直观的、现有的。但结果是动物只有极少的选择，也就是说，仅

[1] 不言而喻，我这里说的是我自己。只是因为按照有奖征文的要求，作者必须隐匿姓名，我才不以第一人称说话。

在其狭隘的视野范围和理解力之间直观存在的东西，因而是现存于时间和空间之物。这之中最有力者作为动因马上决定了动物的意欲活动。这样，动因的因果性作用在此让人一目了然。一个表面上的例外是驯兽所产生的作用。驯兽是通过习惯手段而让恐惧发挥作用。本能在某种程度上是真正的例外——只要动物由于本能，在整体的行为模式中，并非真的经由动因，而是受内在的冲动和欲望的驱动而活动起来；但这些行为在个别的行为细节中，在每时每刻，仍然是由动因更细致地确定的，因而也就回到了规律中去。对本能作详尽讨论在此是跑题的，我在《作为意欲和表象的世界》第 2 卷第 27 章对本能作了专门的讨论。相比之下，人由于非直观表象的能力——借助于这能力，人就能够思维和考虑——人的视野就变得广阔得多，包括不在眼前的、过去的和将来的事情。这样对人来说，动因的作用范围就大得多了，因此，人的选择 423
也比局限于狭隘的现时此刻的动物多得多。人的感觉直观所见，存在于目前的时空之物，一般来说，并不是决定人的行为的东西；决定人的行为的毋宁说只是人的思想：这些思想人们随身带在头脑中，并让人不受现时此刻印象的影响。假如一个人无法做到这样，我们就会说这个人行事是非理性的，假如这个人唯独只按照深思熟虑以后的想法行事，并因此全然不受眼前印象的左右，那我们就会赞扬他的行事是理性的。关于这一点，即人是经由这一类为人所独有的、动物并不具备的表象（抽象概念、思想）而展开活动的，我们甚至从人的外在都可以看得出来，因为人所做的每一件事情，包括最琐碎的小事，以至于一举手一投足，都带有目的和计划的痕迹。这样，人的行为、活动如此明显地有别于动物的行为、活动，以致我们马上能看到，人好像是由细小、看不见的牵线（仅由看不见的思想所组成的动因）引导着做出行为，动物则由巨形的、肉眼可见的现时直观的粗绳操纵其行为。差别也就仅此而已。只要某一思想、想法能够作用于意欲，就会成为动因，就像直观可以成为动因一样。但所有的动因都是原因，所有的因果作用都带有必然性。人可以凭借自己的思维能力把那些他感觉到对其意欲产生影响的动因，按照自己所喜欢的次序，变换和重复着呈现出来，摆在自己意欲的面前——这就是我们所说的反复斟酌。人有深思熟虑的能力，并得益于这一能力，可能有了比动物多得多的选择。这样，人当然是相对自由的，也就是说，不受现时直观所见、作为动因而作用于其意欲的东西的直接强制束缚，动物则完全受制于这些东西；相比之下，人可以不受
424 现时所见之物的影响，只是根据自己的思想行事——这些思想即他的动因。但这种相对的自由，让那些受过教育、但又不曾深思的人误以为就是使人明显优越于动物的意欲的自由。但这种自由只是相对的，即只是在涉及现时直观所见方面，只是比较而言的自由，亦即只是与动物相比较而言的。这种相对的自由只是动因的种类有所改变，但动因发挥作用的必然性却一点都没有取消，甚至没有稍为减少。那抽象的、构成了思想的动因，是一样外在的、决定了意欲的原因，与那些直观所见的、构成了现实之物的动因一样。所以，这抽象的动因是与其他原因一样的原因，甚至与其他种类的原因一样，也始终是现实的、物质的动因——只要抽象的动因的确建基在某时某处从外在所获得的印象。这些抽象动因的优势只在于这些动因的引线较长而已——我指的是抽象

动因并不像单纯的直观动因那样，是固定在时间、空间的某一近的距离，而是可以通过最长的距离，通过最长的时间和通过某一长链条的概念和思想的中介而发挥作用。这是人的器官的构成及其卓越的敏感性的结果：它先是受到和接纳了抽象动因的影响。这也是人的脑髓或理性的结果，丝毫不曾取消抽象动因的因果性和与此相关的必然性。因此，只有短视至极的人才会把人的那种相对的和比较而言的自由视为一种绝对的自由，视为“自由的、不受任何影响的意愿选择”。由人的这种相对自由而来的反复斟酌的能力，事实上带给我们的不是别的，而是经常让人难受的动因的冲突——面对这情况的是当事人的举棋不定，这些冲突的战场是人的整个意识和情绪。这种自由也就是让各个动因轮番向意欲发力；这样，意欲类似于一个物体受到多个来自相反方向的力
的作用。直到最后，那明显最强有力的动因压倒了其他动因，决定了 425
意欲的活动，而较量的结束被称为决定或者决心，并作为较量的结果以完全的必然性出现。

现在，如果我们再一次浏览整一系列的因果形式，并把第一类最狭隘意义的原因、第二类刺激和最后一类动因（这又可再分为直观的动因和抽象的动因）各自划分清楚，我们就会发现，当我们对这方面的系列存在物从低级到高级逐一审视时，原因及其结果越发彼此分离，越加清楚地分开和成为不同的种类；与此同时，原因变得越来越非物质性和越来越难以捉摸，以致看上去原因越来越少，结果越来越多。这样，总括起来，对原因与结果之间的关联，我们再也无法直接把握了。也就是说，所有这些提到的最少出现在机械性因果作用那里。所以，机械性

的因果作用是所有因果作用中最容易把握的。正因为这样，在18世纪，人们错误地试图把一切因果作用都还原为机械性的因果作用；以机械性的原因去解释所有物理的和化学的作用与变化，然后再以这些物理和化学的作用与变化解释生命的变化过程。现在法国还有人坚持这一错误的做法，在德国这一错误做法也流行起来了。一个物体撞上另一个静止的物体并使之运动起来，前者传给后者的运动也就是前者所失去的运动。在此，我们看到原因仿佛摇身一变成了结果：两者是完全同一类的，是可以精确计量出来的，并且是肉眼可见的。所有纯机械性的因果作用其实都是这样的情形。但我们发现，随着我们越往上逐级审视原因和结果的关系，这里所说的情形就越少出现了，本段开始时所说的情形就出现了。例如，温度作为原因与这些不同的结果的关系，诸如膨胀、燃烧、熔解、蒸发、温差电，等等；或者蒸发作为原因与冷
426 却或者结晶作为结果的关系；或者摩擦玻璃作为原因与自由电及其奇特现象作为结果的关系；又或者金属板慢慢氧化作为原因与流电学及其所有电子的、化学的和磁学上的现象作为结果的关系。也就是说，原因与结果越发分开，越来越属于不同的种类和性质，两者的关联也越来越让人无法把握，结果似乎包含了比原因所带来的更多的内容。这是因为原因显得越来越不那么物质性，越来越不那么明显可知。所有这些在有机体那里表现得尤为明显，因为在有机体那里，原因只是刺激：一部分是外在的，例如，光、热、空气、土壤、营养的刺激；另一部分是内在的，例如，机体内的汁液和机体内部各部分之间的互相刺激；作为这些结果所表现出来的就是在那无穷复杂性和不计其数的、不同种类

的、形态纷呈的植物和动物世界中的生命[1]。

但随着原因与结果的这种越来越分属不同的类别和性质，越来越难以算量和越来越无法理解，那由因果关系所定下的必然性是否也随之有所减弱了？ 不，一点都不曾减弱。 正如一个滚动的球必然会把静止的球带动起来，同样，如果用另一只手接触莱顿瓶，莱顿瓶也必然放电；砒霜也必然会毒杀每一生物；干燥保存的种子历经数千年都不曾出现变化，一旦把这种子放置在合适的土壤，暴露在空气、阳光、温度和水分中，这种子必然会发芽、长叶并最终长成一株植物。 原因更复杂了，结果也更有别于原因，但结果出现所伴随的必然性不曾减弱分毫。

在植物生命和动物的植物生命那里，刺激与由其所引起的机体机能运作，虽然无论在哪个方面都至为不同，两者也是清楚区别开来的，但 427
这刺激与结果并不是真的截然分开的，而是在这两者之间必然有某种接触，无论这种接触多么细腻，肉眼多么难以辨认。 原因与结果的完全分开，也只在动物生命中方才出现，因为动物的行为是由动因引发的——这样，在此之前始终是物质上的因果联系；到了动物那里，原因与结果就完全分离了，完全是另外一种性质，并且首要是一种非物质的、只是头脑中的表象而已。 因此，在引起动物活动的动因那里，原因与结果之间的不同特性、原因与结果的互相分离、从原因到结果的无法算量、原因的非物质性和因此在效果上的因果似乎不相对称，等等，都

[1] 对原因与结果这种分离更详细的阐述，可见于《论大自然的意欲》中的“解剖学”，第 2 版第 80 页及后面（这一版本第 3 册第 299 页及后面）。

达到了极致。对这类因果关联的无法理解是绝对的——如果我们像对待其他因果关联那样只是从外在来了解这类因果关联的话。但在此补足外在的是相当不同种类的另一种认识，是一种内在的认识，而对在原因出现以后作为结果所发生的事情过程，我们有切身的了解。对此，我们有一特定的术语表达，那就是意欲。甚至在此因果关系也并没有失去那必然性，也跟上面刺激的情形一样——这是我们可以直说的，一旦我们认识到那是因果关系，并通过我们理解力的这一本质性形式思考的话。此外，我们发现动因作用形式与我们已经讨论的另外两种因果关系形式是完全类似的，动因的作用形式只是因果关系形式中最高的一级，是由前两种因果形式经过逐渐过渡提升而成的。在最低等的动物身上，动因仍然与刺激密切相连：植物形动物、放射虫、贝壳类动物等都只有相当微弱、朦胧的意识。它们的朦胧意识刚好足够帮助这些低等动物感知食物或猎物，并在这些食物送上门来的时候吞噬它们；还有至少帮助这些动物变换更适宜的栖居地。因此，在这些低等动物那
428 里，动因的作用仍然是那样清楚、明确和毫不含糊地展现在我们的眼前，跟刺激的作用没有两样。小虫受到光亮假象的蒙蔽而一头飞进火焰中去；苍蝇放心大胆地停在蜥蜴的头上——在此之前蜥蜴当着苍蝇的面吞吃了它们的同类。谁又会在此梦想到自由？在那些更高级和更聪明的动物那里，动因的作用结果变得越来越间接了。也就是说，动因与其引发的行为越清楚地分别开来，以致我们甚至可以把动因与行为之间的距离差别程度作为测量动物智力的标准。到了人的级别，动因与行为之间的距离已变得无法测量。相比之下，甚至在最聪明的动物身

上，作为动因驱使这些动物行动起来的头脑表象仍必须是直观的；就算在那情形中作出选择是可能的，这选择也只是在目前直观的表象之间进行。一只狗会在听见主人的呼唤和看见一只母狗的同时，不知如何是好：更强的那个动因会决定这只狗的行动，行动结果却是必然的，其必然性一如机械性的作用结果。甚至在机械性的作用中，我们也可看到物体被弄至失去平衡以后，也在好一会儿的时间里左右两边摇摆——直至最终确定了重心所在以后，才倒向了重心一边。只要动因局限在直观的表象，这些动因与刺激和原因的亲缘关系仍然是明显的，因为动因作为发挥作用的原因，必然是某样真实之物，现时存在的东西，并且的确必然是通过光亮、声音、气味，虽然非常间接地但仍然在身体上作用于感官。此外，在这情形里，原因就像结果那样明白地显现在旁观者的眼前：旁观者看到动因出现了，然后动物的行为不可避免地随之发生——只要没有任何其他同样明显可见的动因，或者只要没有先期对动物的训练发挥出相反作用的话。对这两者的关联，是根本不可能有疑问的。所以，人们不会认为动物还有“自由的、不受任何影响的意愿选择”，亦即可以在没有原因的情况下做出行为。

如果那是有理性的意识，即如果还具备了非直观的认识，亦即概念 429
和思想，那动因就完全独立于现时和现实的环境，由此不为旁观者所留意了。这是因为现在这些动因只是人们携带在头脑中的思想，引发这思想的却在头脑之外，并且经常是距离很远的地方。也就是说，这些思想有些来自过去年月的个人经验，有些源自经口头或者文字的流传，甚至出自相当久远的年代。但不管怎么样，这些思想的源头始终是现

实和客体的，虽然经过复杂的外在情势，那些常常是艰难的组合产生了
许多谬误，在信息传递中有以讹传讹的东西，到最后，许多愚蠢的想法
也成了我们的动因。除此以外，人们还经常向所有他人，有时甚至向
自己隐藏自己行为的动因。也就是说，人们不敢承认驱使自己做出这
样或者那样事情背后的真实原因。与此同时，看到一个人做出了某一
行为以后，人们就会猜测、探究这一行为背后的动因，因为人们坚定和
充满信心地假定这背后必有动因，正如我们在看到某一死物活动起来
时，同样认定其必有原因一样；人们确信无论是人的行为还是死物的活
动，没有原因是不可能的。根据这一道理，反过来，人们在制定自己的
计划和行动的时候，也会带着确信把动因对人的作用考虑进去，这丝毫
不亚于我们算量机械装置所能产生的机械作用时的那种确信——只要我
们对在此要与之打交道的人的性格了如指掌的话，就像我们对梁的长度
和厚度、轮子的直径、所要负荷的重量也精确了解一样。每个人只要
把眼睛投向外在，与他人打交道和追求实际的目标，都会遵循这假定而
行事，因为人的理解力天生是为这些服务的。假如人们要从理论上和
哲学上对此问题作出判断——而人的智力其实并非为进行理论探讨而
430 设——现在把自己作为判断的对象，人们就会因为抽象的、由仅是思想
所构成的动因的那些在以上所描述的非物质特性而受到很大的误导，因
为这些抽象动因并非与现时此刻和外在环境相连，并且制约这些抽象动
因的相反动因也只是头脑中的思想；人们就会怀疑抽象动因的存在，
或者至少怀疑这些抽象动因发挥作用的必然性，并误以为自己已做出来
的行为当初也可以不做出来，意欲本身自动就可以作出决定，无需任何

原因，每一个行为都是由此引起一连串长无尽头的变化的一个原初的开始。错误解读自我意识的那句表达，即“我可以做我意欲做的事情”——这在上一节已作了详尽讨论——特别助长了这一谬误，尤其是假如人们在听到这表达时，总是正受到不止一个的、彼此互相排斥的、暂时只是在要求的动因的作用。所以，所有这些因素集中在一起就是天然错觉的根源，由此根源产生了这样的谬误看法：在我们的自我意识中确实存在我们意欲的一种自由，意思是意欲可以抗拒纯粹理解力和大自然的所有法则，在没有充足原因的情况下就可作出决定，而这些决定在既定的情况下由同一个人作出，既可以这样也可以与此完全相反。

为把对我们的论题如此重要的谬误的生成予以专门和清楚地说明，从而补充完整我们在上一节对自我意识所作的讨论，现在，让我们想象一个人正站在街头，对自己说：“现在是晚上6点钟了，一天的工作已经结束。我现在可以去散步，也可以到俱乐部去；可以爬上塔顶看日落；也可到剧院去看戏；同样可以拜访这位亲戚或者那位朋友；甚至可以跑到城外，离群索居再也不回来了。所有这些都取决于我，我对此有完
全的自由。但是，我不想做出任何这样的事情，而是同样自愿地回家 431
去见我的妻子。”恰如水说出这样一番话：“我可以卷起大浪（的确是这样！例如，在大海风暴中），可以汹涌冲下去（的确是这样！例如，在大河的河床），可以急流直下，泛着一片泡沫（的确是这样！例如，在瀑布里），可以自由地喷射到空中（的确是这样！例如，在喷泉里）；最后，甚至可以沸腾和蒸发掉（的确是这样！例如，在80度的水温里）。尽管如

此，我现在却不会做出任何这样的事情，而是自愿平静和清澈地留在这波平如镜的水塘里。”正如水只能在相应的某一决定性原因出现以后，才可以做出上述之一种事情，同样，上述那个人也只能在特定的条件下才可以做出他误以为可以随时自由做出的事情。在原因还没出现之前，他不可能做出相应的行为；原因一旦出现了，他就不得不做出那行为，犹如水一旦处于相应的处境中，必然会有相应的作为。人们之所以错误理解了自我意识，并由此产生这样的谬误和错觉，即一个人可以在此刻同样做出所有这些事情，是因为每次只有一幅图像出现在这个人的头脑想象里，而在那一瞬间，所有其他图像是被排除掉的。这样，每当这个人设想那提议为可能的某一行为的某一动因时，他的意欲就会蠢蠢欲动，马上感受到这一动因对他的意欲所产生的作用，他的意欲因此也受到了诱惑。用术语形容，即“意欲的刺激”。但现在，这个人误以为可以把这意欲所受到的“刺激”一举变为“意欲行为”，亦即可以实施所提议的行为。不过，只是假象而已。这是因为审慎思考会马上介入，马上提醒这个人除了此刻这一动因以外，还有朝着其他方向的，甚至完全与这一动因相反的其他动因。这样一来，这个人就会看出这并不会成事。在不同的、互相排斥的多个动因接连出现在头脑想象中的时候，在始终伴随着这一内在所说的——“我可以做我所意欲的事情”——的情况下，意欲就像枢轴上足了润滑油的风信鸡，现正受到无定向风吹拂得团团转：想象力接连把各种各样的动因呈现给意欲，意欲
432 马上随之转向；接连面对每一个可能的动因，对其中的每一个，这人都会认为自己是可以意欲这样做的，风信鸡因而是可以固定在某一方向

的。但这只是错觉而已。因为他说的“我可以意欲这样做”其实只是假设性的，潜台词是“如果我不是更意欲做出其他事情的话”，而更意欲做出其他事情也就意味着这个人不可以意欲做出这一事情。现在让我们回到那个在6点钟盘算着种种可能的男人，并且想象他现在注意到了我站在他的身后，就他何去何从发表哲学议论，否认他有自由可以做出上述他认为可以做出的事情。那这个人很有可能会为了反驳我而做出其中之一桩事情。那样的话，恰恰是我的否认及其对他的抵触心理所发挥的作用，成了驱使他做出这事情的必要动因。但是，这一动因也只能驱使这个人做出上述所列之一两项*更易行*的事情而已，例如，上剧院看戏，但肯定不会让他做出最后一项行为，即从此离群索居。因为要做出这样的行动，这一动因——为了反驳我——实在是太弱了。不少人会同样错误地以为，如果在手上拿着上了膛的手枪，他也可以开枪了断自己。要开枪了断自己，机械手段是最不重要的。最关键的是某一异常强烈的、因而相当稀有的动因；这一动因以其非比一般的强力，足以压倒对生活的眷恋，或者更准确地说，足以压倒对死亡的恐惧。真的出现了这个动因以后，这个人才会真的开枪了断自己，并且他必然要开枪了断自己——除非在这时候，又有了一个更强有力的相反动因，以阻止这一开枪行为，如果还真有这样一个动因的话。

我可以做出我意欲的事情；我可以——*假如我意欲（愿意）的话*——把我所拥有的一切捐献给穷人，自己以此成了穷人——假如我*意欲*（愿意）的话！但我无法真的*意欲*（愿意）这样，因为与此相反的动因对我有太强的力量，以致我无法这样做。假如我的性格是另外一种样子，甚至到了一个圣人的地步，那我就有意欲捐献所拥有的一切。但我真要是这样的圣人，那我不这样意欲也不行。也就是说，我不得不这样做。所有这些都与自我意识中所说的“我可以做我所意欲的事情”并行不
433 悖。直至今天，一些没有思想的假冒哲学家还误以为从这样的话就可看出意欲是自由的，并因此把意欲的自由视为意识中的一个既定事实。在这方面，古尚先生是佼佼者，所以，值得在此隆重为他写上一笔。在1819—1820年讲授、1841年出版的《哲学历史的进程》中，古尚先生教导我们说，意欲的自由是意识中最确实、可靠的事实(第1卷，第19和20页)。他还批评康德只是从道德法则来证明意欲的自由，并把这种自由作为一种假定提了出来，因为这意欲的自由是一个事实，“为何还要证明那已经查明和验证的东西？”(同上书，第50页)“自由是一个事实，而不是一种信仰。”(同上)与此同时，在德国，却不乏无知者把过去两个世纪中伟大思想家就此问题的看法全当作耳边风，顽固坚持在上一节已分析过的、被他们和大众错误理解了的自我意识的事实，宣称意欲的自由是铁一般的事实。或许我说他们是无知者，是冤枉了他们，因为有可能他们并非看上去的那样无知，只是饥饿使然。这样，他们就会为了一块干瘪的面包而教授一切能够取悦于国家高级部门的东西。

这一说法绝对不是一个比喻或者夸张的说法，而是赤裸裸的、完全没有夸张的真理：正如台球桌上的一个台球在受到某一撞击之前不会滚动起来，同样，一个人在某一动因拉曳或者驱使他之前，不会从坐着的凳子上站起来；一旦有了这样一个动因，这个人站起来就成了不可避免的、必然发生的事情，就跟球在受到撞击以后必然滚动起来一样。期

待一个人做出某样他完全没有得到利益或者兴趣驱使的事情，犹如期望一块木头没有受到引线的拉曳就可以向我移动过来。如果有人在聚会中对人们说出这样的道理，并遭遇顽固的反驳，他可以很快解决问题：只需安排一个第三者突然紧张地高叫："屋梁要倒下来了！"这样，那 434
些持反对意见的人就会明白：要把人们赶出屋子的话，动因与最有力的机械原因是同样有力的。

这是因为人跟我们经验的所有对象物一样，是时间和空间的现象；既然因果法则对所有这些现象都是先验地、因此无一例外地有效，人也必然地受制于因果法则。我们的纯粹理解力先验地说出了这一点，整个大自然中贯穿的类似性证实了这一点，每时每刻的经验也证明了这一点——假如我们并没有被假象所迷惑的话。这假象的产生，是因为自然界存在物随着等级的提高也就相应地越复杂，它们的敏感性也在提升和变得更细腻，从只是接受仅仅机械的作用到接受化学的、电力的、刺激性的、感觉性的、智力的和最终理性的作用；与此同时，作用原因的本质必须与这些大自然存在物的敏感性同步：在所要对之发挥作用的每一等级的存在物，必须有相应的作用原因。因此，原因变得越来越不那么明显可见和越来越非物质性，以至到最后，那些原因已不是肉眼可见的，虽然肯定仍是我们可以理解的。在个别的情形，我们会坚信不疑地假定其中必有原因，并能经过一番调查后把这原因找出来。这是因为在此，作用原因已提升为只是思想和想法——这一想法与那一想法之间互相交锋，直至这些想法中的最强有力者最终胜出，并驱使当事人行动起来。所有这些都伴随着严格的因果关联而发生，一如纯粹机械性原因，在复杂的关系中互相之间发挥作用，而所预计的结果就会出现，永不落空。由于肉眼看不见原因，那些带电的小软木球在玻璃框里朝着各个方向似乎毫无来由地活蹦乱跳，就像人的活动似乎没有原因一样。但对事情作出判断的不应是眼睛，而应该是理解力。

435 假定人的意欲是自由的，那人的每一个行为将是一件无法解释的奇事，是没有原因的结果。如果我们试图在脑海里想象一下那“自由的、不受任何影响的意愿选择”是怎样一种情形，那我们很快就会认识到在此理解力其实是无法施展的，因为理解力没有了任何形式可以思维这样的事情。这是因为充足根据原则，亦即现象与现象之间相互限定和相互依赖的原则，是我们认知能力的最普遍形式，根据所认知的不同客体而采用不同的样式。现在正讨论的例子里，我们却必须想象出一些这样的东西：它们可以限定其他事物，却不受任何其他事物的限定；这些东西不依赖于任何事物，其他事物却得依赖它们；可以不带必然性地，因而不需根据、原因就产生出 A 结果，同时，又可以产生出 B 结果、C 结果，或者 D 结果，甚至在同样的情况下，亦即在产生出 A 结果的时候，A 不需要具备相对于 B、C、D 的某一特别之处(因为如果有了这一特别之处，那成了动因作用，A 结果的产生也就成了因果作用)。在此，我们回到了在这篇论文开首我所提出的绝对偶然的概念。我重复一遍：对这种情形，理解力是完全无法施展的——就算有人真能把这种情形呈现给理解力的话。

现在，让我们回忆一下原因到底是什么，即在此之前所发生的变化——这变化必然引起了随之而来的变化。在这世界上，根本没有哪一

个原因是全凭原因自身就产生出结果，或者从无中造出结果的。其
实，总有某样东西让这原因对其发挥作用；原因只不过是在这一时间、
这一地点和这一特定的存在物那里促使了某一变化——这一变化始终是
与这存在物的本质相符的，在这一存在物那里因而必然有了产生这一变
化的潜力。所以，每一个结果都出自两个因素：一个内在的因素，一个
外在的因素；也就是说，出自原初的潜力（原因就对其发挥作用）和决定
性的原因（正是决定性的原因迫使那潜力现在和在此表现出来）。每一因
果关系和由这因果关系得出的解释，都预先假定了某种原初的力，正因
此，这样的解释永远解释不了一切，而是始终留下了某样无法解释的东
西。这种情况我们在全部物理学和化学中都可看到，在其中所给出的 436
解释里，都预先假定了自然力。这些自然力表现在现象当中，把现象
归因于这些自然力就是人们所给予的整个解释。一种自然力本身是无
法解释的，却是所有解释所根据的原则。自然力也不受制于因果关
系，恰恰是让每一个原因有了因果关联，亦即有了发挥作用的能力的东
西。自然力本身是所有这一类作用的共同基础，在所发挥的每一作用
里，都有自然力的存在。所以，磁性现象被归因于一种名为电的原初
的力。解释也就到此为止了。这样的解释只是给出这种原初的力得以
表现的条件，亦即给出引起这原初的力发挥作用的原因。对天体力学
的解释也预先假定了引力这一原初的力，由于这一引力，决定天体运行
轨道的个别原因就发挥了作用。化学上的解释也预先假定了秘密的
力，这些秘密的力表现为根据某些化学计算法关系的亲和力，所有的作
用结果最终都以这些力为基础；这些作用结果受人们所指出的原因的引

发而准时出现。同样，生理学上的所有解释都预先假定了生命力，这生命力以特定的方式对具体、特定的内在或外在的刺激作出反应。所有其他学科都是这样。像机械学这样一门容易把握的科学，在解释原因时，诸如推力和压力，也是预先假定了不可入性、内聚性、僵性、硬性、惯性、重力、弹性；这些并不亚于上述无法解释、深不可测的自然力。因此，无论在何种情况下，原因所决定的不外是那些原初的、无法解释的力在何时和何处表现出来；只有在这样的假定之下，原因才成为原因，亦即必然地导致某些作用结果。

最狭隘意义的原因和刺激是这样的，*动因*也如此，因为动因作用从
437 根本上与因果关系并没有分别，只是因果关系的一种，亦即经过认知媒介的因果关系。因此，在这里，原因也只是引发一种力的表现——对这种力，我们除了将其归因于那原因以外，就无法更进一步了，因此，对那种力因此无法进一步作出解释；这种力——在此被称为*意欲*——我们不仅只是从外在了解，就像其他自然力一样，而且由于自我意识的缘故，我们也可以从内在和直接地了解它。只有预先假定了这样的意欲的存在，并且在单个情形里，假定这意欲有确定的本质构成，那针对这意欲的原因才会发挥出作用。在此，这原因就是所说的动因。意欲的专门和个体确定了的性质与特性——由于这些缘故，每个人对同一个动因的反应都是不同的——即我们所说的*性格*。确切地说，因为这不是先验可知的，而是经验以后才可了解的东西，所以，这是*验知性格*。是性格首要决定了各种不同的动因在某个人身上的作用方式。这是因为性格是动因所引出的一切结果的基础根源，正如普遍自然力是透过最狭隘

意义的原因所引起的结果的基础根源，生命力是由刺激所引出的结果的基础根源一样。与自然力一样，性格也是原初的、无法改变的和无法解释的。在动物那里，不同种属的动物具备不同的性格；在人那里，不同的个人则具备不同的性格。只有在最高级和最聪明的动物身上，才会展现出能看得出来的个体性格，但种属性格仍然是压倒性的。

*人的性格是：(1)个体性的。*每个人的性格都不一样。虽然种属的性格是所有个体性格的基础，因此，主要的素质会在每个人身上再现，但在每个人身上，那些主要素质却有明显的或多或少的程度差别，那些主要素质也相互有这样不同的组合和相互限制，以致我们可以认为，个人性格之间的道德上的差别可以比得上智力上的差别——这样说已经包含了很多意思。这两者的差别远远大于一个巨人与一个侏儒、阿波罗神与特西特斯之间身体外貌上的差别。因此，同一个动因在不同的人 438
那里会造成完全不同的结果，就像阳光会把石蜡晒白，却把氯化银晒黑；高温会把石蜡变软，却把黏土变硬一样。所以，仅知道动因，我们无法预知一个人的行为结果，因为要预知这个人做出什么样的行为，就必须准确了解这个人的性格。

(2) 一个人的性格是*验知的*。唯有透过经验，我们才了解这一性格，不仅对别人的性格是这样，对自己的性格也是如此。所以，人们经常不仅对别人，而且也对自己感到失望——假如人们发现自己并不真的如他们一厢情愿以为的那样，具备这样或那样素质，诸如公正、无私、勇气等我们所认为的程度。因此，在作出某一困难抉择的时候，直到终于作出了决定之前，我们到底将做什么样的决定，就像别人的一个决定一样，对我们自己始终是一个秘密。随着认知一会儿把这个动因，一会儿又把另一个动因更近地呈现给意欲，对意欲发挥其力量，我们就相应地一会儿相信会偏向这一边作出决定，一会儿又相信会偏向那一边作出决定；与此同时，“我可以做我意愿做的事情”就造出了意欲是自由的假象。最后，更强的动因对意欲发挥了它的威力，终于作出的选择却经常并非是我们开始时所以为的。所以，到最后，人们都不知道别人，甚至不知道自己在某一特定情形里会如何作为——除非曾经历过这特定的情形。只有经历过考验以后，我们才可以确切知道他人，甚至知道自己。但经过考验以后，我们可以确切地放心了：经受了考验的朋友、佣人是可靠的。总的来说，我们看待一个我们准确了解的人，就像看待某样我们已经清楚了解其特性的物品一样，我们可以充满信心地预知能够期望这个人做出什么和不能够期望这个人做出什么。谁要是做出了某样事情，不管那是好事还是坏事，只要相同情形再度出现，就会再度出手。正因为这样，谁若需要得到别人给予很大的和非比一般的帮助，就会求助于那些曾经以事实证明了是慷慨大度的人；谁要想雇佣杀手，就得从手上已沾满了鲜血的人那里物色人选。根据希罗多德
439 （《历史》第7，164）的叙述，塞拉古斯的杰伦急需把相当一大笔钱悉数交付给某个人，让他在全权处置的情况下把钱带出国外。杰伦挑选了卡达穆斯完成这一任务，因为卡达穆斯曾被证明是一个极为诚实、做事认真负责的程度极为罕见的人。杰伦对卡达穆斯的信任最后证实完全正确。同样，只有通过经验和当机会到来，我们才对自己有了了解，我们对自己的信任或者不信任就建基于此。根据我们在某种情况下所表

现出来的审慎、勇气、诚实、缄默、细腻及其他当时情形所要求的品质，或者根据暴露出来的在这方面素质的欠缺，我们在事后经过对自己的了解而对自己感到满意或者不满。只有对自己的验知性格有了准确的认识，一个人才有了人们称为的获得性格：具有获得性格的人也就是准确了解了自己的素质——无论是好是坏——从而确切知道可以信赖和期望自己什么、不可以信赖和期望自己什么。这个人现在可以巧妙和技巧地发挥他那独特的角色，既扎实又合乎规矩。在此之前，由于验知性格，他只是适应性地扮演自己的角色。现在，这个人再不会——就像人们所说的——做出违反性格、让人意想不到的事情，做出这样的行为始终证明在个别的情形里，一个人错误地认识了自己。

（3）一个人的性格是恒定不变的，一生中始终如一。在他的年岁、他的社会关系，甚至他的知识和观点的可变外衣之下，隐藏的是同一个和本来的人，全然不变、始终如一，犹如藏身在甲壳里面的鳖鱼。一个人的性格只是在方向和材料方面似乎经历微调和修正，这些微调和修正是一个人处于不同的人生阶段和有了不同需要所带来的结果。一个人是永远不会改变的，一个人在某种情形下的作为，在一模一样的情形再度出现时（当然，在此包括了这个人对当时情形的正确认识），这个人也
会再度同样作为。我们从日常生活的经验就可证实这一真理，但证实 440
这一真理最让人惊讶的经验例子是，我们在过了二三十年以后重又见到所认识的人时，用不了多久我们就会发现这个人重施以前的故技。虽然很多人会以言词否认这一真理，但在自己的行动上假定了这一真理，因为人们永远不会再度信任那些给他们发现曾经哪怕是一次不诚实的

人，而会相信那些在此之前已被证实的诚实者。这是因为我们可能有的一切有关人的知识和如此坚定信任那些经受住考验的人，都是基于这一真理。就算某一次我们对别人的信任以失望告终，我们也从不会说“他的性格改变了”，而是说“我看错这个人了”。正是基于这一真理，假如我们要对某一行为做道德上的评判，那我们首先会试图确切了解这一行为背后的动因；然后，我们对此行为的赞赏或者批评不再涉及这一动因了，转而针对受到这一动因驱使的这个人的性格——那是做出这一行为的第二个和唯一潜伏在这个人身上的因素。基于同样的真理，一个人真正的名誉(并不包括骑士荣誉或傻瓜荣誉)一旦失去，就再难以复得，而是永远带着曾经做过唯一一次无耻行为的印记。就像人们所说的，这耻辱烙在了这个人的身上。所以才有了“一次偷窃，终生是贼”这一俗语。基于这真理，每当在重要的国际事务中需要得到内奸的里应外合，人们就会寻找、利用和重赏这一内奸；然后，在达到目的以后，如果人们精明的话，就会除掉这一内奸，因为外部形势会发生变化，但人的性格是不会改变的。基于这一真理，故事文学家的最大败笔是他笔下的人物性格并非持续如一，亦即并非像文学大师所塑造的人物那样，以一种自然力的稳定性和严格连贯性而展开。在《附录和
441 补遗》(第 2 卷 § 118，第 1 版第 196 页)，我通过莎士比亚剧中一个详尽的人物例子表明了这一点。的确，基于同样的真理，我们才有了良心的可能——因为这良心在往后的岁月里，仍旧经常让我们回忆起在年轻时所做过的劣行。例如，卢梭自己偷了东西，反过来诬蔑女仆马里安偷的。这件事发生四十年了，还是让卢梭良心不安。这种事情也只有

在性格保持不变的前提下才有可能，因为与此相反，对我们青年时那些至为可笑的错误、最荒唐的无知、稀奇古怪的傻事，到了老年，我们不会为此而羞愧：因为所有这些已经改变了，是认知的事情；我们从这些折返回头了，早把这些像幼年时的衣服一样抛弃了。基于同样的真理，一个人就算对自己道德方面的缺陷有最清晰的认识，甚至为此感到厌恶，并的确最真诚地下定决心改进自己，但仍然无法如愿。尽管这个人郑重其事地立下誓言，诚恳地保证，但一有新的机会，又重蹈过去的覆辙——对此，他自己也吃惊不已。只有人的认识才是可以矫正的；因此，这个人终于认识到在此之前，他所运用的这样的方法或者那样的手段，并不会帮助他达到他所要达到的目标，或者这些方法和手段所带来的坏处更甚于好处。然后，他改变了方法和手段，但不是改变目标。美国的惩教制度就是基于这一道理，因为这套制度并不计划改良人的性格、人的内心，而是矫正一个人的头脑认识，是向这个人表明他由于自己性格的缘故，始终不渝地追求自己的目标，但在此之前他所踏上的不诚实的途径，其实更难抵达他的目标；走上这样的道路会比采用诚实、工作、知足等实现目标的方法遭遇更多、更大的麻烦和危险。总的来说，改进和改良的范围只局限在认知方面。性格是不会改变的，动因以必然性发挥作用，但这些动因却必须先通过认知，因为认知是动因的媒介。认知可以得到各种各样的扩展，可以在不同程度上不断得到矫正。所有的教育都是为了这一目的。 442

通过各种知识和观点以锻炼和培养理性，在道德上是重要的，因为这会让人们有机会看到若不如此就无法看到的动因。只要人们无法理解这些动因，这些动因对人们的意欲来说就等于不存在。因此，在同样的外在情形之下，一个人第二次处境可以在事实上与第一次处境相当的不一样，即假如这个人在这段时间里，有了能力正确和完整地把握那外在情形，那么，他在之前无法理解的动因，现在就会对他发挥作用。在这一意义上，经院哲学家们说得很对："最终原因并非因其真实的本质，而是因其被认识了的本质而发挥作用。"道德上的作用和影响除了矫正一个人的认识以外，无法做出更多。试图通过言词和说教来消除一个人的性格缺陷，并因此改变这个人的性格，改变这个人的内在道德，完全等同于计划通过外部作用把铅变化成金子，或者通过精心栽培让橡树结出杏子。

我们发现早在阿波莱伊斯的《关于行使巫术的自辩》里，他就明白无误地、坚定地说出了人的性格是不可改变的。在这部著作里，阿波莱伊斯为所受到的从事巫术的指控自辩时，诉诸他那广为人知的性格，并说道："在一个人的性格里有某样可靠的证据，这个人总是天生地以同一方式倾向于做好事或者做坏事；这也是这个人做出犯罪行为，抑或做不出犯罪行为的一个可靠根据。"

（4）个人的性格是与生俱来的。这并不是巧妙技艺的产物，也不是听任偶然的环境而成，是大自然自身的作品。个体的性格在孩提时就露出了苗头；这时候在小事情上已显现出将来在大事情方面的表现。所以，尽管两个小孩在极为相似的环境下长大并受到了相同的教育，但两个人显现了截然不同的性格。就算到了老迈之年，两人的性格也维
443 持不变。就基本特征而言，性格甚至是可以遗传的，但只是从父亲那

里遗传过来，智力则得之于母亲。关于这一话题，我建议读者参阅《作为意欲和表象的世界》第2卷第43章“论遗传”。

从我对个人性格本质的解释，当然可以推论：美德和劣性是与生俱来的。对不少偏见和不少又长又臭的哲学及其所谓的实际利益，亦即对渺小、狭隘的概念和小学生般幼稚的观点来说，这一真理是不合时宜的。但这一真理早就是伦理学之父苏格拉底坚信不疑的东西。据亚里士多德（《大伦理学》1，9）所言，苏格拉底说过：“是好是坏，并非是我们所能控制的。”亚里士多德所提出的反驳意见明显是站不住脚的，其实他自己也持与苏格拉底同样的意见，并且在《尼各马可伦理学》（6，13）中最清楚不过地表达了出来：“这是因为所有人的个别性格特征都似乎是以某种方式得之于大自然并为一个人所特有的，因为公正、节制或勇敢等素质，更多的是他从出生起就为他所独有。”如果我们大概地浏览一下亚里士多德在《论善与恶》一书中扼要罗列出来的美德和劣性，就会发现所有这些素质在真人身上出现的话，这些东西只能理解为与生俱来；并且也只有当这些素质是与生俱来的，才会是真实的；假如这些东西是出自思考，是任随主观意愿而沾上的，其实那就变成了某种伪装，是不真实的。因此，在外在情形的压力之下，这些东西是否还能继续，是否能够经受住考验，却是我们一点都不敢保证的。就算把爱——这不为亚里士多德和古希腊人所知的基督教的美德——考虑进去，情形也没有两样。一个人身上始终不变的善良和另一个人身上根深蒂固、屡教不改的凶恶本性，例如，安冬尼奥、哈德尼安和提图斯的善良性 444
格，卡里古拉、尼禄、多米迁的残暴性格——这些怎么可能是从外而至，是偶然外在环境或者单纯知识和教诲得出的结果！可别忘记，教育尼禄的老师是塞涅卡啊。其实，一个人的所有美德和劣性的种子深藏在这个人与生俱来的性格里，深藏在这个人的真正内核中。正是任何不带偏见的人都自然会确信的这一道理，使帕特库洛斯这样评论卡图（《罗马史》，2，35）：“这个人的所作所为最接近美德懿行。由于这个人的天性，他在各方面都更像是神灵，而不是凡人：这个人在做出公正行为的时候，从来不是为了显示自己是个公正的人，而是因为他无法不这样做。”[1]

相比之下，如果我们假定人的意欲是自由的，那就绝对无法看出美德和恶习到底从何而来，或者为何两个以同一方式教育和培养出来的人，在完全一样的环境和场合会做出相当不同，甚至截然相反的两种行为。性格与性格之间事实上存在原初的和根本的差别，是与这样一种意欲是自由的想法格格不入的，即每一个人在每一处境，据说同样可能做出彼此完全相反的行为。这样的话，这个人的性格从一开始必须是一张白纸，就像洛克所说的人的智力，不可以有任何与生俱来的朝向这一边或者那一边的倾向，因为这恰恰已经取消了“自由的、不受任何影
445 响的意愿选择”所想到的完美平衡。在人的意欲是自由的设想之下，我们现正讨论的不同人的不同行为方式，其原因不会在人的主体方面；

[1] 这段话逐渐成了决定论者武器库中的一件武器，可是这一荣耀在1 800年前的老历史学家肯定无法梦到。首先，霍布斯对此予以赞誉，在他之后是普利斯特里。然后，谢林在讨论自由的论文第478页，为了其目的而作了某些歪曲的译文中复述了这一段话——正因为这样，他甚至连维莱伊乌斯·帕特库洛斯的名字都不提，而是既精明又狂妄地说道“一个古人”。最后，我也不想忽略提到这一点，因为这的确是没有离题的。

但这原因更不会在客体方面，因为若如此，就是客体之物决定了我们的行为，我们所盼望的自由也就完全没有了。 现在充其量只剩下这唯一的后路，即把事实上各自差别极大的种种行为方式的源头，认定在主体和客体之间的中间地带，也就是说，认为人的行为方式的差异是出自主体对客体的不同理解方式，亦即出自不同的人各自对客体的认识。 那样的话，所有的一切都还原为人们对自己眼前环境正确或错误的认识。这样，行为方式的道德性差别变换成只是判断力的准确性差别，道德也就脱胎成了逻辑。 那些坚持意欲是自由的人，为了摆脱这令人窘迫的困境，到最后可能会说虽然并没有与生俱来的性格差别，但性格的差别是由外在环境、印象、经验、榜样、教诲等各方面的差别造成的；一旦以此方式形成了性格，就可以此解释随后所引出的不同行为方式。 对此的回应是：首先，照这么说，一个人的性格很迟才会露面(实际上，一个人的性格在孩提时就可以看得出来)，大多数人到死也没有获得其性格。 其次，据称造成了我们性格的所有那些外在环境，却完全不在我们的能力控制之中，并且是偶然(或者照一些人的说法，是由天意所决定的)以这样或者那样的方式造成的，假如性格由此而来，不同的行为又出自这性格，这些不同行为的道德责任就不复存在了，因为这些行为明显最终是纯粹的偶然或天意的产物。 所以，我们看到，在意欲是自由的假定之下，行为方式差别的根源以及美德与恶习的根源，还有人们为此该承担的责任，都变得因失去支撑而飘忽不定、无处可以生根 446
立足了。 由此可以看出，意欲是自由的假定，无论乍一听起来多么迎合思想粗糙的人，但从根本上既与我们的道德信念相抵触，同时，正如我已充分表明的，也与我们理解力的最高原则相悖。

正如我在上文已经充分阐明的，一如所有的原因，动因发挥作用的必然性并不是没有前提条件的。现在我们已经了解到了动因的这一前提条件、动因能够发挥作用的基础，即与生俱来的、个人的性格。正如在无生命的大自然，每一作用结果都是两个因素的必然产物，即在此所表现出来的普遍的自然力和引发这自然力表现的个别原因；同样，一个人所做出的每一种行为，都是这个人的性格和进入这个人头脑的动因的必然产物。具备了这两者，不可避免地引出行为结果。要引出另外不一样的行为结果，要么在这个人的头脑中出现另一动因，要么换上另外一副性格。此外，我们本来还可以有把握地预知，甚至可以精确计算出一个人将要做出的行为——假如不是因为一方面很难探究和洞察一个人的性格；另一方面，动因经常是隐藏的，并且这些动因也总是受到其他动因的相反作用，那些其他动因只存在于这个人的头脑思想里，是外人无法接触到的。由于一个人与生俱来的性格，这个人不可改变地追求的总体目标从根本上是已经确定下来的：这个人为实现这一目标所采用的方法和手段，一方面由外在环境，另一方面由这个人对外在环境的理解所确定，理解的正确与否，又取决于这个人的理解力及其培养。作为从所有这些引出的最终结果，就是这个人的行为、做事，因此也是这个人在这一世界上所要扮演的整个角色。我在这里阐述的个体性格学说的结果，歌德同样准确和诗意地表达在一节优美诗歌里：

在你降临世上的那一天； 447
太阳接受了行星的问候，
你随即就永恒遵循着，
让你出世的法则茁壮成长，
你必须是这样子，你无法逃脱你自己，
女巫斯贝尔和先知已经这样说过；
时间，力量都不能打碎，
那打上了印记、已成活的形体。

所以，一切原因产生出结果的必然性，基于的先决条件是每样事物的内在本质——不管这内在本质只是在这事物上表现出来的普遍自然力、生命力，抑或意欲：每一存在物不管是何种类，总是对所出现的作用原因，根据自己特有的本质而相应作出反应。这世上的一切事物都无一例外地服从这一法则。这一法则由经院派哲学家的这句话表达出来："先有存在，后有这些存在的发挥。"正是根据这一法则，化学家才可以通过试药或试剂来检验某样东西，我们可以通过特定的情形考验一个人。无论是在何种情况下，外在原因都以必然性引发已隐藏于本质之中的东西，因为这只能根据自己的本质作出反应，除此之外，别无其他选择。

在此需要记住，每一种存在（Existentia）都是以某一本质（Essentia）为先决条件的。也就是说，每一存在的东西必须正因此是某样东西，必然具备某一确定的本质。不可能是存在，同时又什么都不是，即大约像形而上的存在，亦是存在的某物，却又不具有任何的确定性和素质，因此也没有出自这些确定性和素质的明确的作用方式。相反，正如并不存在某一本质不会提供某一现实（康德以 100 塔勒的著名例子讲解了这一道理），同样，并没有本质的某一存在也是无法提供这现实的。这是因为每一存在的东西都必须具备某一为这存在的东西所特有的本质；由于这特有的本质，存在之物成了现在的样子；这一本质是这一存在的东西永远保持的，其表现是由原因以必然性引发的。但这本质本
448 身一点都不是那原因的作品，也不会因为那些原因就改变了。所有这些道理不仅适用于人及其意欲，同时也适用于大自然的所有其他存在物。人除了存在以外，还有某一本质，即基本的素质，这恰恰构成了这个人的性格。这性格只需要外在的诱因就会展现出来。所以，期望一个人在同样的诱因下一会儿是这样行事，另一会儿又是另外完全不一样的行事，犹如人们期望同一棵果树在今年夏天长出樱桃，在明年夏天长出梨子。只要仔细考察一下，意欲是自由的说法其实意味着某种存在可以不具有本质。也就是说，某样东西是存在的，但又什么都不是，后者意味着不存在。因此是自相矛盾的。

正是因为洞察了这方面的道理和因果法则的先验确切，并因此是无一例外的有效性，所以，各个时代一切真正深邃的思想家，不管他们在其他方面的观点如何不同，但在这方面看法一致：他们都断言动因出现以后意欲行为的必然性；摒弃“自由的、不受任何影响的意愿选择”。正因为那些没有能力思想、被表面假象和偏见、定见牵着鼻子走的不计其数的大众，每时每刻都顽固不化地对抗这一真理，所以，那些思想家

才为了以最断然的，甚至最夸张的表达宣扬这一真理而不惜走进极端。最著名的例子是布里丹的驴子。在过去的一百年里，人们徒劳无功地试图在布里丹仍存的文字里找到这一例子的出处。我本人就有一本布里丹的《诡辩》，这版本显然是在 15 世纪印刷的，既没有标明印刷地点、印刷年份，书上甚至没有页码。我多次在这书里试图找到这例子的出处，都无法如愿，虽然几乎在书的每一页都有驴子这例子。贝尔关于布里丹的文章是自那以后所有有关这一话题的文章的基础。贝尔说人们只知道布里丹的一篇《诡辩》。这是很不确切的，因为我就有一整四开本的布里丹的《诡辩》。另外，既然贝尔详细地讨论了这事情，449
那他应该知道自那以后人们似乎都不曾注意到的事情，亦即布里丹所用的例子——这在某种程度上已成了我在这篇文章所辩护的伟大真理的象征——其实早在布里丹之前就已经有人提出来了。这一例子见于但丁的著作。但丁生活在布里丹之前，通晓那时候的各科学问。并且但丁说的是人，而不是驴子。下面这四行诗是但丁的《天堂篇》第四部分的开首语：

> 如果两边与自己同等的距离，
> 都摆放同样的食物。
> 那一个自由的人直到饿死，
> 仍无法把其中一边的食物送进嘴里。

事实上，我们早在亚里士多德的著作《论天》（第 2 部分，13）就找到这一例子。亚里士多德是这样说的：“同样的例子是，如果一个人是同等程度的饥和渴，而他与食物和饮水相距同等的距离，那这个人必然原地不动。”布里丹从这些来源中拿来例子，并把例子中的人换成了驴子，纯粹只是这位捉襟见肘的经院哲学家保持一向的习惯：要举出例子的话，要么是苏格拉底和柏拉图，要么是驴子。

关于意欲的自由的问题确实是一块试金石，以此我们可以把深刻的思想者与头脑肤浅者区别开来，或者说这是一条分界线：在此这两类人分道扬镳，因为深刻的思想者都会坚持：有了既定的性格和动因，必然引发行为结果；头脑肤浅之辈与大众一样拥护意欲是自由的说法。也有一些人是中间派，他们在困惑和混乱之下干脆巧妙绕弯，给自己和别人转移视线；不是以字词作掩护，就是把问题翻过来、倒过去地曲解，直至大家再也不知道问题要讨论的是什么。莱布尼茨就是这样做的。
450 他其实是数学家和博学者，更甚于哲学家[1]。真要让王顾左右而言他的空谈家直面我们的论题，我们就要向他们提出下列问题，并且不能让他们离题回答：

问题 1：既定的一个人和在既定的一种情况下，有可能做出两种行为，抑或只有可能做出一种行为？——任何深思的人对此的回答都是：只有可能做出一种行为。

问题 2：一个既定的人考虑到一方面他的性格保持不变，另一方面

[1] 莱布尼茨在这一问题上的摇摆不定，在他给科斯特的信(《哲学作品集》，埃尔德曼编辑，第 447 页)和之后的《神正论》§ § 45—53 反映得最清楚。

他所受影响的外部情形，直至每一个最小的细节上都完全受到外在原因的必然限定，那些外在原因本身也始终以严格的必然性出现，由完全同样必然的环节串连起来的链条向上延伸至无穷无尽——考虑到这些，这个人已经走过的生命轨迹，其中某些东西，甚至最微小的细节，某一事件、场景，有可能会变成与现在的结果不一样吗？——“不！”应该是前后一致的和正确的回答。

从这两个命题所得出的结论是：所有发生的事情，从最大到最小，都是必然发生的。

谁要对这些命题感到吃惊，那我们仍有不少东西需要学习，有不少东西需要忘记。但从此他就会认识到，这些道理是为我们提供平静和安慰的最丰富的源泉。我们的所作所为肯定不是原初的开始，因此，这里并没有什么的确是新进入存在的东西，而是从我们所做，才获悉我们所是。

古人虽然从感觉上、而不是通过清晰的认识确信所有发生的事情的严格必然性，正是基于这一确信，古人对命运一说坚信不疑，还有穆罕默德的命运主义，甚至全世界各地都会有的、难以根除的相信预兆的习惯，因为甚至最琐细的偶然事情，也是必然发生的，而所有的事情就好比相互步调一致。所以，一切都在一切中回响。最后，这样的事情也与此有关：谁要是在没有丁点的意图，在相当偶然的情况下伤残或者杀 451
死了另一个人，他会终生哀叹这一“赎罪的祭品”，感觉上似乎与罪疚很接近，并在别人那里，作为“不祥、不幸之人”体验到自己失去了某种名声。的确，这种发自感觉的确信，即确信人的性格不可改变和这性格表现出来的必然性，甚至对基督教的神恩选择的学说也不会没有发挥过影响。最后，我还是忍不住在此说上几句完全附带的话——读者诸君尽可以根据自己对一些事情的思考，对这些话予以考虑或者忽略不理。假如我们并不认为所有的事情之所以必然发生，是因为一条因果链把所有大小事情都连接起来，而是允许绝对的自由在这条因果链上的无数处中断这一因果链，那在梦中，在催眠遥视中，在另类视觉中的一切预见将来的事情，甚至在客观上和因而是绝对不可能的，因此也就是无法想象的，因为假如绝对的自由可以中断因果链，就不会有任何可被预见到的客观、真实的将来了——但我们现在只是对这种事情的主体条件，因而是主体可能性存疑而已。时至今日，对那些见多识广的人来说，甚至这种怀疑也不再有市场了，因为来自最可靠的证人的无数证词已经确定预言将来的事情。

我再补充下面的一些看法，附加说明已确定了的一切发生的事情都是必然发生的理论。

假如必然性不是贯穿和挈领一切事物，尤其是假如必然性并不主导个体的繁殖，那这个世界将成何种样子？是一个怪物，是一堆垃圾，是一副完全不明所以的假面具，亦即真正的和确实偶然的产物。

452 希望某一桩事情当初不曾发生，是折磨自己的愚蠢做法，因为这样希望就等于希望一些绝对不可能的事情，其不理性恰如希望太阳从西边升起。正因为所有发生的事情，无论大小，都是严格必然发生的，所以，反复回想当初发生的那桩事情，起因其实多么的偶然和多么的微小，事情本来轻而易举就可以发展成另外一个样子——这完全是无用的自寻烦恼，因为这些想法是虚幻的，所有那些起因都是循着同样的必然性发生和以同样的力度产生作用，一如让太阳从东方升起的必然性和力度。我们更应该察看所发生的事情，就像察看我们所阅读的印刷物，我们知道得很清楚，在阅读这些印刷物之前，它们就已经在那里了。

四、先　行　者

就所有深刻的思想家对我们的问题的判断，我在上文说了我的看法。为了给出有关的例证，我想在此回顾一下在这问题上发表过意见的伟大人物。

首先，为了让那些或许认为宗教观点会与我所辩护的真理水火不容的人安心，我提请他们注意《圣经·耶利米书》(10：23)已经说过："人的道路不由自己；行路的人也不能定自己的脚步。"我尤其想引用路德说过的话——他在一部专为此问题写的著作《论意志的枷锁》里，极其激烈地反驳意志(意欲)是自由的观点。从这本著作中摘引几段，足以典型表达路德的看法。当然，支持他的看法的不是哲学上的根据，而是神学方面的根据。这里所摘录的出自色布·舒密特(斯特拉斯堡)1707年的版本，第145页，我们读到："所以，我们发现，在所有人的心上都同样写着没有自由意志这回事，虽然这一确凿的观点由于许多相反的说法和各种各样的权威而湮没了。"第214页："在此，我想提醒那些维护自由意志观点的人注意：宣称意志是自由的，就是否定了基督

453 教。”第220页：“《圣经》中所有有关基督的证词都与自由意志水火不容。这样的证词数不胜数，因为整部《圣经》都与基督有关。所以，如果我们让《圣经》仲裁这一问题，那我这一观点无论在哪方面都是对的：《圣经》里没有哪一个字哪一个词不是谴责这自由意志的理论的。”

现在我们看看哲学家。在这一问题上，古希腊哲学家的说法是不必认真对待的，因为他们的哲学好比仍处于天真、无邪的状态。当代哲学两个最深奥和最棘手的问题还没被引入清晰的意识，亦即意欲是否自由的问题和外在世界的真实性问题，或说观念与真实之间关系的问题。古希腊人在多大程度上清楚意识到意欲是否自由的问题，我们从亚里士多德的《尼各马可伦理学》（第3，第1—8章）颇能看得出来。在这些部分里，我们发现亚里士多德对此思考的主要只涉及物质（身体）和智力方面的自由。因此，他始终谈论“随意”和“非随意”两个词，把“随意”和“自由”混为一谈。更困难的道德上的自由还没有向他呈现，尽管的确有时候亚里士多德的思想已伸进那范围了，尤其是在《尼各马可伦理学》第2部分的2和第3部分的7。在那些章节，亚里士多德错误地从人的行为得出人的性格，而不是相反。他也同样非常错误地批评苏格拉底那句我已引用过的看法。在其他段落，亚里士多德又重把苏格拉底的看法变成自己的观点，例如在《尼各马可伦理学》第10部分，10：“至于人的天性部分，那很清楚并不在我们的能力控制之中，而是由于某种神灵的旨意，属于那些真正幸运的人”；“所以，那与美德相类似的性格肯定是以某种方式预先存在的，这性格会喜爱善良，对卑鄙、恶劣感到愤怒”。后一句话与我上面所引用过的话，也与《大伦理

学》(1，11)的这句话相吻合：“一个人不可能只是凭决心就能成为最好 454
的人——除非这个人本身就有成为最好的人的天性；但要变好一点的话，却是可以的。”在同一意义上，亚里士多德在《大伦理学》(第1部分，9—18)和《欧德谟伦理学》(2部分，6—10)讨论了意欲自由的问题。在这两处地方，亚里士多德已经接近了真正的问题，虽然他所谈论的一切都是摇摆不定和肤浅表面的。亚里士多德讨论问题时永远都是不直接探讨问题，采用解析的方法，而是采用综合的方法，从外在的特征得出结论；不是深入直达事物的内核，而是只抓住外在的标记，甚至只停留在字词上面。这种探究方法很容易偏离方向，如果探讨的是深奥的问题，就永远不会达致目标。在此，亚里士多德停步在那臆想出来的必然性与随意性的矛盾之前，好像遇上了一堵高墙。只有越过这堵高墙才可认识到：随意性本身恰恰是必然的——是因动因而起的；缺少了动因，意欲行为犹如缺少了意欲的主体一样，都是不可能的。这动因就是一个原因，与机械原因是一样的；动因与机械原因之间只是在非本质性方面有所区别。亚里士多德本人就说过(《欧德谟伦理学》，第2部分，10)：“目的也是四种原因中的一种。”所以，随意性与必然性的矛盾根本上是错误的，虽然时至今日，许多自封的“哲学家”仍然是与亚里士多德一样的。

西塞罗在《论命运》第10和17章已经把意欲自由的问题相当清楚地提了出来。当然，他这部著作所讨论的话题很容易和很自然地引到这一问题。西塞罗本人赞同意欲是自由的说法，但我们看到克里斯波斯和狄奥多罗斯肯定或多或少地清楚意识到了这一问题。同样值得注意的是卢奇安《死人的对话》中第30篇，亦即米诺斯与鲁斯特拉托斯之间的对话。这篇对话否认意欲的自由及与此相关的责任。

455 “七十士译本”中的“马克比四书”（这一部分在路德所翻译的德文本《圣经》中阙如）在某种程度上已是一篇关于意欲自由的文论，因为它极力想证明：理性掌握着能力克制所有的狂热和激情；并且在第二篇中举出犹太殉道者的例子以证明这一观点。

据我所知，在古老作者中，最早清楚认出我们现在讨论的问题的，似乎是亚历山大的克罗门特，因为他（《杂记》，第1部分，§17）说过：“假如不是一个人的灵魂掌握争取和反抗的能力，假如邪恶、卑劣的行为是非自愿的，无论是赞扬还是指责，无论是崇敬还是惩罚，都不是合理的。”接着，在一个与此之前的话题有关的插句之后，克罗门特说：“所以，对我们的劣性、恶习，上帝是没有责任的。”这补上的尤其值得注意的一句显示出，基督教会是在何种意义上马上发现了这一问题的含义，并且根据自身的利益马上抢先做出应对之策。差不多两百年过去以后，我们发现尼梅希在《人的本性》第35章结尾和从第39到41章，对意欲的自由的理论做了全面的探讨。在这部著作里，意欲的自由被不加思索地与随意性或者选择视为一体。因此，尼梅希热情十足地声称和说明意欲是自由的。尼梅希这样做已经算是公开探讨这一问题了。

但是，对这一问题及其相关的一切全面提高了意识的，却是最初见之于基督教教会之父奥古斯丁的著作里。所以，虽然奥古斯丁更多的是神学家，而不是哲学家，但我们还是在此考虑他的看法。马上我们就会发现，意欲是否自由的问题让奥古斯丁陷入了明显的尴尬、迟疑、摇摆之中。这使他在三卷本《论自由意志》里前后不一、自相矛盾。一方面，他不想如贝拉基那样承认意志（意欲）是自由的，以致原罪、获解救的必要性、自由的神恩的选择等都可以取消。如果人是这样自由 456
的话，人就可以凭一己之力成为公正的人、配享天堂极乐的人了。奥古斯丁在《勘订》第1部第9章就“论自由意志”的辩论，甚至表达了这样的意思：他本来可以就分歧表达更多的反对意见（后来，路德为他这些意见作了激烈的辩护），假如奥古斯丁的那些书不是在贝拉基的著作露面之前就已写成的话。为反驳贝拉基的观点，奥古斯丁在这之后还写了一部《论天性与后天培养》。奥古斯丁在《论自由意志》第3部，18就已经这样说：“现在的情形是人并非好人，并且要成为好人也不是人力所能及的，不管那是人无法看清应该如何成为好人，还是人看清了这一点却不愿意成为他所应该成为的好人。”奥古斯丁很快接着写道：“或许是人由于无知，并没有自由去决定和选择自己应该怎么做；或许是由于肉体的习惯——这肉体习惯多少因受到那致命的原罪的力量而加剧——虽然人已看到应该怎么做，并且愿意这样做，但无法贯彻执行。”在上述辩论中，奥古斯丁写道：“所以，假如意志本身并没有得到神恩而被解除了束缚——正是由于这一束缚，人成了罪恶的奴隶——并且得到支持去克服恶习，凡人是不会公正、善良地生活的。”

但在另一方面，下面的两个原因鼓动奥古斯丁为意志是自由的作了辩护：

（1）他反对曼尼派的观点——奥古斯丁的《论自由意志》就是专门

为了反驳曼尼派观点而写的，因为曼尼派否认意志是自由的，并且认为卑鄙和罪恶有另一不同的源头。奥古斯丁在《论灵魂的伟大》一书最后一章暗指曼尼一派：“人们被赋予了选择的自由，谁要试图以滑稽的诡辩去动摇这一点，那他就是盲目的。”

（2）那种自然的、我已阐明了的错觉，由于这一错觉，“我可以做出我所意欲的事情”被视为与意志的自由是同一的，而随意则成了自由的同义语。在《论自由意志》第 1 部分 12 中有这样的话：“又有什么比意志本身更处于意志的控制之下？”

457 （3）把人的道德责任与上帝的公正协调起来的必要性。也就是说，这极为严肃的事情并没有逃过奥古斯丁的敏锐眼光。要除掉这严肃性的问题是那样的困难，以至于据我所知，后来所有的哲学家都宁愿悄悄地绕过这一困难，就好像这一难题并不存在似的——除了三个哲学家以外。正因此，我马上将更仔细地考察这三个例外的哲学家。相比之下，奥古斯丁以高贵的坦诚在《论自由意志》的一开始，就开门见山地说了：“请告诉我，上帝是否是坏事的创造者？”然后，在接下来的第二章里，奥古斯丁更详细地写道：“下面的疑问使我感到不安：假如罪恶是出自上帝所创造出来的灵魂的，那除了把这些罪恶间接地归咎于上帝以外，有可能还有其他的选择吗？”那对话者回应说：“你刚才恰恰说了在思想里折磨我的东西。”这满是疑问的思考由路德再度继续，并且是以路德那激昂、滔滔的雄辩方式进行的，《论意志的枷锁》第 144 页：“上帝必然因其自由让我们受制于必然性，那天然的理性也必然可看到和承认这一点。如果我们承认上帝是全知、全能的，那就很自然并且无法避免地得出这样的结论：我们并不是经由自己创造了自己，或者生活，或者做出任何事情，而是一切都只能经由全能的上帝……。上帝的全知、全能是与我们意志的自由截然矛盾的。人们都得服从合乎逻辑的思考，都得承认：我们之所以是这个样子，并不是因为我们通过意志成为这个样子，而是必然性使然；所以，我们不是因我们自由的意愿(意欲)而做出我们喜欢做出的事情，而是根据上帝所预见到的，上帝以毋庸置疑和不可改变的决心与意志把这些付诸实行。”

到了17世纪初叶，我们看到瓦尼尼深信这一认识。这是瓦尼尼坚持不懈反对一神论的内核和灵魂，虽然由于当时时代的压力，瓦尼尼把反对的意见尽量巧妙地掩藏起来。只要一有机会，瓦尼尼就会重申这一观点，不知疲倦地从各个不同的角度阐述，例如，《永恒上帝的竞技场》第16条答辩是这样说的：“如果上帝愿意罪恶的存在，那他就会带 458
来罪恶，因为《圣经》上写着，上帝愿意什么，就带来什么。如果上帝并不愿意，但罪恶却偏偏发生，那我们只能认为上帝要么没有预见的能力，要么不可以称为全能，或者上帝干脆是残忍的，因为上帝并没有执行自己的旨意。这个中的原因要么是无知，要么是无能，或者疏忽、马虎。……哲学家说道，如果上帝并不愿意那些可耻和下流的行为在这世上发生，那上帝毫无疑问，不费吹灰之力就可以从这世上扫清所有无耻的行径，因为又有谁可以抗拒上帝的意志呢？违背上帝意志的罪行又如何能够发生，假如上帝不曾赋予罪犯以力量犯下这些罪行？再者，如果一个人对抗上帝的意志、犯下罪行，那上帝就比那对抗他并取得了胜利的罪犯还要虚弱。由此得出的结论是：上帝愿意这个世界就是现在这个样子；如果上帝宁愿有一个更好的世界的话，他早已经创造一个更好的世界了。”还有第 44 条答辩：“工具只是听从其主人的指示而行动，但我们的意志在行动时，就像是一个工具，上帝则好比真正的原动力。所以，如果我们的意志表现恶劣，上帝就难辞其咎……我们的意志完全取决于上帝：不仅在作用方面，而且也在本质方面。因此，我们的意志其实不应该为任何事情承担罪责，无论是意志的本质，还是意志的作用都一样；只能由创造了这样的意志并让这意志活动起来的上帝承担罪责。……因为意志的本质和活动都出自上帝，所以，意志所造成的好或坏的结果都只能归于上帝，假如意志就是上帝的工具的话。”在阅读瓦尼尼的著作时，我们不可以忘记这一点：瓦尼尼自始至终所使用的技巧是通过他的论敌的嘴巴提出瓦尼尼似乎感到厌恶、想要反对、但其实是瓦尼尼自己本人的真实看法，并辅以令人信服的和透彻的阐明；然后，瓦尼尼就以本人的身份，运用肤浅的和根本站不住脚的论据去反驳。瓦尼尼好像得胜一样地结束辩论，让读者去恶意回味。瓦尼尼以这一狡黠的手法，甚至骗过了有很高学问的巴黎索邦神学院。那些神学家对这一切信以为真，天真地准许瓦尼尼那些目无上帝的文章付梓发行。两年以后，索邦的神学家们以双倍高兴的心情，看着瓦尼尼在火堆上被活活烧死——在此之前，人们已经割断瓦尼尼那亵渎上帝的
459 舌头。这也是神学家真正有力的论据，自从拿走了他们的这一论据以后，情况就变得每况愈下了。

在严格意义上的哲学家中，如果我没有记错的话，休谟是第一个没有绕过奥古斯丁首度提出来的、困难和满是疑问的问题，在没有想到，

提到奥古斯丁、路德和瓦尼尼的情况下，在《论自由和必然性》一文中坦白表达了这一问题。在这篇论文的末尾处，休谟写道："我们所有意志的作者就是这一世界的创作者。这一创作者首先启动了这一巨大的机器，并让所有的存在物各就各位；随后每一件事情就以不可避免的必然性发生。所以，人的行为要么谈不上有多坏，因为这些行为都是出自充分的原因；要么如果人的行为真的很坏，那肯定牵连到我们的创造者，让其负上同样的罪责，因为他被认为是人的行为的最终原因和作者。这是因为正如一个爆破开矿的人，无论采用的导火线是长是短，都得为所有的后果负责，同样，一旦连续的因果链确定了下来，那制造了这链条的第一个原因的存在物——不管这存在物是有限的还是无限的——也就是所有其余原因的制造者。"休谟要努力解开这一疑问，但到最后，休谟还是承认这一难题是无法解答的。

康德也是在独立于前人的情况下，遇到了这一绊脚石［《实践理性 460
批判》，第 4 版，第 180 页及下页；罗森克兰兹版(以下简称罗版)，第 232 页］："情形似乎是：只要我们认为上帝作为普遍的原初存在物也就是实体物质存在的原因，那我们也必须承认人的行为，其决定性原因完全在人的能力控制范围之外，亦即在与人有别的最高存在物的因果性那里，而人的存在和人的因果性的整个确定完全依赖于这一最高存在物。……那么，人就将是一个伏贡松*发明的机器人，由一切精巧机制品的至高大师一手制造和上紧了发条。自我意识虽然使这机器人成了

* 雅克·伏贡松(1709—1782)，法国发明家。

一个会思维的机器人，假如把在这个机器人那里对自己行为的自发性的意识当作自由的话，那就只是错觉而已，因为这行为的自发性只能相对称得上自由，因为虽然人的活动最接近的决定性原因，以及排在这最接近原因之前的一长串原因虽然在人的内在，但最终的和最高的原因却完全是在某一别的存在物手里。”康德试图通过把自在之物与现象区别开来以清除这一巨大的疑难，通过这一办法，事情却如此明显地不曾从根本上有所改观，以致我确信康德对此根本不是认真的。康德本人也承认他的解决是不充分的，他在第 184 页补充说：“但是，人们已经尝试过的或者想要尝试的种种其他解决办法，是否就更容易和更好理解？我们更想说的是：形而上学的固执的宣讲者在此更多地表现出了他们的狡猾，而不是真诚和坦白，即尽其所能地忽略这一难点，希望假如他们只字不谈这一难点，或许无人会想起。”

461 把说出同样东西的这些很不同的、值得关注的声音放在一起以后，我现在返回讨论我们的教会之父的意见。奥古斯丁希望能以他那些理据打发掉已为他所意识到的极为棘手的疑难问题，但他的理据是神学的，而不是哲学的。所以，他那些理据并不是无条件有效的。正如我已经说过的，支持他那些理据的除了上面说过的两个理由以外，奥古斯丁为什么力图捍卫上帝给予人的“自由的意志”的第三个理由。这样“自由的意志”，因为它把上帝与上帝的创造物所犯下的罪过分开，处于这两者中间，本来是确实足以解决掉那棘手的疑难问题的——只要这“自由的意志”不止是用言词很容易地说说，或许可以满足并不比这深入更多的思维，而且也起码能够在严肃、深思之下得以想象和思维。

可惜的是，我们如何才能设想出某一存在物，无论本质还是存在都是另一存在物的作品，这一存在物却可以原始地和从根本上决定自身，并因此为自己的行为负责？这一定理，“先有本质，后有这些本质的发挥”，亦即每一存在物所发挥的作用都是出自这存在物的本质构成，就推翻了上述假设，这定理本身却是无法推翻的。一个人行事恶劣的话，是因为这个人是恶劣的。上述定理附带这样的推论：“所以，有什么样的本质就有什么样的作用效果。”假如一个制表匠对制造的手表不准时而发火，我们将有何话说？无论我们多么愿意把我们的意欲说成是一张白纸，但我们还是不得不承认，例如，如果有两个人，其中一人在道德方面与另一个人是完全相反的行为方式，这一肯定是有其出处的行为方式的差别，原因要么是外部环境——这样的话，罪责显而易见不会牵涉行为人；要么是这两个人的意欲本身的差别——这样的话，罪责或者美德同样与他们无关，假如这两个人的存在和本质是出自第三者之手的话。在上述那些伟大人物竭尽全力仍无法走出这一迷宫之后，我 462
乖乖地承认要设想人的意欲并非自创、自主，但得承担意欲的道德责任——这也是超出我理解能力范围的。毫无疑问，正是因为理解力无法理解这种事情，让斯宾诺莎在《伦理学》的开首处给出了八个定义中的第七个定义：“只有出于自身本质的必然性而存在，并且只经由自身决定行为的，才称得上是自由的；由其他来决定自己的存在和行为的，则被称为必然的，或者说被迫的。”

也就是说，假如某一劣行是出自一个人的本性，亦即出自人与生俱来的特质，那罪责明显应由创造这一本性的作者承担。正因此，人们才发明了意欲是自由的说法。但在这假定之下，那劣行又是从何而来的，则是绝对无法弄明白的，因为“自由”从根本上只是一种否定性的特性，表明了没有什么东西迫使或者阻止这个人做出这样或者那样的行为。但这样的话，就永远不会清楚明白人的行为到底是从哪里来的，因为这行为既非出自人与生俱来的或者得到的特性——因为那样的话，就成了造物主的罪责；同时，这行为也并非出自外在环境——因为那样的话，外在偶然就难辞其咎了。因此，不管怎么样，人都是没有责任的——其实，人却得为自己的行为负责。某一自由意志(意欲)的一幅自然图像是一架没有放上重物的天平：天平现在平静地保持平衡，永远不会失去平衡——除非在天平的其中一边放上某些东西。正如天平不会自动地运动，同样，自由的意志也不会自动地产生行为，因为从无中只能生无。假如天平向一边下垂，那肯定是在那一边放上了某一外物，那就是运动的源头。同样，人的行为必须是通过某样东西所引发，那东西是肯定性发挥作用的，并不仅只是否定性的自由。但只能以这两种方式进行：要么纯粹由动因本身引发行为，亦即由外在环境引发行
463 为——这样的话，显而易见，人就用不着对这行为负责了，并且在同样的环境下所有人也必然会做出同样的行为；要么由一个人对这些动因的敏感性引发行为，这行为就出自这个人与生俱来的性格，亦即出自这个人身上本来就潜伏的倾向——这些倾向因人而异，由于这些倾向，动因才发挥出作用。但那样的话，意欲不再是自由的了，因为人的那些倾向就是放上了天平秤盘的重物。责任落在了放上这些重物的人那里，亦即落在了创造出具有这样倾向的人的造物主那里。因此，只有

当人是自己的作品时，亦即具有自创、自主的能力时，人才需要为自己的行为负责。

在此所阐述的关于这事情的整个观点，可以让我们测量出与意志（意欲）的自由牵连的一切，因为意志（意欲）的自由是把造物主与其创造物所犯下的罪孽分隔开来的一道必不可少的鸿沟。由此可以明白为何神学家们会执意坚持意志是自由的观点，并且为何他们的那些手持盾牌的扈从，亦即那些哲学教授像受义务束缚般地狂热支持那些神学家，以致对伟大思想家提出的最简明、最确凿的反证充耳不闻，熟视无睹，死抱“意志（意欲）是自由”的观点不放，就像保卫自己的“衣食父母”一样。

最后，让我们完成在这之前中断了的对奥古斯丁这方面看法的叙述。奥古斯丁的意见总的来说是，人其实只是在犯罪痛失天堂之前才有完全自由的意志；但在堕落以后，犯下了原罪的人唯有寄望于通过神恩选择和赎罪获得解救。奥古斯丁说这话的时候俨然是教会之父。

与此同时，正是通过奥古斯丁的见解和奥古斯丁与曼尼教派及贝拉基一派的争论，哲学开始意识到了我们的难题。自那以后，经过经院派哲学家的阐述，这一问题对哲学家变得越发清晰，布里丹的《诡辩》和但丁上述一段话都是这方面的明证。彻底探讨这一问题的第一人，显然是托马斯·霍布斯。他在出版于 1656 年的著作《有关自由与必然 464
性的问题，兼反驳布兰荷尔博士》专门讨论了这一问题。这个拉丁文版本现在是稀罕之物了，英文版的书名是《托·霍布斯：道德及政治著

作》(伦敦，1750)。 我从第485页摘引下面的主要段落:

(6) 任何一样东西都不是仅靠自身开始的,而是从自身之外的某一其他直接的动因。所以,当一个人开始对某样东西有了胃口或者意愿,在这之前,这个人直接对这东西是没有胃口或者意愿(意欲)的,那么,引起他的意愿的原因就不是那意愿本身,而是某样并不在这个人的能力控制之内的东西。这样的话,在随意性的行为中,意愿(意志、意欲)毫无疑问是这行为的必然原因,但据此,这意愿(意志、意欲)本身也是由意愿无法控制的其他一些东西所必然引起的;由此得出的结论是,随意性的行为全都有其必然原因,所以,这些随意性的行为都是必然发生的。

(7) 我认为,一个充足原因是,这一原因并不缺乏要造成结果所需的一切。一个必然原因也是如此,因为如果一个充足原因有可能不会造成某一结果的话,就是缺乏了造成这某一结果所必需的某些
465 东西,这原因就不是充足原因了。如果某一充足原因不可能不造成某一结果的话,那这一充足原因就是必然原因。所以,很明显,无论产生了什么结果,都是必然产生的。这是因为所有产生的结果都有产生这一结果的充足原因,否则,就不会产生这一结果了。因此,随意性的行为也是必然产生的。

(8) 一般对所谓自由的动因的定义(即自由的动因是当要造成某一结果所必需的一切都具备了以后,仍然可以不造成这一结果),本身是自相矛盾的,没有任何意义。这一定义等于说:“尽管原因是

充足的，亦即必然的，但却不会造成结果。”

第485页：

每一事件无论其发生看上去是多么的偶然，或者多么的随意，都是必然发生的。

在著名的《论公民》第1章§7里，霍布斯说：“每个人都受到驱使渴望对他而言好的东西，逃避对他而言不好的东西；对那最大的自然祸害——死亡——人们更是唯恐避之不及。这是某种同样大的天然必然性所致，如同一块石头坠地所遵循的必然性是一样的。”

紧随霍布斯之后，斯宾诺莎也确信此观点。要典型勾勒出他在这一问题上的理论，摘引他著作中的一些段落就足够了：

《伦理学》，第一部分，命题32：

意志不可以称为一个自由的原因，只能称为一个必然的原因。——推论2：因为意志如所有其他事物一样，也需要一个原因迫使其以某一确定的方式行为。

同上。第二部分，附注：

至于第四条的反驳（关于布里丹的驴子），我完全承认这一点：假

466 如一个人处于这样一个平衡的境地(亦即他除了感觉到饥和渴以外,再也感觉不到任何其他别的东西,食物和饮水又放在与他同样的距离),这个人必然死于饥渴。

第三部分,命题2,附注:

思想上的决定带着与真实存在的事物的观念一样的必然性而产生于头脑中。因此,谁要是相信自己是出于思想上的自由决定而说话、沉默,或者做出其他事情,他就是在睁着眼睛做梦。

《书信》第62:

每一事物都是由某一外在的原因必然地确定了以某一特定的方式存在和作用的。例如,一块石头从推动这一块石头的某一外在原因那里获得了一定量的运动,因此,这块石头肯定带着必然性继续运动。现在假设这块继续运动的石头是能够思想的,也意识到自己在全力争取继续运动。那么,这块石头因为只意识到自己的追求和对自己的追求一点都不是置身事外的,所以,这块石头以为自己是完全自由的,自己继续运动只是自己意愿这样做而已,并没有别的其他原因。人的自由也是同样的情形。所有人都自诩拥有自由,只不过那自由是人们意识到了自己的意志活动,却忽略了决定这些意志活动的原因……这样我就充分解释了对自由的和强迫的必然性,以及人们想象出来的自由的看法。

值得注意的是，斯宾诺莎只是到了生命的末段（在40岁以后）才得出了这一见解。在这之前的时间，1665年，当他还是笛卡尔主义者的时候，斯宾诺莎在《对形而上学的思考》第12章里，却明确地和激烈地为与上述截然相反的看法辩护。在涉及布里丹的《诡辩》方面，他甚至说出了与上面所引第二部分的附注直接矛盾的看法：“假如我们假设：处于这样一个平衡处境的不是一头驴子，而是一个人，假如这个人还是死于饥渴，那这个人就不是一个有思想的人，只是一头蠢驴。”

在下面，我将向大家讲述另外两个伟大思想家同样的看法转变。证明在这一问题上，要得到正确的见解是多么的困难和必须具备多么深刻的眼光。

休谟在《论自由和必然性》的论文里——在此之前，我已引用了其 467
中一段——至为清楚确信地论述了在有了动因的情况下，单个意志行为发生的必然性，并且以通俗的方式至为清楚地说明了这一点。休谟写道：“因此，看上去动因与随意性行为之间的联结，与在大自然其他部分的原因和结果之间的联结，是同样有规律和始终如一的。”他接着写道：“所以，在从事科学或者任何种类的活动时，不承认必然性的理论，不承认从动因到随意性行动，从性格到行为的推论，那看来是几乎不可能的。”

但是，还没有哪一个著作者能像普里斯特利那样，在专门讨论这题目的著作《哲学必然性的学说》中，如此详尽和令人信服地阐明意志（意欲）行为的必然性。谁要是读了这异常清晰和易懂的书以后，仍然无法确信这一道理，那他的理解力肯定已被偏见和定见毁了。我从1782年第2版（伯明翰）引用代表性的几段，以飨读者：

“前言”第20页：

没有什么荒谬的说法比哲学上的自由更让我觉得荒唐（第26页）。没有某一奇迹的发生，或者没有某一外来原因的介入，一个人的意志或者行动只能保持原来的样子，而不会是别的（第37页）。虽然心灵的倾向或者感情并不是引力，但这肯定和必然地影响我和作用于我，就像引力影响和作用于一块石头一样（第43页）。说意志是**自己决定自己的**，根本是不知所云；或者说这话隐含的其实是一个荒
468 唐的想法，亦即认为作为一种**结果**的**决定**，却是完全没有原因的。这是因为去除了在**动因**名下的所有东西以后，确实再没有什么可以产生这一决定了。不管一个人使用什么样的**词语**，他也无法**理解**为何我们有时候会受到动因的决定，有时候又可以在没有动因的情况下被决定，就像他无法理解为何一架天平，有时候因放上重物而下降，有时候又因某一种没有任何重量的东西而下降一样——这没有重量的东西不管是什么，反正对天平来说什么都不是（第66页）。用合适的哲学语言来说，动因应被称为行动的**独特原因**，这跟在大自然中某样事物是另一样事物的原因并没有两样（第84页）。我们永远没有能力作出两种选择——如果在此之前的情势保持一模一样的话（第

90页)。如果一个人为自己在过去所做的某一行为而责备自己，那他可能会幻想如果自己再度处于相同的情势下，会做出不一样的行为。但这只是幻觉而已。如果这个人认真审视一下自己，并且把所有外在情势考虑进去，他就会确信：只要还是同样的内在心灵意向，再加上他当初的一模一样的对事物的认识观点，除此之外，在发生这事情以后，这个人再没有任何反省所得，那他不会做出与过去并不一样的事情(第287页)。一句话，在这种情况下，并没有其他更多的选择：要么选择必然性的学说，要么选择绝对荒谬的说法。

在此需要指出的是，普里斯特利所遭遇的恰恰是与斯宾诺莎以及 469
另一位我马上就要提及的非常伟大的人物所遭遇过的同样的情形。普里斯特利在书的第1版第27页“前言”里写道：“其实，我并不轻易接受必然性的道理。就像哈特利博士那样，我是相当不情愿地放弃我的关于自由的想法。就此问题我曾长期与人通信讨论，当时对自由的理论我还相当的卖力，对与此观点相反的论辩，我是一点都听不进去的。”

经历了同样思想转变的第三个伟大人物是伏尔泰。伏尔泰以特有的亲切和朴实讲述了这看法转变的情形。在《形而上学论文》第7章
里，伏尔泰曾经为所谓的意志的自由详尽和激烈地辩护。但在40年以 470
后写成的《无知的哲学家》第13章里，伏尔泰告诉我们：意志行为遵循着严格的必然性。伏尔泰在这一章的结束语是这样写的：

无论是因为阿基米德被人关进了房间里，还是因为他在全神贯注思考问题，以致根本没有想到要走出房间，阿基米德都是同样必然地留在这一房间里。

命运引领情愿者，但拖曳不情愿的人。

有这样想法的无知之人，并非始终如一的思想，但最后他是要被迫投降的。

在接下来的一部著作《行为的原理》里(第 13 章):

一个球撞到了另一个球并使之活动起来，一只猎犬必然和自愿地追逐一头公鹿，公鹿也同样必然和自愿地跳过一条大沟。以上所有这些，跟我们的行为一样，同样都是不可抗拒地被决定了的。

这三个头脑至为杰出的人最终都一致地转而接受我们的观点，肯定会让试图不承认有充足理据的真理的每一个人感到诧异，他们提出的异议无非是他们简单的自我意识中的这一句不相干的表白:“但我却可以做出我意愿做的事情。”

紧随这些先行者之后的康德，毫不奇怪地把验知性格受动因的规定而行动的必然性，视为无论对他本人还是其他人都是板上钉钉的事情，不会再花时间证明。康德的《世界公民目的之下的普遍历史观念》是这样开始的:“不管人们在形而上学的目的层面对意志的自由是怎样的看法，但意志的自由的现象、人的行为跟所有其他大自然的事情一样，都是由普遍的自然法则所确定了的。”在《纯粹理性批判》（第 1 版第 548 页，或者第 5 版第 577 页）中，康德说：

> 因为验知性格本身必须从现象作为结果和从由经验所提供的
> 现象的规律提取出来，所以，人的一切行为在现象中都是出自验知 471
> 性格和其他共同作用的原因且根据大自然的秩序所确定了的。假如我们能够从根本上探究人的主观任意的现象，那就不存在人的任何行为是我们不可以确切预测、根据之前的条件是我们不可以认识为必然的。有鉴于人的这一验知性格，人是没有自由的；我们也只能根据人的验知性格来考察人，假如我们只是**观察**，并且像人类学研究所做的那样，想要在生理学上探究一个人行为的驱动原因的话。

同上书第 1 版第 798 页，或者第 5 版第 826 页：

> 意志就算有可能是自由的，那只是就我们意愿活动的悟知原因而言。这是因为在意愿表现出来的奇特现象方面，亦即在人的行为方面，我们必须根据那不容践踏的基本规则——没有了这些基本规则，我们无从把任何理性在经验中加以应用——永远不要以有别于解释大自然的其他现象的方式，亦即以有别于根据大自然现象的不变规律的方式来解释人的行为。

此外，在《实践理性批判》第 4 版第 177 页，或者罗版第 230 页：

> 因此，我们可以承认，假如我们真有可能对一个人的思维方式——通过内在和外在的行为呈现出来——有如此深刻的了解，以致清楚地知道促成这个人行为的每一或大或小的动因，以及所有能够影响这个人的思维方式的外在诱因，我们就可以确切地计算出一个人将来的行为表现，正如我们可以确切地计算出某一月食或者日食。

但康德把这与其有关自由与必然性共存的理论联结在了一起，借助于把悟知性格(intelligibeln charakter)与验知性格区分开来。因为我完全承认这一理论，所以，我在下文将回头讨论这一问题。康德曾两次陈述过这一观点，也就是在《纯粹理性批判》第 1 版第 532—554 页，或
472 者在第 5 版第 560—582 页，但在《实践理性批判》第 4 版第 169—179 页，或者在罗版第 224—231 页则表达得更清楚。任何人如果想透彻认识人的自由与人的行为必然性的可协调性，就得阅读康德这些经过深邃思考写出来的段落。

到此为止，所有这些高贵的和令人尊敬的先行者就探究这一问题所做出的成就，与我这篇论文相比，有以下两处差别。第一，我根据论文题目的指引，把在自我意识中对意欲的内在感知与对意欲的外在感知严格分开，对两者分别考察，从而首次让我们有可能发现为何大多数人无法避免产生错觉的原因。第二，我把意欲与大自然的所有其他事物联

系起来考察，在我之前还从来没有人做过这样的事情。也只有这样，我们才可以尽量透彻、全面和有步骤地讨论这一问题。

现在，我还想就康德以后的几个作者说上几句，但我不认为这些人是我的先行者。

就上述令人赞叹的、至为重要的康德关于悟知性格和验知性格的理论，谢林在《对人类自由本质的哲学探究》第465—471页给出了说明性的复述。这些复述由于生动、活泼，比起康德透彻、但枯燥的论述，会让不少人更容易明白这方面的问题。说起这件事情，为尊重真理和康德，我忍不住要责备谢林一番，因为谢林在书里表达了康德众多理论中一条最重要的、最令人赞叹的、在我看来的确是最深刻的见解，但谢林却不曾清楚、明白地表示他现在所表达的，就其内容而言属于康德的创造，而是以其表达方式让那些对伟大的康德复杂、困难的著作并不十分熟悉的大多数读者，必然误认为他们所阅读的是谢林本人的思想。在 473
此，我仅从众多例子中举出一个例子，以展示在此结果是多么的符合其意图。直至现在，哈勒的一个叫埃德曼先生的年轻的哲学教授，在所写的《肉体与灵魂》(1837)一书第101页是这样说的："虽然莱布尼茨类似于谢林在讨论自由的论文中的看法，认为灵魂是先于所有时间、自己决定自己的"，等等。这样，谢林在此与康德的情形就幸运地跟阿美利哥与哥伦布一样：别人的发现被标上了他的名字。但谢林这情况也是归功于谢林的狡猾，并非拜偶然所赐。因为谢林在第465页开始："总而言之，是观念论首先把自由的学说提高到了这一领域"，等等，然后紧接着康德的思想。就这样，谢林在这书里并不是诚实地说出康德的名字，而是狡猾地说“观念论”。而“观念论”这个具有多种含义的用语会让人以为是费希特的哲学和谢林早期的费希特式的哲学，而不是康德的学说，因为康德早就反对人们把他的哲学称为“观念论”（例如，在《未来的形而上学导论》，罗版第 51 和 155 页），甚至在他的《纯粹理性批判》第 2 版第 274 页还加了一篇《反驳观念论》。谢林在接下来的一页，非常精明地附带说出的一句话里提到了“康德的概念”，目的是封住那些知情人的嘴——这些知情人知道，谢林现在当作自家东西卖弄炫耀的其实是康德的财产。然后又在第 472 页，谢林不顾真理和公正，说康德还没有在他的理论中达到那一观点，等等。但从我在上文已推荐给大家反复细读的康德的不朽段落，每个人都可以清楚看出：恰恰是这一观点唯一属于康德的原创。要不是康德的话，再多一千个费希特先生和谢林先生那样的头脑，都永远没有能力领会得了这样的观点。既
474 然在这里得谈及谢林的文章，我就不可以在这问题上保持沉默，应该履行我对康德这位人类的伟大导师的义务，把本就毫无争议唯一属于康德的东西归还给他，尤其是在这样一个——套用歌德的话来说——“小学徒成了大师傅”的时期。唯独康德与歌德，才真正是德意志民族的骄傲。此外，谢林在同一篇文章里也同样毫不犹豫地搬用雅各布·波默的思想，甚至原封不动搬用其字词，而不透露来源。

除了用另外的字词复述康德的思想以外，谢林那篇《对人的自由本质的哲学探究》并没有为我们提供有关自由这一问题任何新的或者透彻的说明和解释。谢林从一开始就通过对“自由”的定义宣布了这一点。他对自由的定义是：“一种可以做好事也可以做坏事的能力。”这

样的定义对那些问答手册而言，或许就已适用，但在哲学里，这一定义是什么也没有说，因此，这一定义一无是处。因为好与坏远远不是简单的概念，不是本身就已经清楚，再不需要任何解释、限定和理据的概念。总的来说，谢林这篇文章只有一小部分涉及了自由，主要的内容是长篇大论地讲述上帝。作者先生流露出与这上帝相当的熟络，因为他甚至向我们描绘了这位上帝的来历。不过，遗憾的是，作者对这熟络的经过只字不提。玩弄文字诡辩构成了这篇文章的开始部分，只要不被其放肆、大胆的语气所吓倒，每个人都可认出这些不过是浅薄的文字。

自那以后和由于这篇以及类似的文章作品，在现在的德国哲学，清晰的概念和诚实的探究已让位于所谓“智力的观照”和“绝对的思维”；吓人、故弄玄虚、利用各种各样的手法迷惑读者已成了哲学的方法；是目的、打算，而不是真知灼见指挥其表述。所有这些使哲学——
如果我们还可以把这称为哲学的话——越发沉沦，直至到了黑格尔这部 475
长奴才那里，哲学已变得至为低级和下贱。黑格尔为了再度扼杀由康德为我们所争取到的思想自由，就把哲学——理性的女儿、真理的未来母亲——沦为实行国家目的、愚民政策、新教耶稣会教义的工具。但为了掩饰这些可耻的行径，与此同时，又尽可能造成人们头脑愚钝，黑格尔把他的货色裹以由最空洞的词语垃圾和没有半点涵义的胡说八道共同拼凑成的语言外衣。那些昏话、梦呓是人们从未听到过的——起码在疯人院外面从未听到过。

英国和法国的哲学，大体上几乎仍然停留在洛克和孔狄亚克的水平。被编辑古尚先生称为“我这时期的首位形而上学学家”的缅因·德·比龙，在1834年出版的《对身体和精神的新思考》狂热拥护“自由的、不受任何影响的意愿选择”，并把这视为完全不言自明的真理。在德国，不少当代哲学方面的写作者也做着同样的事情：那“自由的、不受任何影响的意愿选择”就顶着“道德的自由”的名义，好像是某一确凿无疑的事情，犹如上文所提及的所有伟大思想家从来不曾存在过似的。他们宣称意志的自由是在自我意识中直接可感受到的，因此是不可动摇的；所有对此的反对意见不过是诡辩而已。他们之所以对此抱有高度的信心，纯粹是因为这些人根本不知道意志的自由是什么、意味着什么。在这些人天真幼稚的思想里，他们所理解的意志的自由不过是在本文第二部分已经分析过的意志对身体四肢的控制和指挥，对此，任何具有理性的人都不会怀疑的；其语言表达是“我可以做我意欲做的事情”。这些人完全真诚地以为这就是意志的自由了，并且得意地认为
476 意志的自由无可置疑。在那许多伟大的先行者之后，德国的思想界又被黑格尔的哲学拉回到这种蒙昧幼稚的状态。我们当然可以向这一类人大声喊出：

你们不就像那些女人吗，
哪怕我们理智地说上几个小时，
你们始终只重复原来的第一句话？

——席勒，《瓦伦斯坦之死》

或许对这里其中的不少人，上述神学方面的动因在暗地里发挥了作用也说不定。

另外，我们还可以看看当今那些医学、动物学、历史学、政治学方面的写作者和文人，是多么迫不及待地抓住每一个机会提到“人的自由”“道德的自由”！他们以为说出这样一些话就很了不起了。当然，他们不会解释这些话是什么意思的。如果我们可以检查一下这些说法就会发现，这些人在说出这些话的时候，要么压根不曾想到些什么，要么想到的是那陈旧的、老实的和人尽皆知的“自由的、不受任何影响的意愿选择”——无论语言外表多么庄严、高贵；也就是说，这样一个概念无法成立或许是永远无法让大众信服的，但学者们起码注意不要如此天真幼稚地谈论。正因此，在这些学者中有一些心虚者就非常的滑稽，因为他们再不敢谈论意志(意欲)的自由，而是为了说得巧妙和好听一点，就用“精神的自由”来代替，希望以此蒙混过去。这“精神的自由”到底表达了什么意思，我幸好清楚地知道并可以回答征询地看着我的读者：根本一点意思都没有表达；只是仿照德国的优良风格和技巧所说出的、不明确的、的的确确没有任何内容的空话。这一类空话留给那些空虚、胆怯的人想要的某一后路以方便溜走。德语的“精神”(或者“思想”，Geist)一词其实是一个比喻的词，意思始终是智力方面的能力，与意欲相对而言。但这些智力上的能力在发挥作用时却一点都不是自由的，而是要首先符合、适应和服从逻辑的规则，其次是认知中的每一次客体，这样才能纯粹地，亦即客观地理解和把握那些客体，从来不曾听说是“由于愿望迫切，我不再考虑根据和原因”。总的来说， 477

“精神”这一现在德国文章里到处游荡的词语，是一个可疑的家伙。随时碰见这样的家伙，都要盘查通行证。这家伙最常做的职业是给那些既思想贫乏又胆怯懦弱的人做面具。除此之外，众所周知，德语*Geist*与*Gas*相关；Gas一词来自阿拉伯语和炼金术士，指的是雾气或者空气，就像拉丁词spiritus、希腊词animus（意思是“精灵”）与希腊词“风”相关一样。

在我们所讨论的这一问题上，尽管上述那些伟大思想家已经给予我们教导，但在哲学界和范围更广的学术界仍旧是我上文所说的情形。这再一次证明：不仅大自然在任何时候都只产生出寥寥无几、属于稀有例外的真正思想者，而且这些极少数的思想者也总是只为极少数人而存在。正因为这样，幻想和谬误才持续地维持统治。

对一个道德性的问题，伟大文学家的证词也有其分量。伟大的文学家并不是经过系统的探究以后发言，但在他们犀利目光的审视下，人的本性暴露出来了。所以，他们的表达直接道出了真理。在莎士比亚的《以牙还牙》第二幕第二景，伊莎贝拉为自己那被判了死刑的兄弟向摄政者安喜奴求情：

> 安喜奴：我不会答应你的要求的。
>
> 伊莎贝拉：但如果你愿意的话，你会答应我的要求吗？
>
> 安喜奴：我不愿意的事情，是做不出来的。

在《第十二夜》第一幕我们看到这样的文字：

命运，显示您的力量吧，我们是身不由己的，

命定怎样，肯定是怎样，那就让它这样吧。

瓦尔特·司各脱是人心及其最秘密情感的洞察者和刻画者。他在 478
《圣·罗南的井》（第3卷，第6章）里把那深藏的真理纯粹地表达了出来。在他的笔下，一个悔疚的罪人，奄奄一息地躺在床上以忏悔来缓和自己不安的良心。司各脱让她说出了其中这样一些话：

你们走吧！让我自己一个人承受这命运好了！我是个最可恶的坏蛋，我自己都憎恨自己，因为虽然我在忏悔，但还是有一细小的声音悄悄地告诉我：只要我还是一直以来的我，我还会再度做出我所做过的坏事，而且会做得更坏。天啊！掐掉那罪恶的念头吧！

为证实这些虚构文学方面的描写，我这里还有下面一篇对真实情形的报道——这一真实情形与文学的描写十分相似，同时也最强有力地证实了人的性格是恒久如一的。这篇报道登在1845年7月2日《泰晤士报》，来源是法国《新闻报》。这篇报道的题目是《杀人犯在奥兰遭军法处决》：

3月24日，西班牙人阿吉拉·戈麦斯被判决了死刑。在接受死刑前一天，戈麦斯向关押他的狱卒透露：“我其实并没有犯下人们所说的那么多宗的谋杀。我被指控犯下30宗谋杀，事实上，我只犯下

了26宗。从童年时代起，我就特别嗜血。在7岁半的时候，我用刀捅死了一个小孩。我手刃了一个怀孕的妇女，并在过了几年以后又杀了一个西班牙军官。这样，我被迫逃出了西班牙。我逃到了法国并在那里又犯下了两宗谋杀案。然后我加入了法国外籍兵团。在我
479 所犯下的案件中，最让我悔疚的是下面这宗：1841年，我带着我的连队逮住了一个副将军。当时陪伴这位副将军的还有一个中士、一个下士和七名士兵。我把他们都砍了头。我杀了这些人，心里很不安。在梦里我都能看见他们。而明天，我会在那些对我行刑的士兵中看见他们。尽管如此，假如我能够重获自由，我还是一样会继续杀人的。”

下面取自歌德的《伊菲格尼亚》的一段（第四幕第二景），也与我们所讨论的有关：

> 阿卡斯：因为你没有留意别人给你的忠告。
>
> 伊菲格尼亚：我能够做的，都已很高兴地去做了。
>
> 阿卡斯：现在改变主意还来得及。
>
> 伊菲格尼亚：这绝对不是我们所能做的。

从席勒的《瓦伦斯坦之死》摘引的一节著名诗文，也表达了我们这里所说的根本真理：

要知道人的行为和思想，
并不像海洋里盲目滚动的波涛。
人的内在微观世界，
却永远生发出它们的深井，
它们是必然的，就像树上的果子，
魔力般的偶然和变故并不能改变它们。
我只要先探究了一个人的内核，
就可知道这个人的意欲和行为。

五、结论和更高的观点

我很高兴在此重温了在我所捍卫的真理方面，那些哲学上和文学上的伟大先行者。尽管如此，哲学家的武器是事情的理据，而不是权威的言论。因此，我只是以理据说事，仍希望提供了如此的证据，以致我现在有相当的理由得出这样的结论："既然是不可能的，那就是不存在的。"这样，在上面探究自我意识的时候，对皇家科学院所提出的问题，有直接的、事实的，所以是后验的理据的否定回答，现在也有了间接的和先验的理据基础，因为那并不存在的东西，也不会在自我意识中 480
有论据事实可证明其存在。

虽然我在此捍卫的真理有可能与短视的大众先入为主的意见相矛盾，对思想薄弱和无知者来说，甚至可能让人厌恶，但这并不妨碍我直截了当、毫无保留地阐明这一真理，因为我在此并不是向大众说话，而是向一个开明的、有知识的科学院陈述道理。挪威皇家科学院非常及时地提出了这一问题，目的并不是为了巩固偏见和定见，而是为了尊崇真理。此外，诚实探索真理的人，如果要查明和证实某一真理，就始终唯一地看重这一真理的理据，而不是这一真理的后果，因为这一真理确立以后，自然会有审视后果的时候。不要理会后果，只检验理据；不要首先问清楚一个认识了的真理是否与我们的一整套其他既定的看法吻合一致。这是康德早就向我们推荐的方法。在此，我忍不住要重复一遍他的原话：

> 证实了这一已得到人们承认和赞扬的准则：在每一科学探索中，
> 我们都要尽可能地以精准和诚实，不受干扰地走自己的路；不要担心
> 自己的探索是否有可能与这一学科以外的事情相抵触，而是要尽我
> 们所能地、真实和完美地把这一探索工作本身进行到底。我经常观
> 察到的情形让我确信：当我们的探索工作完结以后，在探索进行到一
> 半时，在考虑到其他领域的学说时，有些东西有时候会显得大有疑
> 问；但只要我把这些疑问置之不理，心无旁骛地专注于自己的探索直
> 至完成，原先似乎大有疑问的东西却出乎预料地与在丝毫没有顾虑到
> 别人的学说，对那些东西既没有先入为主的偏好也没有偏恶的情况下
> 481 所独自发现的东西完全吻合。只要著作者能够下定决心，更诚实地投
> 入工作中去，他们就会避免不少错误，避免无谓浪费那么多的精力。
> （《实践理性批判》第 4 版，第 190 页，或者罗版第 239 页）

总的来说，我们形而上学的知识还远远没有达到如此确切的程度，以致某一从根本上获得了证明的真理，仅仅因为其后果与我们形而上学的知识并不吻合就遭摒弃。其实，每个通过努力发现和得到了确认的真理，就是总体知识难题领域里所征服的一小块地盘，是可以支起杠杆以移动其他重物的一个稳固的点。幸运的话，从此我们的确还可以一下子对事情获得一个前所未有的整体看法。这是因为在知识的各个领域里，真理与真理之间的联系是如此的密切，谁要是完全确切地掌握了某一个真理，那就有可能期望以此作为出发点去获得对整体的认识。正如在解答某一困难的几何问题时，某一确切已知的数值有无比的价值，因为这个已知的数值使我们有了解答这一难题的可能，同样，面对人们碰到的至为困难的问题，亦即形而上学，一条这样确切的、先验和后验都可得到证实的知识，亦即从某一既定的性格和某些既定的动因就会严格必然地引出行为，其价值是不可估量的。单从这一事实出发，我们就可以得到对整个难题的解答。因此，所有不曾提供扎实的、科学证明的理论，一旦与这一有坚实理据的真理相抵触，就得为其让路，而不是反过来。这一真理绝对不可以勉强同意让步和限制，以便与那些未经证明的，并且很有可能是谬误的理论达致和谐。

在此请允许我再泛泛说上几句。回过头来，总结我们的结果引发了我的这些思想：对这两个我在前文已形容为当代哲学最深奥、但在古代人们却还不曾清晰意识到的问题，亦即对意欲(意志)的自由的问题和 482
观念与现实之间关系的问题，有健康的、但粗糙的理解力的人，不仅没有能力理解和解决，而且还有在这些问题上犯错的明显自然的某种倾向。要矫正人们的错误认识，我们需要某一相当发达的哲学才行。也就是说，人们确实很自然地在认知方面太过归之于客体，因此，我们需要洛克和康德的哲学以便展示非常多的东西出自我们的主体。在意欲活动方面，人们又反过来，倾向于太过不考虑客体和太过归之于主体，因为人们认为意欲活动完全出自这主体，没有足够考虑到在客体方面的因素，亦即动因，而动因其实决定着行为的整个个体情况，只有行为的普遍性和本质性的东西，亦即行为的根本道德特征才是出自主体的。在抽象推论的探究中，理解力的这种自然的颠倒错误却不应让我们吃惊，因为人的理解力本来只是为实际的事务而设置，绝对不是供人们作思辨之用的。

如果我们经过到目前为止的讨论，完全取消了人的行为的自由，并且认识到人的行为完全受制于最严格的必然性，我们就可以理解更高级的一类自由，亦即真正的道德上的自由了。

也就是说，还存在一个意识中的事实；在此之前，为了避免打扰我们正在进行的讨论，我先不予考虑。那一事实是，我们非常清晰和确实地感觉到我们对自己所做的事情负有责任，对我们的行为有责任能力；这感觉建基于我们毫不动摇地确信我们自己就是做出我们所做出的事情的人。由于这样一种意识，任何人，哪怕是那些完全确信我们此
483 前所陈述的我们的行为有其必然性的人，都不会想到要以这种必然性为自己的违法行为作辩护，把罪责从自己身上推诿给动因，因为的确是这些动因的出现使那些行为成了不可避免的。这是因为人们看得很清楚，这种必然性有一个主体的条件；在此，客观上，亦即在现存的处境

下，在决定了他行为的动因的影响下，做出某一完全另外的，甚至与他已做出的完全相反的行为，是完全有可能的——只要这个人是另外一个人：这才是关键。正因为他是这一个人，而不是另一个人，正因为他有如此这般的性格，对他而言，当然也就不可能做出任何别的行为；就其本身来说，亦即在客观上，另外别的行为是有可能的。因此，这个人意识到负有责任只是在一开始和从表面上看与行为有关，归根到底，所涉及的是他的性格：他感觉到对这性格负有责任。别人也让他为这性格负责，因为别人的判定马上从这行为转到了行为人的素质。“他是个坏人，是个恶棍”，或者“他是个无赖”，或者“他是个渺小、下作、虚假的人”，等等。这就是人们的判定，人们的指责针对的是这个人的性格。行为连带动因，在此仅被视为表明了行为人的性格而已，那是这个人的性格的可靠症状，而这个人的性格以此永远和无法逆转地被察觉和确定下来了。所以，亚里士多德说得很对：“我们赞扬做出了某一行为的人，那些行为只是显示了做出行为的人的性格而已。就算行为还没有做出来，只要我们相信这个人会做出这样的行为，我们仍然会赞扬这个人。”（《修辞学》，1，9）因此，引起我们厌恶、鄙视和憎恨的，并不是那瞬间就过去的行为，而是行为所出自的行为人身上那些永远存在的素质，亦即性格。因此，在所有的语言里，形容道德败坏的词语、标示劣性的绰号都是对人更甚于对事。这些是与性格联系在一起的，因为 484
性格得承担罪责，这罪责只是因为有了机会才通过做出行为得到证实。

既然罪过之所在，必然也是责任之所在；既然负有责任是唯一的论据、事实可让我们合理地推论出道德的自由，自由就必然在同样的地方，亦即人的性格，尤其是我们已经充分确信：自由并非直接在个别的行为里寻觅得到，因为人的行为在性格的前提条件下，是以严格的必然性出现的。但性格是与生俱来、不可改变的，正如我们在第三部分已经表明的。

因此，我们现在要更仔细地考察这种意义上的自由——这是唯一有论据、事实的自由——以便从意识的事实推断出这种自由和找出其所在以后，能从哲学上尽可能地理解它。

在本文第三部分，我们已经得出了这样的讨论结果：一个人的每一个行为都是两种因素的产物：他的性格和动因。这完全不意味人的行为是这两种因素之间的中间者，或者在性格和动因之间所达成的妥协。其实，人的行为充分满足这两种因素，因为就其全部的可能性而言，这一行为是同时依赖于性格和动因的，亦即有赖于能发挥作用的动因会碰上这一性格，这一性格又受到这一动因的影响和限定。一个人的性格是一个个体意欲在经验中被认识到的、持久的和不变的构成特质。既然这一性格是每个行为里一个必不可少的要素，正如动因也是每个行为里另一个必不可少的要素一样，这就解释了为何我们会感觉到我们的行为出自我们自身；或者为何伴随我们的所有行为的是那“我意欲……”的感觉。由于这种“我意欲……”的感觉，每个人必然把所做出的行为承认是他的行为，因此，对这行为他感觉自己负有道德上的责任。这就是我们之前
485 在探讨自我意识时所谈过的“我意欲并永远只意欲我所意欲的东西”。这种感觉误导了理解力粗糙的人，让他们固执地宣称自己拥有可以做出或者不做出行为的一种绝对自由，“自由的、不受任何影响的意愿选

择”。其实这只是意识到行为的第二个要素而已，仅凭这一要素本身是完全无法做出行为的；在动因出现时，这一性格也同样无法不做出行为。不过，只有在性格以这一方式投入行动，才会向我们的认知能力表明其特有的性质，因为我们的认知能力，就其本质而言，是投向外在而非投向内在的，所以，甚至对自己意欲的特质，认知能力也只是根据行为，只是在经验以后才了解。这种对自己意欲的特质更仔细的和越来越加深的了解，也就是我们所说的良心(das Gewissen)。也正因为这原因，只是在做出行为以后才直接听见良心的声音；在做出行为之前，顶多只是间接听到这声音而已，因为那只是在考虑事情时，借助回顾和回想在过去就类似情形里意欲已经表明的态度，把那当作是将会出现的情形。

现在，是时候重温一下在上一节已提过的康德关于验知性格与悟知性格*的描述。康德还以此讨论了自由与必然性是否可以协调起来。康德的这些描述属于这位伟大思想家至为深刻和优美的思想，同时也是全人类所曾有过的至为深刻和优美的思想。在此我只需援引一下康德的这些理论，因为在此重复这些理论既冗长又多余。只有透过这些理论，才可以尽人之所能地理解到，我们行为的严格必然性是如何仍然可

* 性格有“悟知性格”和“验知性格”之分，这些概念是由康德首先提出并为叔本华所“完全接受”的。叔本华对这两者的定义是：“悟知性格是作为自在之物的意欲——只要这意欲是在某一特定的个体、以某一特定的程度显现；验知性格只是这现象本身，正如就时间而言展现为行为方式，就空间而言展现在形体化中……每个人的悟知性格可被视为在时间之外的意欲活动，因此是不可分也不可改变的，在时、空、根据律的所有形式中展开和分散了的现象则是验知性格，正如随着经验展现在这个人的整个行为方式和生活轨迹中。”(《作为意欲和表象的世界》第1卷，§55)

以与那种自由并存的——我们感觉应负责任就证实了这种自由，并且正是由于这种自由，我们才是自己行为的行为人，才会在道德上对这些行为难辞其咎。康德所阐述的验知性格与悟知性格的关系，完全建基于
486 构成康德全部哲学的基本特征，亦即建基于现象与自在之物的划分。正如在康德看来，在经验世界的经验的现实性是与超验的观念性并存的，同样，行为的严格经验的必然性与行为的超验的自由也是并存的。即验知性格正如整个人一样，作为经验的对象物只是一个现象而已，因此与所有现象的形式、时间、空间和因果性相联并受制于其法则，作为自在之物独立于所有这些形式，并因此不受制于任何时间上的差别，因而是这整个现象长久的、不变的条件和基础，就是它的悟知性格，亦即作为自在之物的它的意欲。意欲以这样的身份，当然有绝对的自由，亦即独立于因果法则(因果法则只是现象的一种形式)。但这种自由却是超验的，亦即并不显现在现象里，只能在我们抽离了现象及其所有形式，以便到达在时间之外的、被我们推想为自在之人的内在本质的东西时，才有这种自由的存在。由于这一自由，人所做出的所有行为和事情都是他自己的作品，无论这些行事在验知性格一旦与动因结合就如何必然地展开，因为这一验知性格只是悟知性格在我们与时间、空间和因果律相联的认知能力里的现象而已，亦即这认知能力展现我们自身的自在本质的方式方法而已。据此，虽然意欲是自由的，但只是自在之意欲本身和在现象界以外才是自由的。在现象里，这意欲已经显现为带有某一特定的性格；他的所有行为都与这一性格相符。所以，再经过动因更准确的确定以后，他的行为必然是如此的这般，而不会是另外一

个样子了。

很容易看出这条路子引向这样的结论：我们不再是在我们的单个行为中寻找我们自由的作品，正如普遍观点所以为的那样，只能是在这人 487
的整个存在和本质本身那里寻找。这人的整个存在和本质必须被理解为这人自由做出的行为和事情，现在只是在展现与时间、空间和因果律相联的认知能力时，才表现出多种多样的行为；但正是由于在这些行为中所展现的东西有其原初的一体性，所以，所有的行为都必然精确地承载着同样的性格，并因此随着每一次引发它们和具体上限定了它们的动因而严格必然地出现。据此，对经验世界来说，“先有本质，才有本质的发挥”是肯定的，无一例外的。每一事物都是根据其特性本质而发挥作用的，由原因所引发的作用则表明了它的本质。每个人都是根据自己所是而行事，据此，这个人每一次必然做出的行为，在单个的场合唯一由动因而限定。因此，那在“发挥”“作用”过程中并不遇见的自由，肯定在存在那里。把必然性赋予存在、自由赋予发挥是古今以来人们所犯下的一个根本性错误，把因、果和前、后颠倒了顺序。恰恰相反，自由唯一只是在存在那里，但从这存在和动因，接下来伴随着必然性的发挥；从我们所做，我们看出我们所是。那所意识到的负有责任和生活中的道德倾向正是基于这一点，而不是基于常人误以为的“自由的、不受任何影响的意愿选择”。一切都取决于这个人是什么样的人；至于这个人会做出什么样的事情，就会作为必然的推论自动表现出来。我们的所作所为虽然有赖于动因，但无可否认伴随着对随意性、自发性和原初性的意识——也正由于这意识，这些行为才成了我们的行为——

因此并没有欺骗我们，但真正的内涵却远远超出行为之外，是从更高之处开始的，因为我们的存在和本质本身——我们必然做出的所有行为（在动因出现的情况下）都由此而出——事实上也是包括在那里面的。在
488 这一意义上，伴随着我们的行为的那种对随意性、自发性和原初性的意识，以及那种负有责任的感觉，可以比之于这样的指示器：这一指示器指示的是更远距离的东西，而不是指示处于同一方向、距离更近、似乎指示着的那些东西。

一句话，一个人永远只做出他所意欲（愿）的行为，做出这样的行为是必然的。原因在于这个人已经*就是*他所意欲：因为一个他这样的人，必然会做出他每次所做出的所有事情。如果我们客观（体）上，亦即从外在考察这个人的所作所为，我们就会确实无疑地认出这些所为跟大自然每一存在物的作用和发挥是一样的，都必须严格受制于因果法则；从主观（体）上看，每个人都感觉自己始终是做出自己意欲（意愿）的事情。但这只说明了他的发挥是他自身本质的纯粹外现而已。因此，大自然的每一存在物，甚至最低级的一类，都会有这同样的感觉——假如它们能够感觉的话。

我这篇论述并没有取消*自由*，只是把自由从分散、个别行为的地盘挪走，因为在这些行为里，我们看不到可经证实的自由。我把自由挪至一个更高一级的、却是我们的认识力并不那么容易理解的地方。也就是说，自由是超验的。这是我对马勒伯朗那句“自由是一个神秘之谜”所要理解的含义。这篇论文正是本着这句话的含义对皇家科学院所提出的问题尝试提出解答。

增补第一部分的附录

由于在本文一开始我对自由作了这几类划分：自然和身体的自由、智力的自由、道德的自由，所以，在讨论完这第一类和第三类自由以后，现在我来讨论第二类（智力上）自由。在这所作的讨论只是为了使讨论更完整，所以，现在的讨论是扼要的。

智力，或说认知能力是动因的媒介。也就是说，动因通过智力对意欲发挥作用，意欲则是人的真正内核。只有当这动因的媒介处于正
常状态，合乎规则地发挥功能，把在现实外在世界中的动因不加歪曲 489
地呈现给意欲以供选择，意欲才可以根据自己的本质，亦即根据个人的性格作决定，因而不受阻碍地根据自身的本质表现出来，这时候这个人是智力上自由的，亦即这个人的行为纯粹是这个人的意欲对外在世界动因的反应结果；这些动因一视同仁地既向这个人，也向其他人展现了出来。所以，这些行为在道德上，也在法律上归之于这个人并由其负责。

智力上的自由会以这些方式被取消：要么是动因的媒介，亦即认知能力，暂时或者永远的失常；要么在个别情形里，外在情势让人错误理解了动因。前一种情形的例子是疯癫、迷狂、羊癫风发作、昏睡不醒，后一种情形的例子是犯下某一致命的、但是无意的失误，例如，错把毒药当作药品给病人服用，或者误把晚间闯进屋子的佣人当作贼击毙，等

等。这是因为在上述两种情况下，动因被歪曲了，意欲因此无法如在智力准确向其提供动因的情况下作决定。所以，在这种情况下犯下的罪行是免受法律惩罚的。因为法律是从这正确的假设考虑的：意欲并不是道德上自由的——否则，我们就不可能驾驭这意欲了；意欲其实通过动因而受制：与此相应，法律旨在设定威胁性惩罚作为更强有力的相反动因，以抗衡所有可能诱使人们犯罪的动因；而一部刑法条例不是别的，正是制约犯罪行为的相反动因一览表。假如结果表明智力——只有通过智力，这些相反动因才能发挥作用——并没有能力接收这些相反动因并将其呈现给意欲，这些相反动因就不可能发挥作用，它们对意欲来说等于不存在。这就好比我们发现其中活动起机器的一根绳子断了。
490 因此，碰上这种情形，罪责从意欲转移到了智力，但智力是不应遭受惩罚的，法律跟道德一样，唯一只跟意欲有关。只有意欲才是这个人，智力只是意欲的器官，是意欲用以探测外在世界的触角，亦即动因对意欲的作用媒介。

这一类行事同样不能由行为人负道德上的责任。因为这些事情并不是行为人的性格特征：行为人要么做出了有别于其误以为的事情，要么没有能力想到当时能够阻止这一行为的东西，亦即没有想到相反的动因。犹如我们要检测某样东西的化学成分时，就得让这东西接受多种试剂的作用，以察看这东西对何种试剂具有最强烈的亲合性。如果在做完这一化学实验以后，我们发现由于某一偶然的原因，其中一种试剂无法作用，那这一试验就是无效的。

现在正考察的完全取消了智力的自由，也可能只是减少了或者只是部分取消了。我们在情绪冲动和醉酒迷狂中尤其看到这种情形。所谓情绪冲动是意欲受到了突然的和强烈的刺激，是由于某一来自外在的表象化为了动因：这一表象是如此的生动、活泼，以致所有其他可以发挥抵制作用的相反动因都变得暗淡不清、无法清晰地进入意识。这些起抵制作用的相反动因通常只是抽象的性质，只是思想而已，但上述强烈刺激起意欲的动因，却是直观的、近在眼前的表象。这样，相反动因在这过程中好比根本没有机会发挥作用，从而有一番英国人所说的“公平竞争”，因为相反动因还没有来得及对抗，行为就已经发生了。情形好比在决斗中，一方还没等到中间人发出号令就已经开枪。因此，对于这些行为，不但是法律上的责任，而且道德上的责任也根据当时情形的性质而相应或多或少地部分取消了。在英国，在勃然大怒、并没有任何点点蓄意的情况下所犯下的鲁莽杀人罪称为“非预谋 491
杀人”（manslaughter）。为此杀人者只受到轻微的惩罚，有时候根本不受任何惩罚。“醉酒迷狂”则是一种容易变得情绪冲动的状态，因为这状态使直观表象变得更生动、活泼，抽象的思维相比之下则受到了削弱，并在同时更提升了意欲的力量。在这样的情况下，对行为负有责任就变成了对这醉酒迷狂本身负担责任。因此，醉酒迷狂在法律上并不是请求原谅的理由，虽然在这样的状态中，智力的自由是部分地取消了的。

亚里士多德在《欧德谟伦理学》第 2 部分第 7 和第 9 章，已经讨论过这种智力上的自由，这种“在思想方面的自愿和非自愿”，虽然这一讨论相当简短、并不充分。在《尼各马可伦理学》第 3 部分第 2 章的讨论则稍为详细一点。当法医和刑法官问道：一个罪犯当时是否处于自由的状态并因而为自己的行为负责时，亚里士多德指的就是这种智力上的自由。

因此，大致上而言，在当事人当时不知道自己在干什么，或者完全没有能力考虑到理应制止这样做的所有理由，亦即考虑到所做事情的后果而犯下的罪行，都可视为在欠缺智力自由的情况下的犯罪。因此，在这样的情况下，犯罪者是不应受到惩罚的。

但如果人们认为由于不存在道德上的自由，因此，一个既定的人所做出的一切行为是不可避免的，所以，任何犯下罪行的人都不应该受到惩罚，那是错误理解了刑罚的目的所致。也就是说，他们误以为刑罚是那罪行带来的一种祸患，是因为罪行本身的缘故，是基于道德理由的以牙还牙的报复。虽然康德也教导这样的观点，但这样的观点是荒谬的、没有任何目的的、绝对不合理的。这是因为一个人又有何权利以绝对法官自居去判断他人的道德，并因为他人的罪过而对其加以折磨！其实，法律——亦即威胁给予惩罚——的目的是要成为还没有发生的犯罪的相反动因。如果在个别情形里，法律起不到法律的这一作用，那
492 法律也必须执行，因为否则的话，在将来的所有情形里，法律就将无法再发挥作用。在罪犯方面，罪犯在这种情况下遭受惩罚其实是自己的道德本质所致，因为罪犯自己的道德本质与外在环境——即动因——和他那让自己以为可以侥幸逃脱惩罚的智力结合一道，不可避免地促成了犯罪。在此，只有假如当事人的道德性格并不是这个人自己的作品、他的悟知行为，而是某一其他人的作品，那他才遭受了不公正。假如

一个人的罪恶行为的后果并不是人为的，而是遵循大自然的法则，那所发生的是同样的行为到后果的关系。例如，如果因放肆纵欲而导致疾病，又或者如果一个人在夜间闯入别人的猪圈，试图盗走里面的猪，却碰巧在这客舍过夜的主人是寄宿在这猪圈里的大熊。

有奖征文《论道德的基础》

未获得皇家丹麦科学院（哥本哈根）
褒奖（1840 年 1 月 30 日）

宣扬道德是容易的，找出道德的根源和理据则很困难。

——叔本华，《论大自然的意欲》

495 由皇家丹麦科学院提出的问题连带引言，从拉丁语翻译成德文，是这样的：

因为道德的原初观念或至高道德法则的首要概念，带着某种为其所
特有的、但肯定不是逻辑上的必然性，既出现在旨在阐明有关合乎道德
的知识的学科中，也出现在现实生活中——在这现实生活中，道德的原
初观念或首要概念，一部分表现在对我们自己行为的良心评判，另一部
分表现在我们对其他人的行为所作的道德评判；另外，因为好几个与道
德原初观念密不可分的和源自道德原初观念的首要概念，例如义务的概
念和问责的概念，也以同样的必然性和在同样的范围产生作用；又因为
尽管我们时代的哲学采用了多方途径探究，但再度探索这一问题显得非
496 常重要——所以，本科学院希望大家仔细思考和讨论下面的问题：

道德的根源和基础，是要在直接存在于意识(或者良心)中的某一道德观念和对衍生于这一道德观念的道德基本概念的分析中寻找，抑或在其他认知根据中寻找？

一、引　语 497

§1. 关于这个问题

由哈勒姆的皇家荷兰科学院在1810年提出的，并由J. C. F.迈斯特完成解答的有奖问题："为什么哲学家在道德学的首要原则方面相当有分歧，但在由首要原则得出的结论和义务方面，则是相互一致的?"与现在这一问题相比是容易解答的。这是因为：

（1）皇家丹麦科学院现在的这一问题，指向的恰恰是道德学(因而也是道德性)客观、真实的基础。提出这一问题的是一个科学院，一个科学院想要的并不是旨在实际目标的劝善戒恶，不是在为正直和美德提出支撑理据时突出表面上的东西而隐藏其弱点，就像给大众宣讲和作报告时的做法。作为科学院，既然它只看重理论性的而不是实际性的目标，它想要的是对一切道德上的良好行为的最终原因和理据，能有纯粹哲学性的阐明，那是独立于一切具体实际规章和条例，独立于一切未经证明的预设和前提，因此独立于一切形而上学的实质或者神话学的神性拟人化的阐明，是客观的、赤裸裸的和不加掩饰的解释。但这是一个难题，异常的难度已由此得到证实：不仅各个时期和各个地方的哲学家已在此难题上殚精竭虑，甚至东方的和西方的所有神祇都因其而存在。因此，这个难题假如借这次机会得到解决，那皇家科学院悬赏的奖金就不会白费了。

（2）除此之外，对道德基础的理论性探究，会受制于这相当特别的不利之处：这种探究很容易被视为暗中侵蚀道德的基础，会导致大厦本身的倒塌。这是因为实际的利益在此与理论性的兴趣靠得如此之近，以致那善意的热情很难控制，不让其不合时宜地掺和在理论性的探究之
498 中。也不是每个人都有能力把纯粹理论性的、远离一切利益的，甚至远离伦理/实际利益的对客观真理的探索，与亵渎性地攻击神圣的心灵信念清楚地区分开来。因此，谁要着手这一工作，就必须时刻记住这一点来为自己鼓足勇气：远离熙熙攘攘的世人和拥挤喧哗的市集，无过于科学院的宁静和隐退圣地；外在的噪声不会侵入这里，在这里是不会供奉任何神祇的——除了赤裸裸的真理以外。

从这两个前提得出的结论是：必须允许我有完全的言论自由和怀疑一切的权力；假如我只是在这方面真的作出了某些贡献，那也是很大的成就了。

但挡住我的前路的还有其他困难。皇家丹麦科学院要求的只是伦理学的基础本身，单独分离地在一篇短短的专题论著中描述清楚，因而是与某一哲学的整个体系，亦即与真正的形而上学的整个体系脱离任何联系的。这肯定不仅让做出成绩变得更困难，而且必然让所得出的成果有欠完美。克里斯蒂安·沃尔夫早在《普遍实践哲学》（第2部分，§28）中说过："实践哲学中的黑暗是不会被驱散的——假如没有得到形而上学之光的照亮。"康德也说了："形而上学必须是先行的，没有了形而上学，就不会有任何的道德哲学。"（《道德形而上学的基础》之"前言"）这是因为正如这地球上的任何一门宗教那样，在它规定道德的时

候，并不会对其置之不理、听其自然，而是在教义方面予以支持——这恰恰是这些教义的首要目的——同样，在哲学中，伦理学的基础，不管这基础是什么，都必须在某一形而上学中，亦即在所给出的对这世界和存在的解释中有其理据和支撑，因为对整体事物的内在本质的最终和真正解释，必然与对人的行为的伦理学含义最终和真正解释密切关联。无论如何，人们所提出的道德基础，假如并非只是某一抽象的、没有真 499
实世界支撑的，只是在云里雾里自由飘浮的定理，那必然是某一要么存在于客观世界，要么存在于人的意识中的事实情形；这样的事实情形本身只能再度成为奇特的现象，并因此像这世界所有的奇特现象一样，需要得到更进一步的解释，这种解释要求形而上学的给予。总的来说，哲学是一个连贯起来的整体，穷尽、透彻地阐明其中的一部分而又不提供所有其余部分，是不可能的。所以，柏拉图说得很对："你认为在不了解这全体事物的本质的情况下，我们可以足够了解灵魂的本质吗？"（《斐德若篇》，第 371 页，比蓬蒂尼版）大自然的形而上学、道德的形而上学和美的形而上学是互为前提条件的，也只有把它们的整体联系起来才可以完善对事物和存在的本质的解释。因此，谁要是把这三者中之一一直探究到最终的根源，与此同时，也就必然在其解释中牵涉其他两者，正如一个人假如真的对这世上的随便一样事物有透彻的、根本上的清晰理解，他对其余整个世界也就有了充分、完全的理解。

假如从某一既定的和被假定为真实的形而上学出发，我们循综合的途径达至伦理学的基础，以此方式，这一伦理学本身将从下面建立起来，所以，伦理学是有扎实支撑的。因为这征文的要求而有必要把伦理学与所有的形而上学分开，所以，我们只剩下了分析的方法，即从事实出发；这些要么是外在经验的事实，要么是意识中的事实。意识中的事实虽说可从根源上归因到人的精神感受能力，但这些必须继续作为基本的事实，作为原初的现象，而不是更进一步归因为其他某样东西。
500 这样的话，整个解释只是心理学的解释而已。它与某一普遍形而上学的基本观点的关联顶多只能概括为附属的。相比之下，对那些基本的事实、那些伦理学原初的奇特现象，却可以再度为其找到理据和基础——假如我们首先讨论形而上学，并从形而上学以综合的方式推论出伦理学。这等于提出了完整的一套哲学，这样的话，就远远超出了所提问题的界限。所以，我不得不在问题的界限之内回答，界限本是这问题由于要独立分开而自己划下来的。

最后我想为伦理学找出基础，却非常窄隘。这样的话，在许多守法的、值得赞同和赞扬的人的行为中，只有很小一部分是出自纯粹道德上的动机，大部分是出于其他动因。这并不那么令人满意，在人们的眼里，也不会像一个绝对命令那么的光彩夺目，因为绝对命令随时候命，目的是发出命令什么是应该做的，什么是不应该做的；至于其他的物质上的道德理据更不用说了。我只能提醒大家《传道书》(4：6)所说的："一只手满握着安宁，总比双拳满握着辛劳和虚荣要好。"在所有的知识里，真正的、通过了检验的、牢不可破的东西，始终是很少的，正如在矿石里，一英担的金矿石里只藏有寥寥几盎司的金子。至于人们是否真的像我一样宁愿可靠实在地拥有更甚于只是大量的拥有，宁愿要坩埚里的少量金子更甚于与其混在一起的大件矿石；或者相反，人们是

否会指责我更多的是抽走了而不是给出了道德的基础——因为我证明了
人的合法的和值得赞扬的行为经常没有任何道德内涵，在大多数情况下
也只有很小一部分纯粹的道德内涵，此外，这些所依赖的动因，其有效
性最终可还原为行为者的利己心——所有这些，我必须存而不论，并且 501
不无忧虑，甚至夹杂着无奈，因为我早就与列特·冯·茨默曼有一致的
看法，他说："用心记住吧，直到你死的那一天，在这世上，没有什么比
一个有优秀的判断力的人更加稀有了。"（《论孤独》，第 1 部分，第 3
章，第 93 页）的确，我的描述为所有真正的、自愿的正义事情，所有仁
爱，所有高尚的行为，不管在哪里发生，只给出了一个相当窄隘的基础；
与其他竞争者的描述相比——因为其他竞争者满怀信心地弄成一个广阔
的道德基础，足以应付每一任意的重负，并推给每一位怀疑者的良心，伴
随威胁性地侧目审视其道德性——我已经想象到我的描述是一副可怜的
和小声小气的样子，就像面对李尔王的考狄利娅，以贫乏的词汇保证其尽
本分的态度，相比之下，考狄利娅的两个更能言善辩的姐姐却热情洋溢地
作出恳切的誓言和保证。所以，确实需要通过某一有学问的猎人的古老
习语，例如"真理是伟大的，威力甚于一切"，以作强心之用。但对一个
有生活和成就经验的人来说，却不会很有鼓舞性。与此同时，我想与真
理一道去冒险，因为我所遭受的对待，也是与真理一道遭受的。

§2. 泛泛的回顾

对大众来说，道德是由神学提供理据的，那是上帝表达的旨意。

相比之下，我们看到哲学家们——除了极少的例外——都小心地尽量完全排除这一类道德理据；事实上，为了避开这些理据，哲学家们宁愿求助于诡辩性的理据。为何会有截然相反的两种情形？确实，我们无法设想出还有比神学的理据更有效的道德理据，因为谁又会如此大胆地抗拒全能者和全知者的意志？确实无人敢这样做——假如这神学的理据是以完全真实可靠的、不会有任何质疑空间的、以官方的和正式的方式
502 宣布的。但这条件可是一个无法满足的条件。我们只能反过来，把规律和规则宣称为上帝的旨意，证明的方式是展示那些规律和规则与我们在别的方面、因而是道德上的观点相一致的，因此，是求助于后者这些更直接和更确切的东西的。此外，我们还认识到一个只是经由威胁惩罚和许诺奖赏而促成的道德行为，更多的只是表面上的而不是实际上的道德行为，因为这样的道德行为确实是建基于利己心的，最终作出定夺的则看具体个人是否仅凭并不充分的理据就轻易相信。但康德摧毁了直到那时为止还被认为是牢固的*思辨神学*的基础，思辨神学在这之前还一直是伦理学的支柱；现在则反过来，想要以伦理学作支撑，目的是要为思辨神学找到一个哪怕只是观念性的存在，因为现在比以往都不可能透过神学为伦理学设想其理据，因为我们现在不再知道这两者中何为重物和何为支撑，最后陷入循环论证之中。

也恰恰透过康德哲学的影响；然后透过自然科学史无前例的进步在同一时间的作用——与这些进步相比，在目无前者的每一个时代好像儿童期似的——最后透过了解了梵文文献以及婆罗门教和佛教：这些古老的和传播至为广远的，因而在时间上和空间上都至为高贵、精美的人类

宗教，同时也是我们自己的、众所周知源自亚洲种族的原始宗教，这种
族现在在异国的家乡再度收到了这些宗教迟来的信息——透过所有这
些，在过去的50年里，欧洲学界的哲学基本信念经受了翻天覆地的变
化，虽然或许好些人还在犹豫不肯承认，但这是不容否认的。因此，伦
理学的古老支柱已变得腐烂和脆裂，但人们还是相信伦理学本身是永远 503
不会倒塌的；由此人们确信，伦理学必然还有另一种支撑，那是除了至
今为止的支撑以外的、与时代进步了的观点相适应的支撑。毫无疑
问，认识到了这越来越被感觉到的需要，让皇家科学院提出了这一含义
深刻的有奖问题。

在每一个时期，都会宣扬许多良好道德，但在找出这些理据方面始终是非常糟糕的情形。大致上，在这方面可看到人们努力去寻找某种客观真理，并从此真理出发，逻辑性地推论出伦理性的规定。人们在事物的本质或者人的本质那里寻找这样的客观真理，但却是徒劳无功的。得出的结果始终是：人的意欲所瞄准的目标只是自己的安乐，其总和我们可以概括为“心满意足”“幸福”等概念；而争取这种“心满意足”“幸福”会把人引领至一条与道德学预先规定的相当不一样的路径。人们时而把“幸福”与美德相等同，时而又说成是美德的结果和效果。这两种说法都总是不成功，尽管人们在这方面不乏诡辩的言词。然后，人们尝试纯粹客观的、抽象的、时而后验时而先验地发现的定理，以便或许能从这些推论出伦理方面的良好行为；但这些定理无法在人性那里找到依据，正是得力于这一依据，这些定理才会有力量抗衡人的自私、自利的倾向，引导其追求和努力。要一一列举和批评之前的那些

道德基础以证实所有这所说的，在我看来是多余的，不仅因为我与奥古斯丁的意见是一样的，即“重要的是关于事情的真理，而不是人们对此各种各样的看法”。而且因为是“多此一举”，因为丹麦科学院早就充分知悉之前人们为伦理学找出理据方面的努力，现在提出这一有奖问题本身就显示科学院已深信前面的那些努力是不足够的。稍欠博学的读者在加尔夫的《伦理学的最首要原则概要：从亚里士多德时期一直到我
504 们的时代》，再有司徒林的《道德哲学的历史》和相似的书籍，都会发现汇集人们到此为止在这方面的探索。虽然这汇集并不完全，但在主要方面是足够齐备的。当然了，让人泄气的是，伦理学是与生活直接相关的学科，并不比深奥、难解的形而上学发展得更好，并且虽然自苏格拉底奠定了伦理学以来，人们就研究伦理学，但还是忙着寻找首要原则。相比之下，伦理学比任何其他学科在首要原则中包含了多得多的关键性内容，因为接下来的推论是如此容易的事情，甚至可以自动得出结论。这是因为由此及彼地推断是所有人都有能力做到的，但要作出判断，只有极少数人才能做到。正因此，那些冗长的道德学教科书和报告既多余又乏味。与此同时，我假定人们知道这之前的伦理学的基础，会让我的工作轻松许多。因为谁要是总览一下不管是古代哲学家还是现代哲学家(中世纪哲学家只满足于信仰教会教义)，如何用各种大相径庭的、间或至为奇特古怪的辩论，目的是提供一个可以证明的基础以应付伦理学那普遍认可的要求，但得出的是明显糟糕的结果，他就能估计到这个问题的难度，并据此评价我所做出的成绩。谁要是看到过至今为止人们所走的路子并不通往那目的地，就会更愿意与我一道采用

一条相当不一样的途径：这条途径要么是人们至今为止所不曾见过的，要么是被鄙视忽略了；或许因为这是最自然的路径吧。[1]事实上，我对这问题的解决让人想起哥伦布竖起鸡蛋的故事。

我将唯一批判性地检验为伦理学找出理据的最新的尝试，亦即康德 505
所作的尝试，而且是更详尽的检验，一是因为康德对伟大的伦理学的改造，给予了这一学科一个的确优于之前的基础；二是因为康德的理论仍然是伦理学最近发生的重要事情；因此，康德所给出的伦理学基础时至今日仍得到普遍的认可，并被普遍教授，虽然由于在表述和用语上有了变动即别样的装饰。那是过去六十年的伦理学，是我们走上另一条路子之前必须移走的。再者，检验康德的伦理学会给予我机会检查和说明大多数的伦理学基本概念，以便在论文稍后可以得出的结果作为预设。因为对立面可以彼此说明对方，所以，对康德的道德学理据和基础的批判尤其有助于理解我提出的道德学理据，是对此最好的入门，甚至直达之路，因为我的那些理据与康德的理据在最关键的方面正正是对立相反的。正因此，假如人们跳过现在接下来的批判，马上就开始我表述中的肯定性部分，恰恰是最错误的，因为那表述只能被理解一半而已。

总起来说，现在的确是时候认真提审一下伦理学了。自长达半个多世纪以来，伦理学舒服地躺在康德为其铺好的这一靠垫上，即实践理

[1] “我无法说出到底因为什么事故，或者更准确地说，是因为什么厄运，我们会轻信欺骗，甚于相信简单的、赤裸裸的真实。”——卡斯蒂

性的绝对命令。在我们今天，这绝对命令通常挂着没那么光彩华丽、但更滑头和更流行的名衔“道德律”。顶着这一名衔，它向理性和经验稍鞠躬以后，未经查验就溜进了门。一旦登堂入室，就没完没了地发号施令，再不需向人报告和答辩。至于康德作为这种事情的发明者，
506 以此方法排除了更严重的谬误以后，就这方面感到安慰和放心，是合理和必然的。但现在必须看着由其铺下并自那以后被踩踏得日渐宽大的靠垫上，甚至驴子也在打滚，却是很残酷的。我指的是每天都在编撰简编的人，他们由于欠缺理解力和无知而信心满满和心安理得，误以为假如他们只是搬出那据称寄居于我们的理性中的上述“道德律”，就是为伦理学提供了理据；然后，他们大胆放心地在这基础之上堆砌那繁琐的、冗长的和混乱的词汇巨无霸，并很懂得以此把最清楚和最简单的生活关系弄成不可解的一团糟，在这样做的时候，他们从来没有认真问过自己：这样的“道德律”作为方便、容易的道德准则，是否真的写在了我们的头脑、胸口或者心上。因此，我承认现在要着手抽走道德学那个宽大的靠垫时是特别愉快的。我也不加掩饰地说出我的意图：要表明康德的实践理性和绝对命令是完全不合理的、没有根据的和只是虚构出来的看法，甚至要阐明康德的伦理学也缺乏一个扎实的基础；因此，伦理学再度被置于以前迷惘的状态，伦理学只能处于这种状态——直到我着手展示那真正的、扎根于我们的本质和毫无疑问发挥作用的人性的道德原则。既然这道德原则并没有如康德的靠垫那样呈献如此宽大的基础，那些习惯于更轻松地理解事情的人，直到他们清楚地看到他们所站立的地上那个深洞之前，是不会放弃以前的靠垫的。

二、对康德提出的伦理学基础的批判

§3. 概览

康德对伦理学的一大贡献是清理掉了一切幸福论。古人的伦理学就是幸福论，现代人的伦理学大多是解救论。古人想要表明美德与幸 507
福是同一的，但这犹如两个无论怎样摆放都无法叠合的图形。今人不想依照同一律、而是依照原因律或根据律把美德与幸福结合起来，亦即把幸福说成是美德的结果；但这样做的时候，他们必须要么求助于一个另外的、与可能认识的世界有别的世界，要么求助于诡辩。在古人中，柏拉图是唯一的例外，他的伦理学并不是幸福论，而是神秘论。相比之下，甚至犬儒学派和斯多葛派伦理学也只是某种特别的幸福论。要证明这一点，我并不缺乏理据和证明，但受到现在计划写的文章的篇幅限制[1]。也就是说，在古人和今人那里——柏拉图是唯一除外的——美德只是实现目标的手段。当然，假如严格说的话，甚至康德也更多的只是在表面上而不是实际上把幸福论从伦理学中驱逐了。这是因为他在美德与幸福之间仍留有一种秘密的联系：在他的关于至善的学说

[1] 这方面的详细论述，读者可参阅《作为意欲和表象的世界》第3版，第1卷§16，第103页及后面；第2卷第16章，第166页及后面。这一版第137页及后面和第867页及后面。

中，有冷僻和晦暗的一章，美德与幸福走到了一起，而在公开的场合，美德与幸福相互间是相当陌生的。除此以外，在康德的著作里，伦理学原则是某样完全独立于经验及其教训、某样超验的或形而上学的东西。他承认人的行事有某种超出了一切可能的经验的含意，因此是通往其所名为“智性世界”、自在之物的世界的桥梁。

康德的伦理学所达到的名望，除了所提到的优点以外，还归功于道德的纯粹性和结果的崇高性。大多数人相信的是这些东西，而不会特别探讨其理据，因为这些理据以相当复杂的、抽象的、以极其不自然的形式表述出来；为了让这形式看上去还站得住脚，康德不得不悉数用上
508 机智和洞察力，以及组合思想概念的天赋才能。幸运的是，康德专门用一部著作——《道德形而上学的奠基》——描述伦理学的基础，这是与伦理学本身分开的。这部著作的主题与我们的有奖问题的题材恰恰一样。这是因为他在这部著作的“前言”第 13 页说：“现在这部《道德形而上学的奠基》无非尝试找出和确定道德的最高原则。这构成了一桩有目标、要与所有其他道德探索分开的工作。”我们发现在这本书里，他的伦理学的基础，亦即关键部分得到了系统的、扼要的和清晰的描述，这样的描述在他任何其他著作中都是不多见的。除此之外，这部著作还有另一个显著的优点，是康德的第一部道德学著作，只是比《纯粹理性批判》晚出 4 年，所以，它出自这个时候：虽然康德已 61 岁了，但年纪大了对康德精神思想的不良影响还不至于明显可见。相比之下，这种不良影响在 1788 年的《实践理性批判》就清楚看得出来了，这也是康德不幸对《纯粹理性批判》修改和弄出了第 2 版之后的一

年——经过这次修改，康德明显损害了他的不朽的主要著作。对此详细分析，我们可在罗森克兰茨新版“前言”看到，经过我自己的检查，我只能表示同意[1]。《实践理性批判》在关键方面包含了上述《道德形而上学的奠基》同样的东西，只不过后者以更简明和更严格的形式表述。相比之下，《实践理性批判》牵涉更广的范围，中途有打岔的地方，甚至还通过一些道德的慷慨陈词以加强效果。康德在写作这些的时候，终于得到了姗姗来迟的、应有的声望；在确信因此而有了无尽的关注以后，康德就放任老年的饶舌。相比之下，可视为《实践理性批判》所特 509
有的，首先是那超越了任何赞语的，也是在更早的时候撰写的对自由与必然性关系的描述（第 4 版第 169—179 页和罗版第 223—231 页），与他在《纯粹理性批判》（第 560—586 页；罗版第 438 页及后面）所说的是一致的；其次是道德神学，人们越来越认出这是康德想要借此真正表达出来的东西。最后，在康德的《美德学的形而上学基础知识》——这是他非常糟糕的法权理论的配对和补足作品，写作于 1797 年——年老体弱的影响占了上风。由于所有这些原因，我在这批评中以一开始说的《道德形而上学的奠基》为指南，所有我并没有更多补充地引用的页数都援引这部作品，这是我恳请读者注意的。其他两本著作我只是附加性地和次要地考虑。要理解我从最深处破解康德伦理学的批评，假如读者预先再一次认真细读一遍康德的《道德形而上学的奠基》，以便完全想起那书的内容，将会有极大的帮助——这篇批评首要援引这本书，尤其

[1] 这是由我这里开始的，但在此我必须匿名写作。

是这本书只有128加14页(罗版总共100页)。我引用的是1792年第3版，补上以R作前缀的罗版的新合集的页数。

§4. 论康德伦理学的命令形式

康德的错误的第一步在于他有关伦理学的概念，我们可以看到在第62页(罗版第54页)至为清楚地表达出来：“在实践哲学，所关心的并不是说明所发生的事情的理由和根据，而是指出关于应该发生的事情的法则——虽然那应该发生的事情是永远不发生的。”这是明确的“把待决
510 之问题作为论据”。谁告诉你，存在着我们的行为应该遵从的法则？谁告诉你，那永远不发生的事情应该发生？是什么给了你正当的理由预先这样假定，然后马上把这立法—命令形式的一套伦理学，作为唯一可能的伦理学硬塞给我们？我与康德相反，认为伦理学家就像哲学家一样，只能满足于说明和解释既定的东西，亦即真正存在的或者发生的事情，以便终于明白这些事情；认为伦理学家在这方面有很多事情可做，远多于至今为止、过了千百年以后人们所做的。康德沿袭上述“把待决之问题作为论据”的做法，在完全正规讨论一部分的“前言”，还没作出任何探究，就马上假定存在纯粹的道德法则，这一假定在这之后就雷打不动在那里，成了整个体系最深的基础。但我们打算首先检查一下法则的概念。这概念真正和原初的含意局限于民法，是一种人为安排，基于人的任性随意。法则的概念在应用于大自然时还有第二个的、引申出来的、比喻性的含义：这大自然的部分被我们先验认识到

的、部分是在实践经验中观察到的、始终如一不变的运作方式，我们以
比喻的方式名为大自然法则。在大自然法则中，只有很小一部分是我
们先验认识到的，这也是康德极其敏锐地区分开来并在大自然的形而上
学名下所包括的东西。至于人的意欲，也确实存在一种法则，因为人
是属于大自然的；而且这一法则是严格可证明的、牢不可破的、没有例
外的、坚如磐石的，并非像绝对命令那样带有“类似”“差不多”的必然
性，而是有真正的必然性：这是动因法则，因果法则的一种形式，即透
过认知而促成的因果法则。这是唯一可证明的人的意欲的法则，是人
的意欲所遵从的法则。这法则意味着每一个行为和做事，都只能在有 511
了某一个充足的动因以后才可发生。就像因果法则一样是一个自然法
则。相比之下，独立于人为条例、国家安排或者宗教学说的道德法则，
在没有证据的情况下是不可以认为存在的。因此，康德由于这一预先
假定而做出了“以待决之问题作为论据”的事情。他似乎做得越发大
胆了，因为他马上在“前言”第 6 页补充说，一个道德法则应该有“绝
对的必然性”。但这样一种绝对必然性始终有这一特征：结果是不可避
免的。那么，这些据称的道德法则——他引用的一个道德法则例子是
“不可撒谎”——又谈何具有绝对的必然性？因为这一条法则，人们都
知道，康德本人也承认，在大多数情况下，并且按照一般的规律，是
没有结果的。要在科学伦理学中，假定意欲除了动因法则以外，还另
有一些原初的和独立于所有人为条例的法则，我们就必须根据意欲的整
个存在来证明和推导出这些法则——假如我们看重的是在伦理学中不仅
推荐诚实正直，而且还身体力行。在拿出上述证明之前，对于在伦理

学中引入的法则、规定、责任、义务等概念，除了对哲学而言是陌生的源头以外，即除了摩西十诫以外，我不会承认还有任何其他源头；这一源头甚至从以上的、由康德首先提出来的道德法则的例子，亦即从 *du sollt* * 的拼写中天真地暴露了出来。但一个概念如果除了这一源头以外，无法表明还有任何其他源头，那是不可以未经检验就挤进哲学上的伦理学，而是要被撵出去的，直至拿出合法的证明以后，才可得到核实和引进。这是康德首次“以待决之问题作为论据”，并且是相当严重的一次。

正如康德在“前言”中运用这一手法把道德法则的概念未经检验就认定为既定的和毫无疑问存在的，康德在第 8 页（罗版第 16 页）处理与道德法则密切相关的义务概念时重施故技。义务的概念不曾经过一番
512 检验，就被接纳为属于伦理学的一部分。不过，在此我不得不再一次提出抗议。这一概念连同其相关的那些概念，亦即法则、诫命、责任等概念，连带其无条件认定的含义，其源头就在神学的道德学，对哲学的道德学始终是陌生者——直至这义务概念从人的本质或者从客观世界的本质找出一个有效的证明为止。在那之前，我断定这概念及其那些概念除了“十诫”以外，别无任何其他源头。总的来说，在基督教的世纪，哲学伦理学无意识地从神学伦理学那里拿来形式，既然神学伦理学在本质上是一种命令式的伦理学，哲学伦理学也就以准则规定和义务教义的形式出现，天真无邪地浑然不觉地在此首先需要某一其他方面的权

* 意为“汝应该”，sollt 是 sollst 的旧式写法。

威，而误以为这是自身的和天然的形态。正如无可否认的事实是，这在各个时期也得到各个民族和各种信仰教义，以及各种哲学(真正的唯物主义者除外)的承认：人的行为具有形而上的，亦即超越了现象的存在和触及了永恒的伦理学含义，那么，形而上的伦理学含意在本质上无法以命令和服从、法则和义务的形式得到理解。再者，这些伦理学的概念与它们所出自的神学的假设说法分开以后，就失去了一切含义，假如人们如康德那样，误以为谈论绝对的应该和无条件的义务就能取代上述神学假设说法，以字词搪塞和敷衍读者，让读者琢磨的其实是一个自相矛盾的说法。每一个应该都绝对只是在与所威胁的惩罚或者所许诺的奖赏相关的方面才有其一切含义。因此，早在人们想到康德之前，洛克已经说过："既然设想一条法律以规管人的自由行动，但又不曾附加好和坏的执行手段以限定其自由意志，是完全徒劳的，那我们要设想一条法律的话，也必须设想某些奖励或者惩罚附加到这法律上去。" 513
(《人类理解论》，第2部，第33章，§6)每一个应该因而是必然的以惩罚或者奖赏为条件，所以，用康德的语言，所谓的"应该"在本质上和无法避免的是有前提的，永远不是所声称的绝对的。假如我们在思维中去掉上述那些条件，那"应该"的概念就变得没有了意义；因此，绝对的应该确实是一个自相矛盾的词语。一个发出命令的声音，无论发自内在还是发自外在，都绝对不可能理解为有别于威胁的或者许诺的声音；对发出命令的声音的服从，虽然根据具体的情形会是聪明的或者愚蠢的做法，但这服从始终是自利的，所以是没有道德价值的。这作为康德伦理学基础的概念，即一个无条件的应该的概念，完全无法想象和荒谬无意义后来在康德的体系本身，即在《实践理性批判》中显露出来了，正如在机体中某一隐藏的毒药迟早必然爆发和发作。也就是说，如此*无条件的应该*却在背后假定了一个条件，甚至不止一个条件，亦即一个奖赏，此外，还有那受奖赏者的长生不死和一个颁奖赏者。这当然是必然的，假如我们把义务和应该弄成伦理学的基本概念的话，因为这些概念本质上是相对的，也只有通过所威胁的惩罚和所许诺的奖赏才有其所有的意义。这在事情以后假定给予美德的奖赏——这美德因此只是表面上无偿地起作用——却蒙着诚实正直的面纱，顶着*至善*的名义露面，至善就是美德与幸福的结合。这从根本上不是别的，而是目的
514 在于幸福，因此是以自利支撑起来的道德学或幸福论，这幸福论被康德郑重其事地当作是他律的撵出其体系的门外，却顶着*至善*的名义从后门悄悄地溜了回来。那掩藏着自相矛盾的所谓“*无条件的、绝对的应该*”的假定就这样造成了恶果。在另一方面，这*有条件的*当然不应该是伦理学的基本概念，因为考虑到奖赏或者惩罚而发生的一切，必然是自利的作为，这样的作为是没有纯净道德价值的。从所有这些可以清楚地看出，我们需要对伦理学有一套更卓越的、更不怀偏见的理解——假如我们要认真探究人的行为所具有的那种扩展至现象以外的、永恒的含义。

正如所有的*应该*完全与某一条件相连，所有的*义务*也如此。因为这两个概念是非常近似和几乎同一的。它们之间的唯一差别是：*应该*也可以只是建立在强迫之上，*义务*则有允诺，亦即*承担*了这一义务的前提：这样的义务发生在主人与仆人、上司与下属、统治者与被统治者之

间。也正因为没有人会无偿地承担某一义务，所以，每一义务也就给予了一种权利。奴隶是没有义务的，因为奴隶没有权利；但他有只是基于强迫的应该。在接下来的部分，我将提出义务的概念在伦理学中所具有的唯一含意。

把伦理学理解为具某一命令形式的义务学说，把人的行为的道德价值或者无价值设想为履行或者破坏义务，与对应该的理解一样，无可否认只是源自神学道德学，然后是出自“十诫”。据此，这些从本质上建基于这样的假定：人是依赖于另一个的、给人以命令和奖励或者惩罚的意志，是与这意志无法分开的。关于这样一个意志的假定在神学中越是确定无疑，就越不可以悄无声息地和未加检验地被拉进哲学的伦理学中。此 515
外，我们也不可以预先假定在哲学伦理学中，命令形式以及规定、法则和义务的提出与制定是不言自明的，对哲学伦理学来说是根本性的东西；同时，以“绝对的”(absolute)或者“断言的”(kategorisch)词语来替代与这样的概念(根据其本质)根本上相连的外在条件，是很差劲的权宜之计，因为正如所说的产生了词语上的自相矛盾。

康德悄无声息地和未经查验地从神学道德学那里借用了伦理学的命令形式，神学道德学的预设和假定，亦即神学其实是那些命令形式的基础，事实上，那些命令形式也唯有通过那些神学预设和假定才具有了意义，前者与后者是无法分开的，并且前者的确暗含在后者里面。在这之后，康德在表述的结尾处，可以轻而易举地从他的道德学中再发展出一套神学，即著名的道德神学。这是因为他只需把经由应该暗地里所假定的、隐藏在道德学基础中的概念直接拿出来，现在明白地把它们作为实践理性的规定、戒律提出来。这就出台了给世人修身之用的一套神学，这神学只是由道德学所支撑，甚至从道德学而来。这都是因为道德学本身建基于隐藏着的神学方面的预设。我并非想要给出挖苦的比喻，但在形式上，这桩事情就像一个魔术师以自然的魔术让我们大为惊奇：因为他让我们在那地方发现了它预先就巧妙地放进去的东西。抽象地说，康德的做法是把本应是原则或者假定（神学）弄成结果，把本应是推论出来的结果（命令和戒条）弄成假定。在他把这事情倒转过来以后，就再没有人，甚至包括他自己，能认出那本来的面目，亦即能认出那古老的、人所熟知的神学的道德学到底是什么。这套把戏是如何实施的，我们将在第六、第七部分考察。

516 确实，早在康德之前，人们就把道德学理解为命令的形式，甚至在哲学中把道德学当作义务学说是常有的事情；不过，那时候，道德学本身建基于一个在其他方面已被证明的神祇的意志之上，是保持前后一致的。一旦我们像康德那样着手给出一个独立于这神祇的意志的基础、理据，不用形而上学的假定就奠定了伦理学，再没有合理理由在没有另外的理据推论的情况下，把命令式、“十诫”的“你应该……”和“你的义务是……”作为根据和基础。

§5. 关于对我们自己的义务的设想

康德在阐述的时候，并不触动让他感到如此称心如意的义务学说的形式，因为他像其先行者那样，把对自己本人的义务与对其他人的义务一并提了出来。既然我直截了当摒弃了康德的这一设想，在此我在上下文的连贯性最能允许的地方，把我对它的解释和说明简短地插进来。

对我们自己的义务必然像所有的义务那样，要么是公正的义务，要么是爱的义务。对我们自己的公正义务是不可能的，这一不言自明的原则“对愿意发生者来说，那不构成伤害”。这是因为我所做的永远是我所愿意的，所以永远不会是不公正的。至于对我们自己的爱的义务，道德学在此会发现其工作已经完成了，它也来得太迟了。对自己的爱的义务不可能被违背，这是基督教道德学的至高原则假定了的，“就像爱你自己一样地爱你的邻人”——据此，每个人对自己的爱，可被预先设想为最大的，是所有的爱的条件，但“就像爱你的邻人那样爱你自己”却完全没有补充进去，因为每个人都感觉到那要求实在太低了；并且这一义务是人们唯一怎么都会去超额完成的。康德本人在《道德 517
学说的形而上学基本知识》第 13 页（罗版，第 230 页）说：“每个人都不可避免地自动愿意的，并不属于义务概念之下的东西。”这对我们自己的义务的概念仍然维持其声望，并普遍得到人们的特别宠爱，对此人们不必感到惊奇。在一些情况下，这却产生了滑稽的效果：即人们开始对自己个人感到担心，相当认真地谈论起自我保存的义务；与此同时，人们清楚地注意到：恐惧已经吓跑了人们，根本不需要任何义务命令给他们加把劲。

人们通常所提出的对我们自己的义务中，首先一个是反对自杀，这是充满偏见和定见、从最肤浅的理据得出来的推断。人并不像动物那样，只是遭受肉体上的、局限于现时的苦痛，而且还承受那大得多的、借自将来和过去的、精神上的痛苦。所以，大自然唯独给了人一个特权以作补偿：人可以在其生命走完之前随意结束，因此不像动物那样必然地尽其天年，只有在其愿意活下去才是这样。至于人出于伦理学的原因是否不得不放弃这一特权，则是一个困难的问题，起码不是一个用常见的、肤浅的论据就可以决定的。康德并不拒绝列举出来的那些反对自杀的理据(第53页，罗版第48页)，我要认真精细地形容的话，只能是可怜、蹩脚，是根本不值一驳的。假如人们会认为这类考虑会从小加图、克莉奥帕特拉、科克乌斯·涅尔瓦(塔西佗，《编年史》，第4，26)的手中，或者从拜图士的妻子阿里亚(小普林尼，《书信集》，第3，16)的手中，夺下那把匕首，让人发笑而已。假如确实有反对自杀的真
518 正道德上的动因，这些动因会隐藏很深的，不会是常规的伦理学铅锤就能触及的，而是属于比现在这篇论文更高的审视方式[1]。

除此之外，一般还列在对自己的义务条目之下的，部分是审慎处世的规则，另一部分是营养饮食的规定，这两者都不属于真正的道德学。最后还有禁止违反自然的淫欲，亦即手淫、鸡奸和兽交。其中的首位——手淫——主要是少年时期的恶习，要克服它更多的是营养饮食规定一类，而不是伦理学的事情；因此，反对手淫的书籍是由医科人员(如提索特等)而不是道德学家撰写的。营养学和卫生保健学在这方面完成了它们该做的，并以不可否认的理据将之击倒以后，假如道德学现

[1] 这些是禁欲、苦行的原因，读者可参阅我的主要著作第1卷§69。

在想要接手，就会发现工作已经大都完成了，能做的所剩无几。兽交也同样是一种相当反常、很少碰到的犯法事情，并且如此极度让人厌恶、违反人性，以致这事情用不了什么理性根据，本身就已经表明大有问题并吓阻他人。除此之外，这样人性堕落的事情，事实上是对人种属本身和抽象中人的种属，而不是对人类中的个体的一种犯罪。因此，在这所谈论的三种犯法的性行为中，只有鸡奸属于伦理学，并在伦理学有关公正方面自然找到其位置。也就是说，公正在此受到了伤害，“对愿意发生者来说，那就不构成伤害”就不适用了，因为不义在于引诱年轻的和缺乏经验的人，在身体上和道德上败坏他们。

§6. 论康德伦理学的基础 519

与伦理学的命令形式——这在§4已被证明是“以待决之问题作为论据”——直接相连的，是康德一个喜爱的想法，这想法虽然可以原谅，却是不可以接受的。我们有时候看到一个医生在应用某一药物取得了辉煌的成效以后，从此对几乎每一种疾病都用上这同一种药。康德就是这样的医生。康德通过分开人的认知中先验的成分与后验的成分而做出了形而上学能夸口至为辉煌的和富有成果的发现。现在，他试图到处都用上这一方法和区分，这有什么奇怪呢？因此，伦理学据称也是由某一纯粹的，亦即先验可知的部分和某一实践经验的部分所组成。这后一部分是康德不接受的，认为这并不可以为伦理学奠定基础。找出、分开和展示前一部分是他在《道德形而上学的奠基》中计划做的事情，据此也是一门纯粹先验的科学，与他所提出的《自然科学的形而上学基本知识》是在同一意义上的。然后，并没有理由根据和没有经过源头推论或者证明就预先假定存在的道德法则，据称甚至还是某一先验可认知的、独立于一切内在和外在经验的、“不过就是建基于纯粹理性的概念的东西，应该是一个先验的综合定理”（《实践理性批判》第4版，第56页；罗版第142页)：与此精确相关的是道德法则必然只是形式的，一如所有先验可知的东西，因而必然只是与行为的形式而不是与行为的内容相关。——我们想想这到底想要说的是什么！——他明确地补充说(《道德形而上学的奠基》之“前言”第6页；罗版第5页)，那“不应在人的本性(主体)，也不在世事情形(客体)中寻找”，并且(同上书，第7页；罗版第6页)，“在此，没有丁点的东西可以从有关人的知识中，亦即从人类学中借来”。他还重复说(第59页；罗版第52页)“我们
520 的确不可以让自己想到要从人的本质特性中推论出他的道德原则的现实性”；同样(第60页；罗版第52页)，“任何从人的某一独特禀性、某些感觉和倾向，甚至可能的话，从人的本质所特有的某一独特倾向——这并非必然视为每一有理性生物的意愿——所推导和派生出的东西”，都无法为道德法则提供任何基础。这毫无争议地证明了康德提出的所谓道德法则，并不是某一意识中的事实，一样可在经验中得到证明的东西，现代假冒哲学家却无一例外地想要把所谓的道德法则冒充为意识中的、可在经验中证明的事实。正如康德拒绝所有内在的经验，更坚决地拒绝所有外在的经验，因为他摒弃道德学的任何实际经验的基础。所以，我提请大家注意这一点：康德并不是把道德原则建基于任何某一

可展示的、可证明的意识中的事实，诸如某一内在的天性，也不会建基于外在世界的事物的任何某一客观关系。康德不是这样做的！否则将会是一种源自实践、以经验为依据的基础了。构成康德道德学基础的其实是纯粹先验的概念，也就是说，这些概念没有任何来自外在经验或者内在经验的内容，因而是没有内核的纯粹空壳。我们想想这到底意味着什么：人的意识以及在这意识中的整个世界连带其所有的经验和事实，就从我们的脚下抽走了。我们并没有任何可以立足的地方。那我们到底有何凭依？就那么几个相当抽象的、还完全没有实材的、也同样是在空气中漂浮的概念！从这些，从它们与得出的判断相连结的形式，一个法则据称就出来了，这一法则以绝对的必然性起作用，并据称有力量给冲动的欲望、暴烈的激情和巨无霸一样的利己心戴上辔头和嚼子。我们要看看这是怎么一回事。

与这一先入为主的概念——即道德学的基础必然是先验性质的、不 521
会掺杂任何源自经验的东西——紧密相连的，是康德第二个喜爱的想法：提出的道德原则既然是先验的综合命题，仅具形式上的内涵，那必然是纯粹理性的东西，不仅只适用于人，而且也应该适用于一切可能的理性存在物；也“唯一因为这一点”，所以附带地和巧合地适用于人。就是因为这一原因，道德原则基于纯粹的理性（只知道自身和矛盾律，此外一无所知），并非基于任何某一感觉。纯粹理性在此并非被理解为人的认知力——纯粹理性其实只是认知力——而是被实体化为某样单独存在的东西。人们并没有任何权力和理由如此理解纯粹理性，这也成了证明我们现今这可怜的哲学时期最恶性的例子和事情。与此同时，康德提出的并非只适用人，而是适用一切理性的存在物的道德学，是康德如此上心的首要事情和如此喜爱的想法，以致康德不厌其烦地利用每一个机会重复这一观点。我反对此说，认为我们永远无权以只是为某一“种”所有的东西，提出和成立一个“属”；因此，人们带进“属”的概念的绝对只是人们从这一“种”中得知和提取的东西，所以，我们关于“属”的概念所说的，只能始终理解为属于某一“种”的东西。与此同时，为了形成“属”的概念，如果没有理由把属于这一“种”的概念的东西在思维中去掉，那我们或许恰恰取消了所余下的特质可能实体化为“属”的条件。因此，正如我们知道总起来看的智力绝对只是动物性存在物的一个特质，并因此永远没有理由认为这智力在动物性存在物之外和独立于动物性本质而存在，同样，我们知道理性唯独是人种的特
522 质，我们绝对没有合理理由想象理性也在人种之外存在和提出、成立一个“理性的存在物”的属，这属与其唯一的“种”——人——又是不同的；也更没有理由为这些想象中的抽象理性存在物提出和制订法则。脱离人而谈论理性存在物，就跟脱离物体而谈论有重量的存在物没有两样。我们忍不住怀疑康德在这事情上有点想到了可爱的小天使，或者想依赖小天使的帮忙以取信于读者。不管怎么样，这一想法包含“理性灵魂”这一隐蔽的假定，“理性灵魂”与“植物(生长)灵魂”和“感觉灵魂”是相当不同的，是死后仍存留下来的；在死后，除了理性以外，就什么都不是了。这样完全超验的拟人化实质，康德本人在《实践理性批判》中以明确的和详尽的论述终结了。与此同时，在康德的伦理学中，尤其是在《实践理性批判》中，背后始终浮现的想法是人的内在

的和永恒的本质是理性。在此，因为只是附带谈起这事情，我只是作出与其相反的断言就可以了，正如认知能力一样，理性是次一级的、隶属于现象的、并的确以机体为条件的东西，而人的真正的内核，那唯一的、形而上的和因此不可毁灭的东西是人的意欲。

因为康德把在理论哲学方面取得的巨大的成功方法转而应用在实际方面，并因此在这方面也想把先验的纯粹认知与以经验为依据的后验认知分开来，所以，他假定正如空间、时间和因果性的法则是我们先验认识的，同样或者以类似的方式，我们的行事所要遵循的道德准则是先于经验给予我们的，并表现为绝对命令、绝对“应该”。但理论性的先验认知的基础所表达的只是我们智力的形式，亦即功能，唯有通过这些形 523
式，我们才有能力把握一个客观世界，这一客观世界也才必然以这些形式表现出来，因此，那些形式绝对是恰恰为这世界给出的法则，以致一切经验都必然与其精确吻合，正如我透过一块蓝色玻璃所看见的一切，都必然表现为蓝色。所谓的先验道德法则时时处处都遭到经验的驳斥，事实上，根据康德所言，这些东西哪怕只是一次在现实中得到遵循，也是成疑的。上述这两者有天壤之别！在此，在先验性的概念下，是多么大不一样的事物！此外，康德忽略了这一点：根据他自己的理论，在理论哲学中，恰恰是那所说的独立于经验的认知所具有的先验性，把认知局限于现象，亦即局限于这世界在我们头脑中的表象，使这些表象在事物的自在本质方面，亦即在独立于我们的理解而存在的东西方面，完全失去了有效性。与此相应，就算在实践哲学中，所谓的道德法则假如先验地在我们的头脑中形成，也必然同样只是现象的一种形式，并不触及事物的自在本质。不过，这结论既与事情本身也与康德的观点极为矛盾，因为康德一般(例如在《实践理性批判》第175页，罗版第228页)都恰恰把我们身上的道德性成分与事物的真正自在本质至为紧密地联系在一起表现出来，前者甚至是直接切中后者的；在《纯粹理性批判》中，每当那神秘的自在之物稍为清楚显现出来的话，那让我们认识到的是我们身上的道德性成分，就是意欲。对此，康德是忽略过去的。

我在§4已经指出了康德如何从神学道德学中不加考虑地接受了伦理学的命令形式，亦即有关“应该”、法则和义务的概念，而在神学中
524 那唯一给予这些概念以力量和含义的东西，他却不得不丢掉。为了给那些概念奠定理据和基础，他竟然要求义务概念本身也是这概念实现的根据，亦即承担起义务概念。他说(第11页，罗版第18页)，一个行为只有在这样的情况下才具有真正的道德价值，即这行为是出自义务和仅仅为了履行义务的缘故而做出的，此外，并没有特别想要做出这一行为。性格的价值只有在这样的情况下才开始显现，即那个其实并没有同情心的、对他人的痛苦冷漠和无所谓的，也并非真的生来要成为朋友的人，只是因为那讨厌的义务而做出了善事。这样的宣称，让怀有真正的道德感情的人感到厌恶的说法，与基督教的道德教义恰恰背道而驰的对无爱的神化［因为基督教的道德教义把爱置于一切之上，没有了爱，任何其他的都不会得到认可(《哥林多前书》，13：3)］，这一欠考虑的道德学的迂腐想法，被席勒在两篇击中要害的、名为《良心的责备》和《决定》的讽刺诗中揶揄了一番。《实践理性批判》中某些属于这

方面内容的段落，看来给了这两首诗最直接的诱因，例如，在第 150 页（罗版第 211 页）：“人们感到有责任服从道德法则的思想意识，是发自义务，不是发自自愿和喜欢，也不是发自没得到命令就自动愿意接受下来的追求。”——那必须是命令才行！这是怎样的一种奴隶道德学！在同一处，第 213 页（罗版第 257 页）是这样说的：“同情和出于好心肠的关心，对具良好思维的人是个累赘，因为这些会扰乱深思熟虑以后的规条，并因此产生要摆脱这些东西、唯独服从定下法规的理性的愿望。”我则充满信心地断言：对上述（第 11 页，罗版第 18 页）无爱的、对他人的苦痛无动于衷的善行者来说，张开他们双手的（假如他并没有其他别的动机的话）永远不可能是其他别的，而是奴性的对上帝的恐惧，不管把他的崇拜偶像称为“绝对命令”抑或“费茨里普契里”[1]。这是因为除了恐惧，还有什么可以驱使铁硬心肠的人行动起来？

与上述观点相应，根据第 13 页（罗版第 19 页）所言，一个行为的道 525
德价值据称完全不在发生行为的目的，而在于那人所遵循的规条。我对此持相反的意见，我想让大家思考的是这一点：唯有目的，才决定了一种行为具道德价值抑或不具道德价值；所以，同样一种行为，根据目的可以是谴责的或者赞扬的。也因此每当人们要讨论一种具某些道德重要性的行为时，每个人都会探究这行为的目的，并唯独根据这目的而判定这行为，正如在另一方面，每当一个人看到自己的行为遭误解，或者自己的行为有了不良后果，他都唯独以目的为自己辩解或请

[1] 应为“威齐洛波契特里”，一个墨西哥神灵。

求原谅。

在第 14 页(罗版第 20 页)，我们终于得到了整套康德伦理学中基本概念的定义，即“义务”(Pflicht)的定义：“出于尊重法律的一种行为的必然性。”所谓必然的事情，是真的发生和不可避免的事情；出于纯粹义务的行为不仅大都并未发生，而且康德本人也承认(第 25 页，罗版第 28 页)，对纯粹出于义务而行事的打算，我们并没有任何确切的例子；在第 26 页(罗版第 29 页)：“透过经验确切地发现就那么一种只是基于想到了义务而做出的遵循义务的行为，也是绝对不可能的。”在第 28 页(罗版第 30 页)和 49 页(罗版第 50 页)，也是一样的。那么，在何种意义上，可以赋予这个行为以必然性呢？鉴于公正的做法是对一个作者作出最善意的解读，所以，我们愿意说他的看法可以是这样的意思：一种遵循义务的行为在客观(客体)上是必然的，但在主观(主体)上是偶然的。不过，恰恰是这样的事情，真要想象的话，却不如所说的那么容易，因为客观(客体)上的必然性在客体现实中的结果通常和或许永远不会出现，所以，这客观(客体)上的必然性的客体在哪里？不管如何公正地解读，我还是不得不说，表达“一种行为的必然性”的定义的词语，
526 不过是对“应该”一词作巧妙掩饰的、相当别扭的更复杂的替代而已。假如我们留意到在意思是“服从”的地方，却以同样的定义用上了“尊敬”一词，这目的更清楚了。也就是说，在《附录》第 16 页(罗版第 20 页)写道：“尊敬的意思只是我的意志屈从于一个法则。受到法则的直接规定和对此的意识称为尊敬。”这是什么语言？这里所说的德语称为“服从”。但由于“尊敬”一词不可能没有原因地、如此不适当地占据

“服从”一词的位置，所以，那必然是为某一目的服务的，这一目的明显不是别的，而是掩藏那命令式和义务概念是出自神学的道德学，正如我们刚才已看到的“一种行为的必然性”的表达，以非常不自然和别扭的方式代替了“应该”位置的用语，之所以被选用了，是因为“应该”恰恰是“十诫”的用语。上面的定义“义务是出于尊敬法则的一种行为的必然性”，用并非不自然的，并非躲躲闪闪的语言表达，即“义务的意思是出于服从某一法则而做出一种行为的必然性”。——问题原来在这里。

但那法则，康德伦理学的最后一块基石！它的内涵是什么？这法则在哪里写着？这是首要的一个问题。我首先要说的是，这里是两个问题：一个是针对伦理学的原则，另一个针对伦理学的基础，这是两样相当不同的东西，虽然这两者通常是混淆的，有时候是被故意混淆的。

一套伦理学的原则或最高准则，是对伦理学所规定的行为方式最简明和最扼要的表达；或者假如伦理学并没有任何命令形式，是这套伦理学所判定具有真正道德价值的行为方式。因此，透过一个陈述句表达出来的伦理学对美德的指示，因而是有关美德“具体所是”；相比之下，一套伦理学的基础是有关美德的“为什么”、那承担义务或推荐或褒扬的原因和理据——无论这原因和理据是在人的本性或者外在的世事 527
关系，抑或其他方面寻找。正如所有的科学那样，我们也应在伦理学那里清楚区别“具体所是”和“为什么”。大多数伦理学家却故意抹去这一区别，很可能是因为“具体所是”是如此的容易，而要说出“为什么”却特别的困难。因此，人们乐意以一方的富足弥补另一方的贫乏，并且人们试图通过把两者合并在一个陈述里，以达成“贫乏”与“富足”的幸福婚姻。通常是以这样的方式进行的，人们把每个人都知道得很清楚的“具体所是”不以简朴的样子表达出来，而是强行放进某一人为的公式，然后必须从这公式里把这作为结论从既有的前提推导出来。这样读者就感到好像已经不仅得知了这事情，而且还了解到了这事情的原因和根据。人们看看大多数众所周知的道德原则，很容易信服我所说的这一点。既然在接下来的部分，我并不打算使用这类把戏，而是老实行事，不会把伦理学的原则同时也认可为伦理学的基础，而是把这两者清楚区别开来，那么，我要把“具体所是”，亦即把原则、准则——关于这些内涵，所有的伦理学家其实都是一致的，尽管他们把这些内涵裹以如此不同的形式——马上在此还原为我认为是最简单的和最纯净的语言：“不要伤害任何人，而要尽你所能地帮助每一个人。”事实上，这是一切道德学家都竭尽全力要找出理据的一个命题，是他们在作了许多不同的推论以后得出的共同结果，是人们仍在永远寻找“为什么”的“具体所是”，是人们要求知道其原因的后果，所以，本身只是一些事实：对其探究是每一套伦理学的难题，也是目前这有奖征文的问题。对这难题的解决会提供伦理学的真正基础，就像智者之石，是人
528 们千百年来一直寻找的。至于那事实、那“具体所是”、那原则的确在上述公式得到了最纯净的表达，由此看得出来：这一条原则与其他任何一条道德原则的关系是结论与前提的关系，因此是我们事实上想要达致的目标；所以，其他每一条道德原则都可被视为对上述简朴命题的变换

说法，一种间接的或者改头换面的表达。这对于例如被认为是简朴的、平庸的原则也如此：“不要对其他人做出你不想别人对你做出的事情。”[1]这原则的不足是只说出了法律的义务，而不是道德的义务，这不足在去掉了两个否定词以后就可轻易得到纠正。这是因为那样处理的话，那说法其实是说：“不要伤害任何人，而是要尽可能地帮助任何人。”由于是迂回表达出这个意思，所以，那说法好像已提供了这样做的实在理据，提供了“为什么”。实际上并不是这回事，因为从我不想别人会对我做出的事情，根本无法推导结论说：我不应对他人做出这样的事情。同样的道理也适用于迄今为止所提出的每一个道德学的原则或者至高准则。

假如我们现在回到我们上面的问题：那法则是怎么说的？遵从法律，根据康德就构成了义务。这法则又基于什么样的理据？那我们发现，甚至康德也把道德学的原则与道德学的基础以一种非常不自然的方式紧连在了一起。我现在要再度提醒读者不要忘记，在开头已经讨论的康德的要求：道德学的原则应该是纯粹先验的和纯粹形式的，的确是一种先验的综合陈述和命题，因此没有任何物质性的内涵，并非依靠任何经验性的基础，亦即既没有外在世界的某些客观东西，也没有意识中的某些主体东西，诸如某一感觉、倾向、欲望等作基础。康德清楚地意识到了这一任务的难度，因为他在第 60 页(罗版第 53 页)说：“在此我们看到了哲学事实上处于一个糟糕的立足点，这个立足点据称是扎实的，

[1] 胡果·格劳秀斯认为这话是塞维鲁皇帝说的。

尽管其无论是天生还是在地上都没有可挂靠的或者可支撑的某样东
529 西。”这样，我们就更急切地期盼康德解决自己所提出的问题，充满渴望和期待地看看某样东西如何从无中生成，亦即从纯粹先验的概念，在没有一切经验和物质内涵的情况下，如何具体化为物质性的、人的行为的法则。这样的程序的象征是一种化学过程：从那三种不可见的气体（氮气、氢气和氯气），即表面上空洞的空间，在我们的眼前就产生出了坚固的氯化铵。但我想把康德解决他的难题的过程，比康德本人所愿意和所能够的更清楚地阐明。这尤其有必要，因为那过程似乎甚少被人正确理解。几乎所有的康德哲学的信徒都犯下了这一错误，都以为康德所提出的绝对命令直接是意识中的一个事实。假如那是真的，就会是有人类学的、由经验——虽然那经验是内在的，而不是源自实践的——所提供的理据。这与康德的观点是直接相反的，也遭到康德反复的否认。因此，在第 48 页（罗版第 44 页），康德说：“并不是以经验为依据解决这一问题：是否到处都有这样一个绝对命令。”还有，第 49 页（罗版第 45 页）：“绝对命令的可能性只能完全先验地探究，因为在此，我们并没有在经验中探究其真实性的优势。”甚至莱因霍尔德，康德的第一个学生也囿于这一错误，因为他在《关于 19 世纪初哲学的概览性文章》第 2 期第 21 页上说：“康德认为道德法则是一个直接确切的事实，是道德意识中的原初事实。”假如康德真的想要奠定绝对命令为意识中的事实，因此以经验根据为其奠定基础，那他起码不会不证明这一点。无论在哪里都找不到这样的证明。就我所知而言，绝对命令的首次出现
530 在《纯粹理性批判》（第 1 版 802 页和第 5 版 830 页），并且未经铺垫地出

现，与之前的句子只是通过一个完全不合理的“因此”而连接起来，完全是“从现在开始”出现的。绝对命令的正式首次登场，是在我们在此特意考察的《道德的形而上学奠基》，而且完全以先验的方式，透过某一概念演绎而来的。在上述对于批判哲学如此重要的杂志第 5 期，一篇由莱因霍尔德写的《与批判主义相一致的准则》，第 122 页是以下句子：“我们把道德的自我意识与经验区别开来。道德的自我意识作为一个原初的事实，是任何认识都不会超越的。道德的自我意识与经验在人的意识中相连在一起的；我们所理解的道德的自我意识是对义务的直接意识，这义务也接受意愿（意欲）的合乎法则性——不管其意愿高兴与否——为意愿（意欲）行为的动因和准则的必然性。”那样的话，我们当然有了“一个可观的命题，那也的确是一个假设”（席勒语）。但正经说吧，在此，我们看到康德的道德法则是多么肆无忌惮地变成了“以待决之问题当成论据”！假如那是真的，伦理学当然有了无比坚实的基础，那就没有必要提出什么有奖问题以鼓励人们这方面的探索。但至为奇怪的是人们如此迟缓地才突然发现意识中这样一个事实，与此同时，人们数千年来一直在孜孜不倦地找出道德学的基础。至于康德本人如何造成了这个被批评的谬误，我在下面再做引证。尽管如此，我们还是对这样一个根本性的谬误在康德门徒那里普遍存在而不受争议感到奇怪：他们在写作论述康德哲学的无数书籍中，难道从来不曾注意到《纯粹理性批判》第 2 版有了丑陋的变化，由于这一变化，它变成了一部不连贯的、自相矛盾的著作？这一点到现在才暴露出来，并且在我
看来，这在罗版《康德全集》第 2 卷“前言”中已相当准确地分析过 531

了。我们必须记住这一点：许多学者由于连续不断地授课和写作，只留下了很少时间透彻学习。“在授课中学习”的说法并不是无条件真实的，其实，我们有时候可以仿照说“总是在授课，我学习不到任何东西”；甚至狄德罗由拉谟的侄子的嘴里说出的话，也不是完全没有道理的：“这些教师，你相信他们会明白他们所讲授的学科吗？闹剧，亲爱的先生，闹剧而已。假如他们真足够掌握了那知识可以授课，他们就不会授课了。”“那是为什么呢？”“因为他们会把他们的生命时间花在研究这些学问上面。”（歌德的译文，第 104 页）利希滕贝格也说了：“我已经不止一次注意到：专业内的人士经常不知道专业的精华。”但（回到康德的道德学）至于公众，只要得出的结果是与他们的道德感情相吻合的，那大多数人马上假定康德道德学的推论有其正确性，假如那结果看上去是困难的，他们不会对此深思，而是在此问题上信赖“专业”人士。

因此，康德对道德法则的理据论证，根本不是以经验为依据证明道德法则是意识中的一个事实，不是诉诸道德的感觉，也不是在一个“绝对公设”的高雅、讲究的现代名称之下的“以待决之问题为依据”，而是一个相当微妙的思维过程，这在第 17 和 51 页（罗版第 22、46 页）康德为我们展示了两次。下面就是最清晰的展示。

因为康德蔑视一切以经验为依据的意愿动机，一切客体的和一切主体的、可以构成某一意愿法则的理据基础的东西，预先被康德当作经验的东西拿掉了，所以，这一法则在材料方面只剩下自身的形式，此外，别无其他。这形式只是合乎法则性。合乎法则性适用于一切，即普遍适用性。据此，普遍适用性成了那材料。所以，这法则的内容不是别的，而是普遍适用性本身。因此，这法则是："就依照那格言行事吧，与此同时，你可以意愿这一格言成为对一切有理性生物而言的普遍法则。"这也是人们普遍没有认识到的、康德道德原则的真正理据，因为这是康德的整个伦理学的基础。我们比较一下《实践理性批判》第 61 页（罗版第 147 页）注脚 1 的结尾。对康德在施展他的这一技艺时那极度的机敏，我真心表示敬佩，但我还是继续依照真理的标准认真检验。我只说这一点，以便以后重拾这一问题：理性，在和只要进行那刚描述的特别的思考和推断时，才得到了实践理性的名称。但实践理性的绝对命令却出自上述思维程序，是所给出的法则的结果，因此，实践理性根本不是像大多数人，也包括费希特所认为的那样，是一个无法更进一步溯源的特别能力，是一样隐秘的特质，一种道德直觉，与哈奇森的道德感觉相似，而是（就像康德在"前言"第 12 页，罗版第 8 页和其他地方所经常说的）与理论性理性同样的东西，亦即只要这理论性理性把那所说的思维程序实施完毕。也就是说，费希特把康德的"绝对命令"称为一个"绝对公设"（《全部知识学的基础》，图宾根，1802，第 240 页，注脚）。这是"以待决之问题作论据"的、现代的、美化了的用语，所以，他本人毫无例外地接受了"绝对命令"，因而也陷入了上面所批评的谬误之中。 532

康德所给出的道德学的基础首先和直接遭受这样的反对意见：我们内在的道德法则的这一起源之所以是不可能的，是因为它假定了人是自动产生了念头，要为意欲寻找和打听一条法则，让他的这一意欲受制和

533 屈从于这一法则。但这样的念头是不可能自动进入他的感觉和知觉的，顶多是在另一个实在发挥作用的、真实和自动出现的道德动力给予了第一推动和理由以后才会发生的，后者不请自来，甚至强行地对这人发挥出作用和影响。这样的说法与康德的设想是矛盾的，依照康德的设想，上述思维程序本身据称才是一切道德概念的起源，是道德性的“生命之点”。因此，只要情况不是上述所说的，只要并没有在那之前出现真实的道德动力——因为“依照假设”，除了那所说的思维程序以外，并没有任何其他道德动力——那么，人的行为准则唯独是自利，受着动因法则的指引，亦即每一次的、完全是经验的和自利的动因，在每一单个情形都唯一和不受打扰地决定着人的行为；因为在这一假定之下，并不存在任何要求，也没有任何理由会让这个人突发想法去询问一条限定他的意愿，他也不得不让其意愿屈从的法则，更不用说去探究和苦思冥想一条这样的法则了。但也只有首先以此方式，他才可能陷入上述思考的奇特思路。在此，人们想要给予康德的思考程序多大的清晰度，是否想要把那大概调低至一种只是朦胧感觉到的考虑，都是不重要的。这是因为任何这方面的改动都无法挑战这一基本真理：从无也只能生出无；有果就需有因。道德动力正如每一个作用于意欲的动因，必须绝对是一个自发出现的，所以是实在发挥作用的、因此是真实的动因；又因为对人而言，只有经验上的或者假定有可能在经验中存在的东西才具有真实性，所以，道德动力事实上必须是经验的，并且自发地出现和到来，用不着等待我们对其询问才会自动强行作用于我们，并且以如此的力度，以致至少有可能战胜那对立的、强大无比的、自利的

动因。因为道德学涉及的是人的真实的行为，而不是先验的纸牌屋似 534
的东西——这些东西的结果是任何在生活严肃和压力之中的人都不会放在心上的，在面对情欲的风暴时，这犹如大火灾中小小的一杯水。我在上面已经提过康德把道德法则只是以抽象的纯粹先验的概念，因而以纯粹理性作理据基础，视为他的道德法则的一大功绩，因此，道德法则不仅适用于人，而且适用于一切有理性的存在物。我们也不得不更感到遗憾，那纯粹的、先验的抽象概念并没有实际的内容，也没有任何经验依据的基础，起码是永远无法让人行动起来的；至于其他有理性的存在物，我就无法发表意见了。因此，康德的道德基础的第二个缺点是欠缺实际内容。这一点迄今为止并不为人所注意，因为对上文所清晰阐述的康德道德学的基础，在歌颂和宣传康德道德学基础的人群中，很有可能只是寥寥可数的人从根本上是清晰明白的。因而第二个缺点完全欠缺真实性，并因此欠缺可能产生的作用。道德学的基础飘浮在空气中，像一张由至为复杂的、至为空洞的概念所组成的蜘蛛网，没有任何基础，因此无法承载任何东西，也无法推动任何东西。但康德把无限的重量加在其上，亦即假定意欲是自由的。尽管康德反复表示他确信人的行为绝对是没有自由的，在理论上自由的可能性甚至是无法理解的（《实践理性批判》第 163 页，罗版第 223 页）；又假如准确了解了一个人的性格和一切作用于他的动因，这个人的行为就像月食一样被可靠和精确地计算出来（同上书，第 177 页；罗版第 230 页）——但是，康德
只是凭借他那在空气中飘浮的道德学基础，透过这著名的结论“你可 535
以，因为你应该”而认定和接受了自由，尽管那只是观念上的和作为一

个公设的认定。假如我们一旦认清一样东西是不存在的和不可能存在的，那所有的公设又有什么帮助呢？相反，应该驳斥公设赖以成立的理据，因为那是一个不可能的假设，所根据的是这样一条规则，即“从一样东西的不可能性所得出的更可靠结论，就是这样东西是不存在的”；并且也可通过一个反证在此推翻“绝对命令”。但人们在此不是这样做的，而是在一个错误的理论上构建了另一个错误的理论。

单靠几个完全抽象的和没有内容的概念并不足以构成道德学的基础，这一点康德自己必然是私下里意识到的。因为在《实践理性批判》——这部著作里，正如我说过的，康德的写作总的来说已不是那么严谨和有条理的，也由于所赢得的名气而变得更大胆——伦理学的基础逐渐改变了本质，几乎忘记了那不过只是抽象的概念的组合物，似乎想要变得更具实质性。所以，例如，在第 81 页（罗版第 163 页）写道：“道德法则犹如纯粹理性的一个事实。”看到这样古怪的句子，人们会有什么想法？事实的东西在其他情况下都是与从纯粹理性中可知的东西相对立的。同样，在这著作的第 83 页（罗版第 164 页）是这样的话“一种直接决定了意志、意愿的理性”，等等。在这方面，我们要记住康德在《道德的形而上学奠基》中明确地和一再地不接受任何人类学的东西作为伦理学的基础，拒绝把绝对命令证明为意识中的一个事实，因为这些都是以经验为依据的东西。但是，康德的继承者被康德诸如此类的随便表示搞得胆壮起来，在这条道路上走得更远。费希特（《伦理学体系》第 49 页）直截了当地警告说：“我们不能让自己被误导而进一步解释我们对义务所具有的意识和从这意识之外的根据作推论，因为这会有损

道德法则的尊严和绝对性。”多么美妙的借口！然后，在同一本著作第 536
66页，费希特说：“道德和伦理的原则是一个思想，基础是对智力绝对活动的智力观照和纯粹智力自动产生的直接概念。”这浮夸之人用了多么空洞的辞藻以掩藏其迷惘！谁要想确切知道康德的门徒是否逐渐忘记和无视对道德法则的原初论证和推导，可查阅莱因霍尔德的《十九世纪初对哲学的概览》（1801年第2期）中一篇很值得阅读的文章。文章在第105和106页宣称：“在康德哲学中，自律、意志自由（这与绝对命令是一样的东西）是意识中的一个事实，并不能更进一步地还原，因为那是透过直接的意识宣示的。”假如真的是这样，那道德法则的理据就是人类学的，因此是经验的，而这与康德明确的和一再的解释是相反的。在同一篇文章第108页，作者说：“无论是在批判的实践哲学，还是在纯粹的或更高的超验哲学中，自律、意志自由由本身奠定了理据基础，再没有也不需要有更深远的理据基础，是绝对原初的东西，是原初真实的、绝对的原则。因此，谁要是就自律、意志自由在其之外推测、要求或寻找其理据，康德学派必然相信他要么欠缺道德意识[1]，要么由于运用错误的概念，在思辨中并没有认识到自律和意志自由。”费希特和谢林学派会声明这人是没有思想智力的，造成他没有能力进行哲学思考，也构成了他不圣洁的群氓和迟钝的畜生的特征，或者像谢林更婉转地所说的，构成了“一般的大众和懒洋洋的动物群”的特征。对这样一 537

[1] 我想是这样的！假如他们无法给予任何理性的回答，他们就会很快把这推到良心上去。——席勒

种学说，人们要打出如此的王牌语言以顽固坚持，这学说到底会有多少真理，是每一个人都可感觉到的。与此同时，我们必须以那种由此王牌语言所唤起的毕恭毕敬来解释康德的门徒在接受绝对命令，并从此以后把这些当成毫无疑问的事情时，的确带有小孩子般的轻信。这是因为既然反驳一样理论性的宣称在此会轻易被误认为道德上是无耻下流的，那每个人尽管在自己的意识中并没有怎么察觉到那绝对命令，却宁愿不作声张，因为他们私下里相信在其他人那里，绝对命令有可能得到了更有力的发展和更清晰地显现出来。因为没有人愿意把自己的良心全翻出来。

因此，在康德学派那里，实践理性及其绝对命令越发显得是一个超物质、超自然的事实，是人的情感中的一个德尔菲神庙：从阴暗的神殿里确凿地发出了神谕，虽然这神谕遗憾的不是有关将要发生的事情，而是应该发生的事情。实践理性的这一直接性一旦被接受了，或者更准确地说，一旦经欺骗和软磨硬泡而被接受，就会不幸地转移到理论性理性，尤其是康德本人经常说的：两者只是同样的理性(例如，在“前言”第 12 页；罗版第 8 页)。这是因为一旦承认了在实践方面存在一种以权威支配的理性，就相当接近于同意给予其姐妹，并且的确是其同质同体的理论性理性同样的优势，并宣称后者与前者是同样的直接，这方面的优势既是难以测量的也是很明显的。现在，所有的假冒哲学家和幻想家，以无神论的告密者 J. H.雅各比领头，蜂拥到为他们意外打开的小门，以便把他们的小玩意儿带进市场，或者以便从康德的学说威胁要压
538 碎的古老遗物中，至少抢救出最喜欢的东西。正如在一个人的一生

中，年轻时走错的一步经常就毁掉了整个一生，同样，康德所作出的唯一错误的假定，即假定有一个装备了完全是超验的信用证，就像那最高上诉庭一样可以“没有根据”即可定夺事情的实践理性，带来的结果是从严格的、实事求是的批判哲学中产生了与其至为不同的学说，这学说是有关这样一种理性的：对“超感觉的东西”只是先轻微地“预感”，然后是已经清晰地“知悉”，最后是真实地“智力观照”；现在，每一个幻想者都可以把其梦幻和空想冒充为这理性的“绝对的”，亦即出自其三角祭坛的格言和启示。这新的特权被人们拼命地利用。在康德学说以后直接出现的哲学方法的根源就在于此，那种哲学方法不外是夸夸其谈、故作神秘和高深、混淆视听以蒙蔽欺骗。这一哲学方法的时期，将来在哲学历史中会被称为“不诚实的时期”。因为诚实的特征，那种更早时候的哲学作品所带有的与读者共同探究的特性，在此消失不见了。这一时期的假冒哲学家并非要教导、启发读者，而是一心要迷惑读者，他们的每一页纸都证明了这一点。这一时期的闪亮英雄是费希特和谢林，最后还有一个不配与他们相提并论的、比这两个有才华的人要低级得多的家伙——既傻乎乎又无聊的江湖骗子黑格尔。组成赞歌合唱团的是各式哲学教授：他们带着一副郑重其事的表情向公众胡诌什么“无限”“绝对”及许多其他种种，所有这些东西都是他们绝对不可能知道的。

甚至可怜的俏皮话也必须用作铺垫通往理性先知的阶梯，因为“理性”（Vernunft）一词出自“知悉”（Vernehmen），所以说理性是一种能力，能知悉所谓“超感官的东西”（“太虚幻境”或“空中楼阁”）。这

539 想法得到了不计其数的赞许，在德国这三十多年来，被人们带着难以形容的满足不厌其烦地重复，甚至被当作哲学学科系统知识的奠基石，而清楚的事实是："理性"当然出自"知悉"，只是因为理性给了人们相对于动物的优势，并不只是能听，而且还能"知悉"，但不是知悉在"太虚幻境"中所发生的事情，而是知悉一个理性的人对另一个有理性的人所说的话，这些话被后者所知悉，这知悉的能力称为理性。任何民族、任何时候、任何语言，都是这样理解"理性"概念的，也是把握普遍的、抽象的、并非直观的、被称为概念的、要以字词标示和固定下来的想法和表象的能力；唯独这一能力让人有了相对于动物的真正优势。因为这些抽象的想法、表象、概念，亦即集合了许多单个事物的代名词，导致了语言，通过语言导致了真正的思考，通过这思考不仅导致了对现时的意识——这意识动物也是有的——而且还导致了对过去和将来的意识，由此又导致了清晰的回忆、周全的考虑、未雨绸缪和设定目标、许多人一起按计划协作，以及国家、职业、艺术、科学、宗教、哲学，等等；一句话，导致了让人的生活明显有别于动物生活的一切。对动物而言，只有直观的表象，因此只有直观的动因：动物的意欲行动依赖于动因，因此而变得显而易见。至于人，这种依赖动因也是一样的，动因也以最严格的必然性把人们活动起来（以他们的个体性格为前提条件），只不过这些动因大多数不是直观的表象，而是抽象的表象，亦即概念、想法，是之前的直观表象，亦即外在对其影响的结果。这给予了人某种相对的自由，亦即与动物相比的自由。这是因为决定人的意欲行为的，并不像决定动物的意欲行为那样是直观的、现时的环境和情势，而是从前人的经验中汲取的，或者从所受的教育中接受过来的思想。因此，那必然推动着一个人的动因，并非与行为一道在同一时间呈现在旁观者的眼前，而是由这个人随身携带在头脑里。这不仅让这个人整 540
体的行为和做事，而且还让这人的一切活动都有了某种与动物的活动明显不同的特征：他就像受着纤细的、肉眼看不见的线绳的操纵，因此，他的一切活动都带有目的和打算的印记，这给了他一副独立自主的外表，让其明显地与动物有所不同。所有的这些巨大差别却完全有赖于抽象表象、概念的能力。因此这能力是理性的本质性东西，亦即让人类有别于众生物的能力，是在多种语言中称为 το λόγιμον、το λογιστικον、ratio、la ragione、il discorso、raison、reason、discourse of reason 的东西。假如有人问我，这理性与理解力、智力，即与各种语言中的νοῦς、intellectus、entendement、understanding 的区别，我会说理解力是动物也具有的认知能力，只是程度有所不同而已，我们在最大程度上拥有这能力，即拥有直接的、先于一切经验的对因果法则的意识，因为这因果法则构成了理解力的形式，理解力的整个本质就在于此。有赖于这理解力的首先是对外在世界的直观，因为感官本身只能感觉、感受，感觉和感受远远不是直观，而是直观的主要素材，"理解力在看，理解力在听，其他的既聋又瞎"。直观是因此而产生的，我们直接把感官的感觉与其原因联系起来，这些原因恰恰是通过智力的行动而在我们的直观形式——空间——中呈现为外在的物体。这恰恰证明了因果法则是我们先验意识到的，并非来自经验，因为这经验本身既然以直观为前提，只有通过因果法则才成为可能。所有杰出的理解力，所有的精明、机敏和洞察力，

都在于这种完美地直接把握因果的关系，因为完美地直接把握因果的关
541 系，是一切有关事物间关联的知识（在这字词最广泛的意义上）的基础。这种把握的透彻性和准确性造成了一个人比另一个人更有理解力、更精明、更狡猾。另一方面，在任何时期，人们都会把不听任直观印象左右，遵循思想和概念的指引，因此在行事时始终深思熟虑、坚持不懈和谨慎周详的人称为理性的。这种处事无论在哪里都会被称为理性的处事。但这根本不意味着正直和仁爱。更准确地说，一个人可以在行事时至为理性，亦即深思熟虑、谨慎周详、有始有终、拟好计划和讲究方法地行事，与此同时，却可以遵循至为自私自利的、极不公正的，甚至极为卑鄙无耻的准则。因此，在康德之前，并没有任何人会想到正直的、高尚和高贵的行为与理性的行为是同一的，而是把这两种行为分辨得很清楚，两者也保持分开。一种行为基于动因的种类，另一种行为基于基本准则的差别。只是在康德以后，既然美德据称出自纯粹的理性，那么，有美德的与理性的就成了同样的东西——对此尽管各个民族的语言表达并不这样认为，那样的语言表达并不是偶然的，而是人们普遍得出的，因此是互相一致的认识。“理性的”和“道德败坏的”可以很好地结合在一起；事实上，也只有在这两者联合起来的时候，巨大的、涉及面广的犯罪才成为可能。同样，“非理性”和“高尚”也很可以并存，例如，假如我今天给了一个贫困之人一些东西，这些东西是我自己明天比他还更迫切需要的；或者假如我情不自禁地送给了一个窘迫之人一笔钱，而这笔钱是我的债主正等着我偿还的，以及非常多的其他类似情形。

但是，正如我所说的，把理性拔高为一切美德的源泉基于这样的声称：理性作为实践理性自动给出了无条件的命令，那是纯粹先验的、犹如神谕和圣言一般；与此声称结合在一起的还有在《纯粹理性批判》中提出的对理论理性的错误解释：实践理性是一种能力，本质上指向那形成三个所谓观念的无条件者（这不可能是理解力先验就认出的）。这种对 542
理性的拔高，作为“引人仿效的先例”，导致那些以雅各比为首的胡说八道的哲学家得出了直接知悉“超感觉东西”的理性，也让他们这样荒谬地声称：理性本质上是一种为了解一切经验以外的事物，亦即为了解形而上学而设的能力，理性直接和直觉地认识一切事物和一切存在的终极根据，以及超感觉的东西，还有绝对、上帝和神灵，等等。对诸如此类的声称，假如人们愿意运用而不是神化他们的理性的话，那只需要这一句简单的意见，必然早就驳斥了：假如人们借助于那个为解决这世界的难题而设的、构成了他们的理性的独特器官，在其身上与生俱来就有一套只需发展起来的形而上学，那么，关于形而上学的话题，人们必然有完美的和谐一致，正如他们对算术和几何学的真理有完美的一致一样；这样的话，完全不可能在这世上存在这么多根本上不一样的宗教和更多的根本上不一样的哲学体系。情况更应该是每一个在宗教或者哲学上的观点与其他人不一致的人，必然马上被视为脑子不完全正常。人们也同样必然会注意到下面这个简单的事实。假如我们突然发现一种猿猴有目的地准备好工具打斗或者建造，或者其他用途，我们就会马上认为它是有理性的；相比之下，假如我们发现的确有某些野蛮的民族并没有任何形而上学或者宗教，那我们不会想到因此缘故而否认他们是具有理性的。康德通过《纯粹理性批判》让那显示了所谓超感觉知识的理性返回界线之内，但雅各比的那种可直接知悉超感觉的理性，肯定
543 是真的认为不值得批判。与此同时，在大学，一种类似的、直辖帝国的理性却仍然诓骗我们天真无邪的青年学子。

注释

假如我们想对有关实践理性的假定寻根究底，必须往上一点追寻其谱系。我们就会发现那是源自某一被康德本人彻底批驳过的学说，但在这里，这学说却作为对更早时候的思维方式的记忆，秘密地甚至在他本人都不曾意识到的情况下，构成了他的有关某一实践理性及其命令和自由自治的假定的基础，即理性心理学。据此，人是由两个完全不同的实体组成的，物质性的身体和非物质性的灵魂。柏拉图第一个把这教义正式提了出来，并试图证明这是客观真理。笛卡尔把其引至完美的顶点和推到极致，因为他对此予以细致和科学严谨的阐述。正因为这样，理性心理学的错误就暴露出来了，并接连由斯宾诺莎、洛克和康德说明了。斯宾诺莎（他的哲学主要是反驳他的老师的双重二元论）直截了当地反对笛卡尔的两种实体，并把这命题作为他的基本命题："思考的实体和延伸的实体是同样的实体，只是我们对同样的实体的理解和把握，一会儿是这一特性，另一会儿是那一特性。"洛克也给出了解释，因为他驳斥了观念是与生俱来的说法，认为一切知识都是从感官感觉推导出来的，并教导说物质能思考并不是不可能的。康德透过《理性心理学批判》第1版作了相关阐明。另一方面，与此相对立的、维护

拙劣一方的是莱布尼茨和沃尔夫，这让莱布尼茨有了与跟他如此不同的、伟大的柏拉图相互比较的荣耀，这荣耀他是不应获得的。但这里不是详细讨论这些的地方。可是，根据理性心理学，灵魂原初和本质上是认知的存在物，只是因为这样，灵魂才是意欲的存在物。根据灵 544
魂在这些基本活动中，是纯粹单独地和身体不相混杂地工作，抑或与身体结合一道工作，灵魂也相应地有一种更高级的或者更低级的认知能力，以及同样一种类似的意欲能力。在发挥高级的能力时，非物质的灵魂是在完全单独地和没有身体共同作用的情况下活动的，因为它是“纯粹的智力”，唯独与只隶属于它的东西打交道，因此并不关心感官性的表象，只涉及纯粹精神性的表象和类似的意欲行为，这些都不带有任何感官性的东西，因为这些是来源于身体的。[1] 那么，在这种情况下，它只认识纯粹抽象的、普遍的、与生俱来的概念、“永恒的真理”，等等。据此，它的意欲（意愿）活动也唯独处于这样纯粹的精神表象的影响之下。相比之下，灵魂的更低级的认知和意欲（意愿）能力，是与身体及其器官联合作用和紧密结合的结果；这样一来，在纯粹的精神思想作用方面就受到了妨碍。属于这方面的，据称是每一个直观的认知，这些直观认知据此变得不清楚和混乱了；相比之下，抽象的认知由抽象而来的概念组成，是清晰的！现在，受到这样的感官认知条件左右的意欲（意愿）是低级的和通常都是差劣的，因为它的意欲活动由感官刺激所引导，另一种意欲（意愿）更为纯净，由纯粹的理性所引导，唯独属于非

[1] “纯粹的智力是不涉及任何身体图像的智力。”笛卡尔，《沉思录》，第 188 页。

物质的灵魂。笛卡尔主义者德·拉·福尔日在《论人的精神》至为清楚地阐述了这一学说。在第23章，他写道："那只是同一个意欲(意愿)，在某一时候称为感官的欲望——如果那是受到判断的刺激、经过感官感知以后所产生的；在另一时候，又被称为理性的欲望——如果那是精神思想在涉及自己的观念方面形成判断，是独立于那些混乱的感官看
545 法，后者就是其倾向的原因。……让人们把那意欲的两种不同倾向视为两种不同的欲望能力的，是其中一者相当频繁地与另一者相互对立，因为精神思想在自己的感知的基础上建造起来的打算和意图，并非总是与身体状态输送给精神思想的想法相吻合；这样的话，精神思想就经常受到决定性的影响而去意欲(意愿)一些东西，它的理性又想影响它去意欲(意愿)一些其他别的东西。"对这些观点并不那么清晰意识到的记忆，最终产生了康德关于意志是独立自主的学说，独立自主的意志作为纯粹的、实践理性的喉舌，为所有理性的存在物立法，并且只认识形式性的动因——这些动因是与物质性动因相对立的，后者只决定了低级的欲望能力，高级的欲望能力则抗衡这些物质性的动因。

此外，只是自笛卡尔以后才系统地表述出来的整个观点，早就见之于亚里士多德的著作。这个观点在亚里士多德的《灵魂论》(第1，1)中足够清楚地表达了出来。柏拉图在《菲多篇》(第188、189页，比蓬蒂尼版)早就为此观点铺平了道路，并简述了这一观点。在笛卡尔系统化和强化了这一观点以后，我们发现百年以后这观点变得相当大胆无畏，并被推到了极致。不过，也正因此而导致了失望，即穆拉托里在《论想象的力量》第1—4和13章对那时流行的观点为我们给出了概括

总结。在那里，想象——功能是基于感觉材料对外在世界的整个直观——被视为一种纯粹物质性的、身体性的、脑髓的器官（低级的认知能力），非物质性的灵魂只是思维、回想和作出决定。如此一来，这事情就变得明显可疑了，人们也肯定感觉到了这一点。因为假如物质有能力对世界作直观的、如此复杂的把握，我们就不明白为何物质没有能力从这直观作出抽象，并因此可以作出所有其他的事情。很明显，抽象不是别的，只是去掉对每一次的目标来说并不需要的一切限定和规定，亦即个体的和专门的差异。例如，假如我把绵羊、牛、鹿、骆驼等所特 546
有的东西忽略掉，并因此得出“反刍”的概念，在操作过程中，那些想法和看法就失去了直观性、形象性，只是作为抽象的、非直观的设想、概念，现在需要字词以便能在意识中固定下来和运用。鉴于所有这些，我们看到康德在创立和提出他的实践理性及其命令时，仍然受到了那种旧学说的后果的影响。

§7. 论康德伦理学的最高原则

在前面的章节，我对康德伦理学事实上的基础检验了一番。在这之后，现在我着手处理建基于这基础之上的最高原则，最高原则是与这基础紧密相连的，事实上是与这基础一道产生出来的。我们记得那原则是这样说的：“你只根据此准则行事，这准则也就是你所能愿意对所有有理性之人都普遍适用的。”我们姑且忽略这一点，即这是古怪的做法：对一个据此假设在寻找某一指导自己要做什么和不要做什么的法则的人这样答复：他应该先找出某一指导所有可能的理性存在物要做什么和不要做什么的法则。我们只说这一事实好了：上述康德所提出的基本准则显而易见还不是道德原则本身，只是找到道德原则的启发式准则而已，亦即只是指示了在哪里可以找到道德原则。好比虽然这还不是真金白银，但是一张可靠的、信得过的银行汇票。到底谁是兑现这汇票的人呢？马上就可以说出真相：兑现者非常让人意想不到，不是别人，正是这个人的利己心。这一点我稍后会清楚说明。

因此，那条格言本身即我所能愿意人们都会据以行事的准则本身，本来就是真正的道德原则。我所能愿意是那给出的指示翻转的转枢。
547 但我能真正愿意什么，又不能愿意些什么呢？很明显，要确定我在这所说的方面可以愿意什么的话，我还再需要一个规定，因为只有有了这一规定，我才首先有了打开好比密封指令一样的指示的钥匙。此规定又在哪里呢？除了在我的利己心那里，不可能还在任何别处，利己心是一切意欲行为最贴近的、时刻准备着的、原初的和充满活力的标准和规范，与每一道德原则相比，起码有“先占领者的权利”。康德的最高原则所包含的有关发现真正的道德原则的指示，也是基于人们心照不宣的前提假设：我只能意愿对我最为有利的事情。那么，既然在确定某一普遍遵循的准则时，我肯定不可避免地视自己不仅总是主动的一方，而且也可能和不时地是被动的一方；所以，从这一角度看，我的利己心赞同公正和仁爱，并不是因为那利己心很想要做出这些，而是因为它想要受到这些对待，正如吝啬鬼在听了关于行善的布道以后所喊出来的：

这说得多么的透彻，多么的美妙——

我都几乎想要去乞讨了。

解读那指示——康德的最高道德学原则就在于那指示——这把不可
缺少的钥匙，康德不得不自己补充，但他不是在提出那最高原则的时候
马上做这事情，因为那会招人反感，而是距离这相当远的地方和在文本
的更深处，以免给人马上看到：在此，尽管那是庄严崇高的先验机构，
但坐在法官椅子上对事情作决定的其实是利己心；在它从可能的被动一
方的角度出发作了决定以后，这对主动的一方将是有效的。在第 19 页
（罗版第 24 页）是这样写的：“我无法愿意有一可以撒谎的普遍法则，因
为人们会不再相信我，或者以其人之道还治其人之身。”还有，在第 55
页（罗版第 49 页）：“这个普遍的法则，即每个人都可以随口许下诺言， 548
但并没有意图要信守此诺言，就让许诺和人们借许诺所要达到的目的变
得不可能，因为无人再相信任何诺言了。”在第 56 页（罗版第 50 页），与
无情、残忍的格言相关的是这样说的：“一个愿意无情、残忍的人是自我
矛盾的，因为会出现他需要别人的爱和关心的情形，由于这一个他发自
自身意愿的自然法则，也就剥夺了愿意自己得到帮助的一切希望。”同
样，在《实践理性批判》第 1 部分第 1 卷第 2 章第 123 页（罗版第 192
页）：“假如每个人都对其他人的困境一副无所谓的态度，你属于这类情
形，那你会意愿赞同身处这其中吗？”——回答是：“我们会同意：那些
对我们自身不利的东西，其制定是多么的轻率！”（贺拉斯语）这些节选
句子足以说明在康德道德学原则中那“所能愿意”是什么意思。康德

的道德原则的真实性在他的《道德学说的形而上学基本知识》§30至为清楚地表达了出来:“这是因为每一个人都渴望得到别人的帮助。假如一个人声张出去自己的格言是不愿意帮助别人,那每个人都有权拒绝给他帮助。自私自利的行为准则也就与自身相矛盾了。”有权,那写道,有权!在此,也就说得再清楚不过了:承担起道德义务,完全取决于那前提条件的互惠,所以完全是自私的,只能从自我、利己得到解释,而这自我、利己在互惠的条件下,很聪明地达致了互让和妥协。要为联合国家的原则给出理据的话,这是合适的,但要为道德原则给出理据,这是不行的。在《道德的形而上学奠基》第81页(罗版第67页)是这样说的:“这一原则,始终依照你也同时能愿意成为普遍规则的行为准则
549 而行事,是一个人的意愿(意志)永远不会与自身相矛盾的唯一条件。”“矛盾”一词的真正解释是:假如一个人的意愿认可了非义和残忍的行事格言,在这以后假如他有可能成为受害的一方,他就会收回这认可,那意愿因此是矛盾的。

这样分析就变得非常清楚了,康德的基本准则并非如他不停宣称的是一个绝对命令,事实上是一个假言命令,因为命令的基础是这个秘而不宣的条件:这条为我的行为而设置的法则,被我提升为普遍都要遵守的法则,也将为我受害而设置;我在此条件下,作为有可能被动的一方,当然不会愿意遭受非义和无情、残忍的行为。但如果我取消这个条件,相信自己例如具有高人一筹的思想和身体力量,始终只是主动的一方和永远不会是被动的一方,那么,在选择人人都要遵循的准则时,假设除了康德的道德学基础以外,再没有任何别的道德学基础,那我相当肯定愿意把非义和无情、残忍作为普遍的准则,并据此统治这世界:

就按照简单的计划，

谁强力谁就取得，

谁能做到谁就占有。

——华兹华斯

先前的章节已经阐明康德道德学的最高原则缺乏真实的理据基础。
除此之外，最高原则还隐藏着假言、假定的特性——虽然这与康德明确断
言的并不相符。由于那最高原则的假言特性，甚至最高原则只是建基于
自我、利己之上，自我、利己就是最高原则所给出的指示的秘密解释者。
再者，最高原则只是作为公式考察的话，只是对人所周知的这一准则改换
了另一种的、委婉的表达方式：“不要做出你不想别人对你做出的事
情。”——亦即假如我们去掉这一准则中的两个否定词，从而去除准则唯 550
一只包含了公正义务而不包含仁爱义务的瑕疵。因为显而易见，这是一
条我(当然考虑到我有可能处于被动的角色，因此出于利己的考虑)唯一
能愿意任何人都要遵循的准则，即“不要做出你不想别人对你做出的事
情”，只是对被各个道德体系都一致要求的这种行为方式的变换说法，或
者说是这行为方式的前提，这种行为方式由我至为简单和纯粹地表达为
这一命题：“不要伤害任何人，而要尽你所能地帮助所有人。”这是并且
永远是道德学的真正纯粹内涵。但这是基于什么样的理据和基础呢？
又是什么给予这一要求以力量呢？这是时至今日还摆在我们面前的、
古老的、艰巨的难题。因为从另一边看，利己主义大声地高喊：“不帮
助任何人；假如损害所有人就能给自己带来好处，那就损害所有人。”

恶毒者甚至给出这一变种："尽你所能地伤害所有人。"如何以势均力敌，甚至更强大的斗士来阻挡这样的利己心、恶毒心，是所有伦理学的难题。"你就当这是罗兹市吧，你跳给大家看看！"*

康德打算（第57页，罗版第60页）以这样的方式来证明他提出的道德原则是可靠的：从道德原则中推导出早已承认了和确实基于道德本质的义务划分，即公正的（或法律的）义务（也称为完全的、必不可少的、狭隘的义务）和道德的义务（也称为不完全的、宽泛的、可嘉的、但最好称为仁爱的义务）。不过，康德做得如此勉强和得出的结果明显如此不堪，反倒有力地证明了他提出的最高原则是不成立的。这是因为公正的或法律的义务据称是基于一条这样的准则，与其相反的、作为普遍自然法则的情形，是完全无法不带矛盾地想象出来的；但道德义务基于这样的准则，与其相反的情形虽然可以作为普遍的法则想象出来，但不可
551 能是我们所意愿的。现在我恳请读者思考一下，非义的准则：获胜的是强力而不是正义——据称作为自然法则甚至是不可想象的——其实是真正的和实际上在大自然普遍流行的法则，不仅动物世界是这样，人类世界也如此。这造成的不利后果，文明人试图通过国家机构和机器来避免，一旦取消了或者规避了这些国家机构和机器——不管在哪里和具体方式为何——上述大自然法则就会马上再现。大自然法则在国家（民族）与国家（民族）之间持续不断地普遍存在、占据主流，这些国家之间

* 出自伊索寓言《罗兹之跃》，说的是一个从外国回来的人，整天吹嘘他见到的和在那里做过的奇异之事。他也吹嘘在罗兹市跳跃了超长的距离。"罗兹市很多人都目睹这一跃，他们可以作证。"一个听者就说了："不用找那些证人了。你就当这是罗兹市吧，你跳给大家看看！"

流行的正义一类的行话，众所周知，只是外交的官方文体，粗暴武力才是定夺者。相比之下，真实的，亦即并不勉强的正义虽然确实是有的，但却始终只是大自然法则的例外。此外，在划分之前所给的例子里，康德首先（第 53 页；罗版第 48 页）通过所谓对自己本人的义务——例如不能自愿结束自己的生命，假如那苦难压倒了舒适享受——证明公正（法律）的义务。这一准则因而据称作为一条普遍的自然法则也是不可想象的。我认为既然在此国家武力无法介入，那条准则恰恰不受干扰地显示为真实存在的自然法则。因为这是一条相当确切的普遍规律：一旦人那与生俱来的非常强大的求生本能被巨量的痛苦明显压倒，那人的确是会自杀的。这是每天的经验告诉我们的。总的来说，认为会有某个思想，在与每一个生物本性相连的、对死亡如此强烈的恐惧已显示出无能为力以后，阻止这人自杀，亦即有一个比对死亡的恐惧更有力的思想，那可是一个大胆的设想。尤其当我们看到这样的思想如此难找，以致道德学家们还不知道如何确切地给出这一思想，那情形更是如此。至少康德借此机会在第 53 页（罗版第 48 页）和 67 页（罗版第 57 页）
针对自杀所提出的议论，并不曾可靠地哪怕只在一瞬间制止任何一个生 552
活的厌倦者。因此，一条毫无争议的、事实上存在的，并且每天都在发挥作用的自然法则，为了有利于从康德的道德原则推论出义务划分，就被宣称为不带矛盾，甚至无法只是想象！我承认我是不无满意地在此展望，我在接下来的部分所提出的道德的理据基础——由此理据，可以毫不勉强地得出法律义务和爱的义务（更准确地说，是公正和仁爱）的划分，通过一条出自事情本质的区分原则，这是完全自然而然地划出清晰界线的，以致我对道德提出的理据，可以夸口在事实上经受住了考验，在这方面，康德声称道德学理据所经受的那些考验是毫无根据的。

§8. 论从康德伦理学的最高原则派生出来的形式

众所周知，康德也以完全另外一种措词提出他的伦理学的最高原则；在另一种措词中，他并不像第一种措词那样只是间接地、以指示在哪里可找到那最高原则的方式表达出来，而是直接提出最高原则。他从第63页（罗版第55页）开始为此铺平道路，方式是对“目的”“手段”概念作出极其古怪的、很不自然的，甚至乖僻的定义，而“目的”和“手段”其实可以更简单和更准确地定义为：*目的*是一个意欲行为（行动）的直接动因，*手段*是间接动因（“简单是真理的印记”）。康德却透过奇特的定义，蹑手蹑脚地得出了这一命题：“人和每一理性的存在物，都是*作为目的本身*而存在的。”但我必须直截了当地说，“*作为目的本身而存在*”是一个不成想法的“想法”，是一个自相矛盾的说法。成为目的的意味着被意愿。每一个目的之所以是目的，只是涉及了某一个意愿（意欲、意志），而意愿的目的是如所说的意愿的直接动因。由于这一关系，*目的*的概念才有了意义；一旦目的脱离了这一关系，目的就失去了
553 这意义。目的的本质性的关系必然排斥掉一切所谓的“本身”，“目的本身”等于说“朋友本身、敌人本身、叔父本身、北方或者南方本身、上方或者下方本身”，等等。从根本上“目的本身”与“绝对的应该”是同样的情形，两者的骨子里都是那秘密的，甚至无意识的、作为条件

的同一个神学思想。那“绝对的价值”的情形也好不了多少，而“绝对的价值”据称属于这一所谓的、却无法想象的“目的本身”。我也必须毫无怜悯地把这打上“自相矛盾”的印记。每一个价值都是在比较之下的数值，甚至必然处于双重关系，因为首先那是相关的，是对某人而言的；其次，那是相比较的，因为那是在与某一别的相比较时根据这一比较而评估出来的。脱离了这两种关系，价值的概念就失去了所有的含义，这是很清楚的事情，并不需要更多的分析。正如以上那两个定义损害了逻辑，同样，在第 65 页（罗版第 56 页）的命题——不具理性的生物（亦即动物）是物品，因此也应被视为只是手段，不会同时也是目的——损害了真正的道德学。与此相吻合的是，在《道德学说的形而上学基本知识》§16 直接写的“人除了对人以外，对任何其他生物并没有任何义务”；然后，在§17 我们看到：“残忍对待动物是与我们对我们自身的义务相违背的，因为那会麻木人对它们的痛苦的同情心；这样就削弱了我们的一种自然素质，这种自然素质对与他人相关的道德是非常有用的。”因此，只是为了练习的缘故，我们才应对动物怀有同情，动物好比病理学的模型，是让我们练习对人的同情的。我与整个的、非伊斯兰教（亦即非犹太教）的亚洲一道，对这样的说法感到愤慨和恶心。与此同时，在此再次地显示出这些哲学道德学，正如上面所述，完全只是一套乔装打扮的神学道德学，其实是依附于《圣经》的道德学。也就 554
是说，因为基督教的道德学并没有考虑到动物（这在后面更详细讨论），所以，动物在哲学的道德学中马上失去了法律的保护；它们只是“物品”，只是为了某一任意的目的的手段，因而可被解剖、可被人骑马纵狗围猎、用以斗牛和赛马、拉着载满石头一动不动的车子被鞭打至死，等等。呸！这样一种贱民和野蛮人的道德学，无法认清众生所具有的永恒本质，这永恒本质从一切看得见阳光的眼睛、连同深不可测的含意照射出来。这种道德学只知道和顾及自己尊贵的物种，理性的特征是一样的生物是否可以得到道德照顾的条件。

走着这坑坑洼洼的路径，确实是“哪管是对还是错”，康德终于成功用第二种措词表达了他的伦理学的基本原则：“行为的准则是任何时候，你都要把既在你身上的也在每一个别人身上的人性同样地作为目的而应用，永远不仅只是作为手段。”这以非常人为、造作的方式和拐弯抹角地说出的话是：“不要只考虑你自己，还要考虑到别人”，这又是对这一命题改换的说法：“不要做出你不想别人对你做出的事情”；正如我已说的，这命题只包含了推论的前提，得出的结论也是一切道德学和道德论述最终和真正的目的，即“不要伤害任何人，而要尽你所能地帮助所有人”。就像所有优美的东西一样，这一命题在赤裸的时候展现得最好。不过，在康德第二条道德公式里面，据称对自己的义务是有目的和非常笨拙地拉进去的。关于这一点，我在上面已经说明了。

此外，针对那公式，还可反驳：罪犯就要被处决了，而且有充分的理由，只是被当作了手段而不是目的加以利用，也就是作为必不可少的手段，透过法律的执行而维持法律的威慑力——法律的目的正在于保持威慑力。

555 那么，虽然康德第二个公式既没有为奠定道德学的理据基础作出些什么贡献，也不可以视为充分和直接表达了道德学规定的最高原则，但是，这公式在另一方面的优点是包含了某一细腻的心理—道德学的洞察和概要，因为它以一个至为典型的标记把人的自我、利己标示出来了，在此颇值得仔细阐明。也就是说，这自我和利己在我们所有人都满溢着的、发明了礼貌以便为其遮掩的不光彩部分，就以这样的方式透过所有遮盖上去的外纱表露出来：我们对每一个所遇到的人，都像出于本能似的首先只是寻求某一可能的手段，以服务于我们始终无数的目的中的某一个。每认识一个新人，我们的第一个念头通常是这个人是否对我们有什么用处；假如他在任何一方面都没用，那对大多数人而言——一旦他们确信了这一点——这个人就等于什么都不是了。在每一个他人那里寻求某一可能的手段以实现我们的目的，亦即寻求某一工具，几乎成了人的目光本质：至于那工具在被使用时是否会或多或少受到损害，却是在很迟以后才会出现的念头，很多时候那念头根本就不会出现。至于我们也假定了他人是这样的考虑方法和态度，表现在许多方面，例如，在我们向某个人了解情况或者请求建议时，一旦我们发现这个人可能对这事情有某些哪怕是很微小的或者间接的利益关系，我们就会对他所说的失去一切信任。这是因为我们马上就会假定他将要利用我们作为工具以实现他的目的，因此，他给出的建议并非根据识见，而是根据他的目的——哪怕那识见很高明而他的目的却相当微小。这是因为我们对此太了解了：一立方毫米的目的打算就压过了一立方米的识见。另一方面，在这样的情形里，面对我们的发问："我该怎么做？"另一方常常不会想到别的，只会想到依照他的目的我们所要做的，所以，他会在不曾稍稍想想我们的目的的情况下，马上犹如机械似地回应这样的建议，因为他的意欲（意愿）在问题还未能得到真正判断力的审视和判定就

556 直接口授了回答。因而他是依照他的目的来引导我们，连他自己都没有意识到这一点。他误以为所说出的是自己的见解，其实他只是说出了目的打算；确实，他可以在这方面走得如此之远，甚至连撒谎都不自知。意欲的影响如此压倒了认知的影响。所以，至于一个人说出他的见解，抑或他从自己的目的打算出发说话，这个人自己的意识的证词并非有效的，通常他的利益的证词才是有效的。再举一个例子，一个正受到敌人追击、处于极度恐惧中的人，在向一个遇到的小贩打听逃跑的小路时，那个被问路的小贩有可能会这样回应他的询问："你是否需要我的一些物品？"这意思并不是说情形都是如此，其实，确实有不少人会对他人的苦乐有直接、真心的关切，或者用康德的话说，会把他人视为目的而不是手段。但一个人在多大程度上把他人视为目的，而不是惯常地视为手段——就是衡量人们的性格之间巨大的伦理方面的差别的标准，也是这方面的最终关键所在；也正因此是伦理学的真正基础——我在接下来的部分就要着手讨论。

康德因此在第二个公式中以极为典型的标记，把自我及与其相反的东西标示出来；这点闪亮之处我是更想突出强调的，并且通过讲解说明让其更清楚地展现，因为很遗憾，我对康德伦理学基础的其他方面的认可寥寥可数。

康德提出的道德原则第三个和最后一个形式，是意志（意愿、意欲）的独立、自主："每一个有理性的存在物的意志都是为所有有理性的存在物普遍立法。"这当然是从第一个形式推论出来的。据称从现在这一形式（根据第 72 页；罗版第 60 页）就可看出绝对命令的识别标记是这一点：那出于义务的意愿是放弃一切利益的。一切之前的道德原则因此而失败了：“因为它们都始终把某一利益（兴趣），不管是强迫抑或诱惑，作为行为的基础；而这利益可能是自己的或者他人的。”（第 73 页；罗版第 62 页）（甚至他人的利益，这一点要请读者注意。）“相比之下，一个普遍的立法意志（意愿）却出于义务给出行为的规定，那些行为并非基于任何利益。”但现在，我恳请读者想一想这到底想要说的是什么，事实上是一种没有动因的意愿，也就是没有原因而产生出作用效果。利益和动因是可互换的概念，“利益”难道不是我所关心的东西？难道不是总的来说一切刺激和驱动我的意欲之物？所以，某一利益除了是某个动因对意欲的影响以外，还会是别的东西吗？因此，一个动因驱动意欲之处，意欲在那里就有了利益；但没有任何动因驱动那意欲的话，意欲的确不会行动，跟没有受到碰撞或者拉曳的一块石头不会从原位移动一样。这一点不需要向有学问的读者说明和论证了。由此可得出这一结论：因为每一个行为（行动）必然有一个动因，也就必然可假定有某一利益。康德提出了第二种全新的、并没有任何利益驱动的行为，亦即没有动因而自动做出的行为。这些据称是公正和仁爱的行为！要反驳这些荒诞的设想，只需把这些设想还原其真正和本来的、由于玩弄“利益”字词而被隐藏了的含义。与此同时，康德（第 74 页及以下，罗版第 62 页）在以目的王国的名义下所提出的一个道德乌托邦中，欢庆他的独立自主的意志（意愿）的胜利——这个道德乌托邦里的居民只是抽象中的纯粹理性存在物：这些理性存在物无一例外持续地意愿着，却又并不意愿某一样东西（亦即没有利益）；它们只是意愿这样东西：所有的一切始 557

终依照一句准则而意愿(亦即独立自主)。“想不写一首讽刺诗歌，真的很难。”

除了这小小的、天真无邪的目的王国以外——我们尽可以让目的王
558 国完全无害地安静在那里——康德的意志(意愿)的独立、自主却把康德引到了某些别的更具严重后果的东西，亦即引到了人的尊严的概念。尊严只是基于人的独立自主，尊严就在于他应该遵循的法则是由他自己立下的，因此，他与这法则的关系，犹如某一宪政的臣民与宪政法则的关系。这至少有可能作为康德道德体系的装饰物继续保留着。不过，这措词“人的尊严”一经康德说了出来，就成了所有没有主见、没有思想的道德学家的口号。这些家伙用使人印象深刻的措词“人的尊严”，以掩藏他们其实缺乏道德学的一个真正的，或者起码稍有内容的理据基础，因为他们聪明地估计到了读者也喜欢有这样的尊严，并因此很受用。[1]但我们稍稍更仔细地检查一下这一概念，并放在实际情况中检验。康德(第79页，罗版第66页)定义“尊严”为“一种无条件的、无法比较的价值”。这种解释由于说得大义凛然、掷地有声而给人深刻印象，以致不会轻易有人胆敢对其仔细地检查一番；否则，他就会发现那也不过是一个空洞的夸张说法，里面是啃咬的虫子一般的语词矛盾。每一种价值是对一样事物在与另一样事物的比较中所作的评估，即一种两相比较的概念，因而是相对的，这种相对性构成了价值概念的本质。

---

[1] 第一个把“人的尊严”明确地和唯一地定为伦理学的奠基石，并因此详细解释的人，似乎是G. W.布洛克，在《道德哲学的新的奠基》中，1802。

斯多葛主义者早就(根据第欧根尼 · 拉尔修，第 7 部，第 106 章)正确地
教导说：“价值是由一位专家对一样被评估的东西所作的相等的估价，例
如，以小麦换取大麦外加一只驴子。”一种无法比较的、无条件的、绝对 559
的价值——据称是那所说的“尊严”，因此，像哲学中的许多东西一样，
以字词写下一个无法思维和想象的思想，正如最高的数字或者最大的空
间一样，是难以思维和想象的。

在思想概念力有不逮的时候，
字词就适时顶替了位置。

所以，透过“人的尊严”，一个最受欢迎的字词就此上了轨道：从此以后，每一套经由所有类别的义务和所有咬文嚼字而编织出来的道德学，通过“人的尊严”的说辞，就有了一个广阔的基础，站在这基础之上，他们高高在上惬意地向下展开布道。

在阐述的结尾(第 124 页；罗版第 97 页)，康德说：“纯粹的理性，在没有其他从随便某处而来的动因的情况下，是如何独自本身成为实践的，亦即作为法则的只是所有准则的普遍适用性原则，在没有意愿(意志)的对象物的情况下，即没有我们从一开始就产生兴趣的东西的情况下，是如何独自本身提供某一可称为纯粹道德性的动力和产生兴趣的；或者用其他的话说，纯粹理性是如何能够成为实践的？——要解释这一点，人的所有理性都是不足够的，一切努力和工作都是白费的。”那么，我们应该记住，假如有人声称某样东西是存在的，其可能性甚至是

无法理解的，那这东西的真实性必须得到事实证明。 实践理性的绝对命令明确地不是作为意识中的一个事实提出来的，也不是以经验为理据。 相反，我们还常常被提醒，这绝对命令并不是透过诸如此类的人和经验的途径就可找到的(例如，“前言”第 6 页，罗版第 5 页；以及第 59、60 页，罗版第 52 页)。 再者，我们还反复得到保证(例如第 48 页，罗版第 44 页)：“并不是经由例子、因而不是透过经验可以解决这一问
560 题：是否到处都存在这绝对命令。”然后在第 49 页(罗版第 45 页)：“绝对命令的真实性并不存在于经验之中。”假如我们总结一下这些，的确不禁怀疑康德是否在拿他的读者开玩笑。 虽然这种做法对当今的德国哲学公众来说，估计是允许的和合适的，但在康德时代，没有表明是这样的。 此外，伦理学恰恰是最不适合开玩笑的。 因而我们必须坚持确信这一点：一样东西既无法理解为可能的，也无法在现实中证明为真实的，那对其存在就没有任何认证。 但假如我们现在只是试图借助于想象来领会和掌握这存在，试着想象出一个这样的人：心灵被某一说着绝对命令的绝对应该所附身，像被一个魔鬼附身了一样，这个绝对应该违背这人的倾向和意愿，总是要求控制这人的行为(行动)——我们在此瞥见的并不是人性的准确图像，或者我们内在所发生事情的准确反映，看清楚的只是假装神学道德学的代替品，与神学道德学相比，犹如木制假肢之于活的肢体。

因此，我们得出的结果是，康德的伦理学一如之前所有的伦理学那样，都缺少了可靠的基础。 正如我透过一开始对绝对命令的检验所指出的那样，康德的伦理学从根本上只是神学道德学的反面，裹着非常抽

象的和表面上先验找到的公式。由于康德在这过程中可靠地甚至欺骗了自己，的确误以为能够在独立于神学道德学的情况下确定明显的只在神学道德学中才有含意的义务命令、法则等概念，并能在纯粹先验的认识中找到根据，所以，这种包裹就越发不自然和难以识别。针对这些，我充分证明了那些概念在康德那里，每一个都是欠缺现实基础的，都只
是在空气中飘来飘去。在康德的手里，那经过伪装的神学道德学，到 561
最后在有关至善、实践理性的公设、道德神学的学说中露出了真面目。所有这些都既没有让康德也没有让公众就事情的真实关联感到失望，相反，康德和公众都很高兴看到所有这些信条现在都由伦理学（虽然只是在观念上和为了实际的目的）给出了理据基础。因为他们真心地把结果当作原因，原因当作结果；因为他们并没有看到伦理学的基础是所有这些据称是从这基础引出的推论，作为心照不宣隐藏起来的、但必不可少的假定。

在这锐利、严厉甚至读者也会觉得很消耗精神的探究的结尾，假如各位允许我为愉悦精神打一个玩笑性的，甚至有点轻佻的比喻，那我会把自个儿神秘化的康德比作这样一个男人：他在假面舞会上整晚地追求一个戴着假面的美人，幻想着能成功征服——直到最后她脱下面具并让他认出，原来就是他的妻子。

§9. 康德有关良心的学说

据称实践理性及其绝对命令是明显与良心（Gewissen）密切相关的，

虽然与良心首先在这方面有本质的差别：绝对命令作为命令者，必然在事前发话，良心却在事后才发言。在做出行为之前，良心顶多是间接发言，也就是通过反省思考，反省思考把对以往情形的回忆呈现在他的眼前，亦即回想起在以往相似的行事之后所受到的良心指责。良心一词的词源似乎就在于此，因为只有已经发生了的事情才是确切的(gewiss ist)。* 也就是说，在每个人那里，就算是最好的人，有了外在的原因和机会、刺激起来的激情或者发自内在的不愉快以后，就会出现不纯净的、恶毒的思想念头和愿望。对于这些，一个人在道德上是不负责的，
562 也不需为此良心负疚。因为这只是显示了总的来说人所能做出的，而不是想到这些他就会做出的事情。因为其他动因——虽然不是马上和与那些念头同一时间进入意识——会对抗那些想法和念头，让那些想法和念头永远不会成为行动。因此，那些想法和念头好比一个表决大会中被多数票否决的少数票。每个人唯独从所作所为了解自己，正如从实践经验中了解别人；也只有所作所为才会让良心负疚。这是因为所作所为并不只是未定的，像想法和念头那样，与此相反，是确凿无疑的(gewiss)，是无法改变的既成事实，不仅被思考过，而且还是知道的(gewusst)。这与拉丁语 conscientia 是一样的情形，即贺拉斯说的："并不意识到任何罪责的话，就不会为任何事情而变得脸色苍白。"与希腊语 συνείδησις 也一样。良心也就是知道(*Wissen*)自己所做过的事情。第二个差别是良心始终从实践经验中取材，所谓绝对命令却不可以这

* 良心和确切，词根都是 wissen(知道)。

样，因为它是纯粹先验的。与此同时，我们可以假定康德关于良心的学说有助于说明他新引进的概念，对此主要讨论见之于《道德学说的形而上学基本知识》§13。在接下来的批评中，我假定了读者看过和记得这几页的内容。

康德对良心的描绘会给人造成一个至为高大庄严的印象，面对这样的描绘，人们不由得心生敬畏，对其提出某些反对意见的信心也就更没有了，因为人们必然担心对他的理论性的反对意见会被混淆为实际方面的反对，假如否认康德描绘的正确性，就会被人们当作缺乏良心。我不会受此迷惑，因为在此涉及的是理论而不是实际行为，我并不是旨在道德说教，而是旨在严格检验伦理学的最终理据。

首先，康德无例外地采用拉丁语的、法律方面的用语，这些用语看上去并不怎么适合再现人心的最秘密的波动。康德从头到尾都保持这 563
些语言和法律上的表述，好像这些用语表述对这些事情是关键的和专有的一样。这样，在我们的内心给我们展示了一个完整的高级法院：有程序、审判官、原告、辩护人、判决。假设我们的内在真的像康德所描绘的情形，那我们肯定会觉得奇怪，怎么竟然还会有人，我不想说是如此之坏，而是如此之蠢，以致违反良心而行事。这是因为这样一个在自我意识中设立的完全独特性质的超自然的机构，一个伪装起来的、在我们内在的神秘的阴暗之处设立的菲默法庭*，必然会在每个人那里引

* 菲默法庭是活跃在中世纪晚期德国威斯特法伦特殊法庭的名称，是一个被称为自由审判的兄弟会体系的组织。

起惊慌和对神灵的恐惧，这些惊慌和恐惧的确制止他，一句话，就让他面对禁令和面对超自然的、如此清楚和如此近在眼前宣示出来的可怕力量所发出的威胁，制止他追逐那一时的好处。在现实生活中，我们却看到相反的情形，良心的作用效果普遍被认为是那样的微弱，以致所有的民族都非常看重以实在的宗教来助其一臂之力，甚至以宗教完全取代之。再者，假如良心真的是这样的性质，那皇家科学院根本不会想到现在这个有奖问题了。

更仔细地考察一下康德的表述，我们却会发现其造成的庄严的效果，主要是因为康德赋予道德上的自我判定一种所谓独有的和关键性的、其实却根本不是如此的形式；这形式只是可以适合于这道德的自我判定，正如它也同样可以适合于所有其他对我们所做过的和可能做出的不一样的事情的沉思默想，这些沉思默想与真正道德性的东西是完全无关的。因为不仅明显是不真实的、人为的、只是建基于迷信的良心，例如，假如一个印度教徒责备自己造成了一头牛被谋杀，或者一个犹太人想起自己守安息日时在家抽了一袋烟，有时都会带有那同样的原告、辩
564 护和判决的形式，而且那种并非从任何伦理学观点出发的自我审查，甚至不道德更甚于道德性质的自我审查，也同样常常采用这样的形式。例如，假如我为了一个朋友，出于好心但未经仔细考虑地做了担保，到了晚上我就清楚意识到我让自己承担了多么重大的责任，这会让我因此轻易遭受很大的损失，正如古老的智慧谚语所预言的：“作保之时，麻烦的开始。”这样，在我的内在同样出现了原告，还有与此对立的辩护方：辩护方试图以当时情势和义务的急迫与压力，以事情不难应付，甚

至以赞扬自己的好心肠来美化我草率做出的担保。最后，还有法官不为所动地作出了判决：“做出了愚蠢的事情！”得到此判决以后，我就垂头丧气了。

康德所喜爱的审判形式是这样的，他的其他描述大部分也如此。例如，他在段落一开始关于良心特有的东西所说的，也适用于每种相当不一样性质的良心责备，这可以完全按照字面上的理解适用于一个年金收入者的秘密意识——他的支出远远超出了他的利息收入，本金受到侵蚀，肯定会逐渐耗尽，“这犹如他的影子一样紧随着他，一旦他打算要逃跑的话，虽然会以寻欢作乐和各式消遣麻痹自己，或者让自己睡着了，但无法避免有时会苏醒或者清醒过来；然后他马上听到那可怕的声音”，等等。那么，在他描述了作为这种事情的本质性的判决形式，并因此从开始到结束都保留着这形式以后，他就把这形式应用在下面这些表述细腻的诡辩论述中。他说：“但至于被他的良心所控诉的，被表现为与法官为同一者，那是对法庭的一种混乱的表现方式，因为那会让原告每次都以输收场。”对此，康德还加了一条非常模糊不清的注脚说明。由此康德得出结论：我们要不陷入矛盾中的话，必须把法官想象 565
为与我们有别的另外一个人，并把这视为精通人心者、一个全知者，一个负有所有责任者，并且作为行政的力量是一个全能者，以致他现在经由另一条路径把他的读者从良心引至惧怕神灵，作为从良心必然导致的结果；康德私下里对他的读者有信心透过最早期的教育而熟悉了诸如此类的概念，或者当这些概念成了读者的第二天性以后，读者会更愿意跟随他得出那些结果。因此，康德在此发现可以轻而易举地对付读者，而这本来是他要感到羞愧的，也本应关注这一点：诚实在此不仅是要宣扬的，而且还是要实践的。我绝对否认上述的、所有的推论都赖以为基础的命题；甚至认为那是一个狡猾的招数。这一点不是真的：假如被告与法官是同一者，原告每次都必输无疑。这至少在内在的法庭上不是真的。在我上面给出的给人担保的例子里，原告输了吗？或者为了不陷入矛盾中，我们必须在此实施这样的拟人法，必要地想象出另一个客观的人，给出的判语就会是那雷鸣般的“做出了愚蠢的事情”，类似某一活生生的墨丘利，或者荷马(《伊利亚德》23，313及后面)所推荐的“精明点子”的拟人化，因此在这里也走上了“惧怕神灵”的道路——虽然所惧怕的是异教的神灵？

至于康德在描绘中拒绝赋予在此虽然短小、但在关键性方面足已勾画出来的道德神学以任何客观的有效性，只是把它视为主观必然的形式——那并没有为康德推脱了随心任意地构建了这道德神学的责任，虽然那只是作为主观必然性的形式，因为这些东西通过完全没有根据的设想而建构。

因此，起码这些是确实的：康德用以描绘良心的整个法庭审判和戏
566 剧性的形式，被自始至终、无例外地视为与这良心的事情本身是一体的形式，目的是由此得出最终的结论——对良心而言是完全不重要的，一点都不是为良心所独有。其实，这是一种普遍得多的形式：人们在回想每一件实际发生的事情时轻易会采用这一形式，这更多的是由于在这过程中通常会出现相反动因的冲突，这些动因的分量受到反省理性逐一的考察和检验。至于这样做的时候，这些动因是道德性的抑或自私自利的，是

盘算着准备要做的事情抑或回想已经发生的行为，都是无所谓的。现在假如我们去掉康德的描绘所带有的那种只是任意附加上去的戏剧性的和法庭审判性的形式外衣，那环绕着它的光环及其庄严高大的效果也就随之消失了，剩下的只是回想起我们的所作所为，我们有时候会对自己感到不满。那是一种特别的、突然产生的情绪，独特之处在于涉及的并不是我们行为的结果而是行为本身。并不像其他情况那样，在后悔我们行事不聪明的时候，是基于自私、自我的原因，因为我们对此种情形不满的恰恰是我们做得太过自私了，太过考虑自己的利益了，太少考虑别人的利益；或者有可能我们并没有得到利益，却为了我们的目的徒让别人受苦了。至于我们对自己感到不满，对我们并没有承受却造成的痛苦感到苦恼，那是赤裸裸的事实，这是任何人都无法否认的。这事实与伦理学那唯一通过了检验的基础的关系，是我们将要进一步探究的。但康德像一个精明的辩护人，通过充实和放大这一事实，试图尽可能地发挥和做大，以便为他的道德学和道德神学预先准备好一个广阔的基础。

§10. 康德有关认知性格和验知性格的学说 567

1. 自由的理论

我为了维护真理而痛批了康德的伦理学，这些批评并不像我之前的批评者那样只涉及表皮，而是深挖和撼动了其最深的基础。在这以后，公道的做法似乎是在我告别此话题之前，必须重温一下康德在伦理学方面作出的最大和最闪亮的功绩。即有关自由与必然性共存的学说，这一点康德首先在《纯粹理性批判》（第1版第533—554页和第5版第561—582页）阐述的，但在《实践理性批判》（第4版第169—179页，罗版第224—231页）有了更清晰的阐明。

最先是霍布斯，然后是斯宾诺莎，接下来是休谟以及霍尔巴赫在《自然的体系》，最后做得最详细、最透彻的是普利斯特里——他们如此清晰和毫无疑问地展示了动因出现以后就会出现意欲行为之完全的和严格的必然性，这可列为已得到充分展示的真理，也只有无知和粗糙的人才会继续大谈人的个别行为中的自由，一种“自由的、不受任何影响的意愿选择”。康德也由于那些先行者无可辩驳的理据而接受了意欲行为的完全必然性是一个确定的事实，对此再也没有任何怀疑，正如他只从理论的角度谈论自由的所有段落所证明的。尽管如此，这一点也是真的：我们的行为伴随着所意识到的专断性和原初性，由于这所意识到的，我们把我们的行为看作是我们的作品，每一个人都确凿无疑地感觉自己是真正做出行为的人，自己对所做行为在道德上是负有责任的。因为负有责任就假定有做出另一行为的可能性，因而假定有了某种方式
568 的自由，所以，在负有责任的意识中，也间接地有了自由的意识。为解决从这事情本身所产生的矛盾，康德所作的现象与自在之物的深刻划分就成了最终找到的钥匙，这种划分是康德哲学最内在的核心，正因此是哲学的首要功绩。

个体在不变的、与生俱来的性格的情况下，所有的表现都受到因果律严格的规定，因果律在此由于借助了智力，所以称为动因；这些表现

只是现象而已。这现象的基础是自在之物，是在时间和空间之外的，并不受制于任何行为的连续性和多样性，是一体的和不变的。就其构成本身是认知性格，均匀存在于个体的所有行为中，犹如图章打印在千百个火漆上面，规定了随着时间和连续性的行为展现出来的验知性格的现象，验知性格因此在由动因所引出的所有表现中，必然展示出一条自然法则的恒定性、不变性。所以，所有它的行为都是严格、必然地作为结果而出现。每一个人的验知性格那种不变性，那种不可弯曲的僵硬性，那自古以来有思想的人都可感知到的东西（其他人误以为通过理性的想法和道德的告诫，一个人的性格就重新改造了），以此追溯到某一理性的根据，并为哲学固定下来。哲学以此与经验协调一致了，哲学也就不再被民间智慧弄得羞愧，因为后者早在这句西班牙谚语中说出了上述真理："那与婴儿帽一道来的，与裹尸布一起离开。"或者："与奶水一道吸入的，与裹尸布一道倒掉。"

我认为康德有关自由与必然性共存的学说，是人类深刻思想的最伟大成就。这与先验感性论一道，是康德名声王冠上两颗巨大的钻石， 569
永远不会逐渐消失。我们都知道，谢林在论自由的论文里，给出了康德的相关学说，经过谢林生动的色彩和直观的描述，那改写了以后对许多人而言变得更容易把握。这本是值得赞扬的——假如谢林正直和诚实地说出他所阐述的是康德的智慧，而不是他谢林的。时至今日，一部分哲学著作的读者仍以为那些是谢林的东西。

我们可以以此方式让康德的这一学说和自由的本质更容易理解：把这些与这一个普遍真理结合在一起——最简明扼要地表达这一真理的

话，我认为是经院哲学家所常说的这句话：“行动出自本质存在”，亦即这世界上的每一样事物都是依照其是什么，依照其特性而发挥作用、产生效果的；因此，在存在和性质里面，已潜在地包含了这事物的所有表现，一旦受到外在原因的引发就会实在地呈现；因为通过这样的方式，那性质本身就表露出来了。这就是验知性格，而验知性格内在的、经验无法抵达的最终的根本，则是认知性格，亦即这事物的自在本质。在此，人并不会构成大自然的例外，人也有他不变的性格，只不过这性格是相当个体性的，每个人都不一样。这对我们的理解而言确实是验知的，也正因为这样，那才只是现象；根据其自在的本质，不管是什么都称为认知性格。这个人的所有行为，就外在的性质而言，是由动因所决定的，只能依照这一不变的个体性格而得出结果，永远不会是另一种情形：他是个什么样的人就会做出什么样的行为。因此，对既定的一个人而言，在每一既定的个别情形中，都绝对只可能做出一种行为：“行动出自本质存在”。自由并不属于验知性格，唯独属于认知性格：某一既定的个人的“行动”必然是外在受到动因、内在受到他的性格的
570 规定；因此，他所做的一切都是必然发生的。但自由是在“本质存在”那里。他本来可以是另一种人的；罪责和功绩就在其到底是什么样的人。这是因为他所做的一切都是自动作为必然的结果由此而出。透过康德的理论，我们真正摆脱了把必然性错放到“本质存在”，把自由错放到“行动”的根本谬误；终于认识到情形其实恰恰相反。因此，人的道德责任虽然首先和明显涉及他所做的，从根本上却涉及他是个什么样的人，因为他是个什么样的人，就假定了在动因出现以后，他所做出的

行为和事情永远不会有别于这所发生的。虽然在一个既定性格的人那里，行为以如此严格的必然性由动因引发出来，却不会有人——甚至包括对这必然性深信不疑的人——想到因此而开脱自己和把罪责转移到动因方面，因为他认识得很清楚：在此就这事情和诱因而言，亦即从客观上考虑，一个完全不一样的，甚至相反的行为是非常有可能的，并的确是会发生的——假如他是另一个人的话。正如通过其行为所表明的，他就是这样一个人而不是别的其他人——正是因为这一点，他感觉自己要负上罪责：在此，“本质存在”就是良心之刺戳痛的地方。因为良心不过是从自己的行为方式而越发深切地了解到自己本身。因此，受到良心指控的——虽然这机会由“行动”而起——其实是“本质存在”。既然我们只是由于感觉到要负责任而意识到自由，那要负责的地方必然也是自由所在之处，亦即本质存在。“行动”受制于必然性。但是，正如了解别人那样，我们了解自己也只能透过实践经验；对我们的性格，我们并没有任何先验的认识。更准确地说，我们对自己的这一性格本来怀着非常高的看法，因为“对每一个人，我们都首先假定他是个好人——只要没有证明与此相反的情形”，也适用于内在的法庭。

2. 注　释 571

谁要是即使在某一思想改换了完全不一样的外衣以后，仍有能力认出这个思想的本质性东西，就会与我一道看出康德有关认知性格和验知性格的学说，是柏拉图早就有过的一个深刻观点，经康德的抽象而变得更清晰了。由于柏拉图还不曾认识到时间的观念性，所以只能以时间的形式，因而只是以神话和与灵魂转生结合一道表述。但现在，对上述两种学说的同一性有了非常清晰的认识，因为波尔菲里对柏拉图的神话给出了如此清楚和明确的讲解与阐释，以致与抽象的康德学说的吻合一致就凸显出来了。在一篇出自波尔菲里、现已失传了的文字里，波尔菲里专门和准确地评述了现正谈论的神话，这神话由柏拉图写在了《理想国》第 10 部第 2 部分里；斯托拜乌斯在《希腊文选》第 8 章 §§37—40 为我们把这评述的部分无删节地保存了下来。这一部分很值得一读。我把其中短短的 §39 作为样本提供在此，以吸引有兴趣的读者亲自阅读斯托拜乌斯的著作。然后，读者就会看出柏拉图的神话不过是一个比喻，说的是康德以抽象的纯粹性，以认知性格和验知性格的学说所表达的伟大和深刻认识；因此，本质上早在千百年前，柏拉图已经达到这样的认识，时间甚至还可上溯更久远的时候，因为波尔菲里的看法是柏拉图从埃及人那里接受了这一认识。但这认识也已存在于婆罗门教灵魂转生的学说里。所以，很有可能的是，埃及教士的智慧由此而来。§39 是这样说的：

572 柏拉图想要说的似乎是以下这些：灵魂在进入肉体和进入不同的生命形式之前，是有自由意愿选择这个或者那个生命形式的；然后，可通过相应的生命和与灵魂相配的肉体而圆满完成（因为他说，是要选择一只狮子的生命还是一个人的生命，取决于那灵魂）。那种自由的意愿，一旦进入了任何某一种生命形式，就会被取消了。这是因为在灵魂进入了肉体，从自由的灵魂成了生命的存在物以后，它们也就只有那种生命存在物所特有的自由，以致有时候它们相当有悟性，并能多方兴奋起来，就像在一个人那里一样；但有时候却很不敏感，简单得几乎像所有其他生命存在物。但那种自由取决于当时各自的性质和状况，因为这虽然出自自身，却受着产生于当时的性质和状况的思想意识的指挥。

§11. 费希特的伦理学放大了康德伦理学的缺点

正如在解剖学和动物学中，对学生来说，在标本和自然产品那里，不少东西并不像在铜版画上那样明显，因为后者的表现多少带有某些夸张，同样，谁要是读了在上述段落里给出的批评之后，仍然对康德伦理学基础的空洞无物不完全明了的话，我可以建议他们读一下费希特的《道德学说的体系》。这是帮助清楚说明这方面认识的一个手段。

正如在德国古老的木偶戏中，在皇帝或者其他主角旁边，总是伴随着一个丑角、傻瓜，他把主角所说的或者所做的一切，在这之后以他的 573
过火和夸张的方式重说和重做一遍，同样，在伟大的康德的身后，就站着那科学学说（Wissenschaftslehre）的作者——更准确地说，应该是科学空说（Wissenschaftsleere）的作者。正如这个人通过某种哲学上的故弄玄虚以引起轰动，目的是在这之后给他自己及家人得益，尤其是以这样的方式实施相当适宜于德国的哲学读者和受到读者赞同的计划，亦即在康德各个方面都做得更过火，作为康德的活生生的最高级，透过夸大突出的部分，确实造出了康德哲学一幅滑稽的漫画，他在伦理学方面也做出了同样的事情。在费希特的《道德学说的体系》中，我们发现“绝对命令”变成了一个霸道、专制的命令；那绝对的应该，那立法的理性和义务命令演变成了一种“道德命运”，这种无法探究的必然性：人类严格根据某些准则行事(第308—309页)，这些准则根据那道德性的安排来判断，必然是人们异常看重的——虽然我们无由真正获悉那到底是些什么，只能看出这一点：正如蜜蜂有一种要共同建造蜂房和蜂房巢室的本能，同样，人据称也有一种要共同上演一出伟大的、严格道德的世界喜剧的本能，我们只是其中被牵线的木偶而已——虽然有一个重要的区别：蜂房是真实做成的，而人非但不是上演了道德的世界喜剧，事实上所上演的是一出极其不道德的世界喜剧。这样，我们就看到康德伦理学的命令形式、道德法则和绝对应该在此得到进一步的说明，直至由此演变出一个道德命运的体系，其说明有时候变得如此滑稽、可笑。[1]

---

[1] 为证明我的上述说法，我想在此腾出空间放上几段文字，第196页：“道德本能是绝对的，它绝对地要求，除了自身之外，再没有任何目标。”第232页：“现在，由于道德法则，那经验中的、时间上的存在物应该成为原初的‘我’的精确复制件。”第308页：“整个人只是道德法则的工具。”第342页：“我只是道德法则的器械、工具，绝对不是目标。”第343页：“每个人都是实现理性的目标的手段：这是他存在的终极目标，他的存在也唯一是为了这一终极目标；假若这不会发生的话，总的来说他也就不需存在了。”第347页：“我是这物质和感性世界的道德法则的工具。”第360页：“营养身体、促进身体的健康是道德法则的规定，不言而喻，这只能是在这一意义上和唯一为了这一目标而发生的：成为促进理性目标的一个**能干的工具**。”(与第371页相比较)第376页：“每个人类的身体都是为促进理性目标的工具，因此，每个工具为此目标的最大可能的有用性必须是我的目标，由此看来，我必须细致照顾每一个人。”这就是费希特所推导出的仁爱！第377页：“我可以和应该照顾我自己，只是因为和只要我是**道德法则的一道工具**。”第388页：“冒着自己的生命危险以保护一个被迫害者，是绝对应尽的责任；一旦人的生命处于危险之中，你就再没有权利考虑你自己的安危。”第420页：“在道德法则的领域，有关我的同类的看法是，他就是理性的工具。除此以外，不存在任何其他的看法。”

假如在康德的伦理学里，可感觉到某些道德学的迂腐；在费希特那 574
里，那些至为可笑的迂腐提供了丰富的笑料。例如，读者可读一下第407—409页对著名的决疑论例子（在这例子中，要失去两条人命中的一条）的裁决。同样，我们发现康德的所有错误都被提升到了最高级。例如，在第199页："依照同感、同情、仁爱而行事，绝对不是道德的，甚至因此而反道德。"在第402页："那服务他人的动因必须永远不是欠缺考虑的好心肠，必须是想清楚的目的，以尽可能多地促进理性因果律。"费希特在哲学方面的粗糙透过迂腐和刻板而明显表露出来了，这对一个忙于教书而再没有时间学习和研究的人来说，是可以预想的，因
为他很认真地提出"自由的、不受任何影响的意愿选择"并以最一般的 575
理据支持（第160、173、205、208、237、259、261页等）。谁要是仍然不完全相信动因虽然透过认识的媒介而发挥作用，但是一个原因与所有其他原因并没有两样，所以，动因有与所有其他原因一样的造成结果的必然性；因此，一切人的行为都是严格必然地作为结果而发生——谁要是仍然不完全相信这一点，这人在哲学上仍是蒙昧的，并不曾得到最初级的哲学知识的教化。领悟到人的行为有严格的必然性是一个分水岭——以此可以把有哲学头脑的人与其他人区别开来。到达了这分水岭以后，费希特清楚显示出他是属于其他人的。至于他沿着康德的足迹（第303页），再度说出与上述内容恰恰矛盾的话，正如在他的写作中其他诸多的自相矛盾之处一样，只是证明了他这样一个从来不曾认真探索真理的人，并没有任何扎实的基本信念，因为这些对他的目标是完全不需要的。没有什么比这更可笑了：人们赞誉此人推论至为严格，因

为人们把费希特那些刻板的、就渺小事情而大作掩饰和说明文章的腔调与笔法，真的当成至为严格的推论。

我们可以在费希特的最后作品——《科学学说概览》（柏林，1810）——找到费希特道德命运体系最完整的发挥和展示。这本书的好处是只有12开46页厚，却概括性地包含了他的整套哲学。所以，值得推荐给所有时间太过宝贵的读者，因为他们不可以浪费时间阅读这个人更大部头的作品，这些东西是以克里斯蒂安·沃尔夫式大而无当、冗长繁琐的风格撰写，实际上旨在迷惑、误导而不是教导读者。具体地说，在这部小作品第32页写道：“对一个现象世界的直观的存在，只是为了在这一世界上，我作为绝对的应该可见得到自身。”在第33页，甚至有这个说法“那可见的应该的应该”，以及在第36页：“那所见到的一个
576 应该：就是我应该……”这是在康德过去不久以后所出现的情形，而康德伦理学的命令式及其无法证明的应该，轻而易举地成了“一个会让人仿效的坏榜样”。

此外，在此所说的一切并没有抹杀费希特的功绩，他的功绩是把康德哲学——这一人类思想的晚熟杰作——在其出现的国家弄至晦暗难懂，甚至被排挤出去，透过轻浮不可靠的夸张、标新立异和他的《全部科学学说的基础》，那些在深思的假面具之下的胡言乱语；费希特以此方式无可辩驳地向世界展示了德国哲学读者大众是什么样的能力，因为他把德国的哲学读者形同小孩般地愚弄：人们用一个纽伦堡产的玩具就引诱小孩交出了手中价值连城的宝石。费希特由此得来的名声至今仍然还以赊账的方式苟延残喘，时至今日，费希特仍然始终与康德相提并

论，是又一个康德(大力士赫拉克勒斯与一只猴子)，甚至费希特的名字常常置于康德名字之上[1]。因此，费希特的榜样召唤出那些有同样的精神思想、精于在哲学上蒙蔽德国公众并收获了同样成功的后来者。每个人都知道他们的名字，详细谈论他们在此并不适宜，虽然他们各自的看法仍旧得到哲学教授从各个方面的叙述和认真的讨论，好像那真的与哲学家有关。所以，归功于费希特，我们才有了那些清楚、明了的行为，以便将来修订一番面对后世的审判庭——这是对现世裁决的上诉法庭。在几乎各个时期，上诉法庭对待真正的成就，必然是最后的审判对待圣者那样。

三、伦理学的理据基础 577

§12. 所需的要求

因此，甚至康德为伦理学所提供的理据基础——这些在过去60年里一直被视为伦理学的坚实基础的东西——也在我们的眼前沉没于或许是无底洞一般的哲学谬误观点的深渊，因为那些经证实只是未经允许的假

---

[1] 就这一点，我可透过最近的哲学文献中的一段话证明。费尔巴赫先生，一个黑格尔主义者(这已说明了一切)，在《P.贝尔：为哲学史所作的贡献》中(1838，第80页)写道："但比康德更高超的是费希特在《道德学说》及分散在其他著作中表达的观念。基督教在高超的观念方面，是无法与费希特的观念相提并论的。"

设和只是改换了外衣的神学道德学。至于在康德之前，人们为伦理道德试图找出的理据更不能让人满意，正如我已经说了的，我假定已是众所周知的事实。那些大都未经证实的、凭空想象出来的宣称，并且像康德所提出的道德基础一样，是一些亟需极为精细区分的和建基于至为抽象概念的人为的细微差别，是复杂难明的组合，是平衡在某一针尖之上的启发式规则、命题，是以假腿支撑的准则。从这样的高处往下看，再无法看到真实的、熙熙攘攘的生活。因此，这些东西虽然极适合在授课大厅里回响和供人们磨炼鉴别力之用，却永远既不会引发在每一个人那里都的确存在的要做出公正和善良行为的呼唤，也无法抗衡人们做出不义和残忍行为的强烈冲动，也不会是人们良心谴责的基础；想要把良心的谴责归因于违犯了那些钻牛角尖的准则和格言，只会徒让这些准则、格言变得可笑而已。所以，那种人为的概念组合，假如我们认真、严肃地思考这一问题，是永远不会包含驱使人们做出公正和仁爱行为的真正推动力的。其实，这种推动力必须是某样并不怎么需要人们思考的东西，更不会要求抽象和组合，是某样独立于人们的智力修养的东西。它诉诸每个人，哪怕是思想至为粗糙的人；这种推动力只是建立在对事物的直观把握之上，发自现实性事物而直接加之于人们。只要伦理学并没有表明具有这样一种基础，这些伦理学尽管可以在课堂大厅
578 里互相驳诘、冠冕堂皇地自说自话，但在现实生活中饱受驳斥。所以，我必须给那些研究伦理学的学者们提出一个似是而非的建议：先观察一下人生吧。

§13. 怀疑论者的观点

回顾这两千多年来，人们一直试图找出道德赖以成立的某一确切基础而未果，或许是因为根本没有一种天然的、独立于人类条例和法令的道德？ 道德是否完全是人为的产物，是人们发明出来的一种手段，以便更好地抑制自私、恶毒的人类；因此，缺少了确实、具体的宗教的支撑，道德就会坍塌，因为道德本身并没有任何内在的确认和天然的基础？ 警察和司法机构不可能到处都足够管用，因为一些犯法的事情是很难被发现的，并且对其实施惩罚甚至是危险的事情——也就是说，在官方无法保护我们的情况下。 再者，民法至多可以强制人们行使正义（公正），却无法强迫人们表现出仁爱，做出善行，因为在这方面每个人都宁愿处于被动接受的一方，不会扮演主动的角色。 这导致了这样的假设：道德是唯一建立在宗教基础之上的，两者的目标都是弥补国家机器和立法的必然不足。 据此，我们不可能有一天然的道德，亦即某一纯粹基于事物或者人的本质的道德，由此可以解释为何哲学家遍寻道德的理据基础而不果。 这一看法表面上看是不无道理的，并且早已由皮浪主义者提出来了：

> 就本性而言，是没有什么好与坏的。就像泰门所说的，只是人的意见造成了好与坏的差别（塞克斯都·恩披里克，《反数学家》，11，140）。

近代的杰出思想家也相信这一点。这一看法因此值得认真考察一
579 番——虽然产生这一看法的那些人，只需稍为审视一下自己的良心，就更容易地排除这一看法。

假如我们相信人的所有公正和守法的行为都有道德根源，那是幼稚和大错特错的。其实，人们所做的公正行为与真正的内心诚实，两者的关系犹如人们所表现出来的礼貌与对邻人的爱之间的关系。对邻人的爱并不像礼貌行为那样，只是在表面上克服了自己的利己心，实际上的确做到了这一点。我们到处都可看到人们做出给人看的一副忠厚、老实的样子；这些表面工夫都极力做得让人无可怀疑，只要别人稍稍暗示出这方面的怀疑，就会刺激起这些人的极大反感，并随时触发他们的雷霆之怒。也只有不谙世事、头脑简单的人才会立即把所有这些表面工夫当作是真的，视为发自温柔的道德情感或者良心。事实上，人们在人与人之间的交往中普遍做出诚实的行为，宣称这是坚定的行为准则，主要迫于两种外在的必要性：第一是迫于法律秩序——借助法律秩序，国家权力才可以保护每个人的权利；第二是迫于在这世界上发展，要获得良好名声或者公民荣誉的公认必要性。透过这一名声或者公民荣誉，每个人都会受到社会公众言论的监视。社会舆论是严格、不讲情面的，绝不会原谅人们在诚信方面走错哪怕半步，对过失者耿耿于怀直到死去为止，那是永远都无法洗刷掉的污点。公众言论这样的处理，其实是甚具智慧的，因为公众言论根据的是这一根本原则“行动出自本质存在”和深信这一看法：性格是不会改变的，所以，一个人只要做过一次行为，在完全相同的情形里，不可避免地又会做出同样的行

为。正是这两个卫兵监察着公众的诚实行为。缺少了这两个卫兵的话，坦白地说，我们就会祸事临头了，尤其是在涉及我们的财产方面，我们的财产是人生的中心点：人们的努力和奋斗首要都是围绕着这些东 580
西。因为促使人们做出诚实行为的纯粹道德上的动因——假设这些动因存在的话——也大都只是经过颇长的迂回曲折以后发挥在公民财产方面。也就是说，这些纯粹的道德性动因只是首要和直接地涉及天然的权利，至于实际的权利只是间接相关，亦即只有当那些实际权利有天然权利作基础。一个人只对经过自己的辛劳所获得的财产拥有天然的权利，透过侵蚀这一财产，也就一并侵蚀了财产所有者花费在这财产上面的精力，即对所有者实施了掠夺(我坚决反对先到者先得的理论，但在这里无法着手驳斥此理论)[1]。这样，每一基于实际权利的财产，无论中间经过了多少环节，最终和在最初的源头理应有天然财产权利的基础。但在大多数情况下，我们的公民财产与天然财产权利的原初源头，难道不是距离相当遥远吗！通常，在公民财产与天然财产权利的源头之间的关联非常难以理清或者根本无法证明。例如，我们所拥有的财产可以通过继承、婚姻、赢得抽奖等方式获得；或者就算不是通过这样的方式，我们也不是亲自满头大汗地劳动而获得这些财产，而是利用聪明的想法和点子，例如，在投机生意和买卖方面。甚至有时候仅仅因为愚蠢的主意，偶然地歪打正着，得到了成功之神的加冕。我们的财产在极少数情形下才确实是我们真正的辛劳和工作以后的收成。并

[1] 参阅《作为意欲和表象的世界》第1卷§62，第396页及后面和第2卷§47，第682页。

且即使在这种情形里，这些辛劳和工作也经常只是精神上的，就像医生、律师、官员、教师所从事的职业等。在粗人看来，这些人的工作似乎只需付出少许的劳动。要在所有这些财产方面承认道德上的权利，并因此发自纯粹道德的动因尊重这道德上的权利，需要相当的文化教育才可以做到。所以，很多人私下里把别人的财产视为唯一只是根据实
581 际权利而被其他人所拥有。因此，如果他们发现一些手段，可利用甚至只是钻一下法律的空子就掠夺了他人的财产，他们是不会踌躇再三的，因为对这些人来说，那些财产拥有者现在失去他们的财产，其方式与他们当初获得那些财产是一样的。因此，这些人视自己与那些财产之前的拥有者一样，都有拥有这些财产的正当理由。在这些人看来，在公民社会里，只不过是更强力者说了算被更狡猾者说了算取代了而已。富有者经常的确始终不渝地讲究合法、诚实，因为他们发自内心地欢迎这样一种规则和谨守这一准则——假如人人都遵守这一规则和准则，他们就可确保其全部财产和诸多以此优越于别人的好处。因此，他们是真心实意地承认和拥护“每个人都应得到属于自己的东西”这一根本原则，从来不肯背离。事实上，他们对诚(Treue)、信(Glauben)有某种客观上的亲近和执着，并下决心把诚、信奉为神圣的，只是因为诚、信是人与人之间所有的自由交往、良好秩序和保障自己财产安全的基础。因此，诚、信相当多的时候为我们自己带来了好处，从这方面考虑就必须不惜作出牺牲来维持，正如我们为购买一块良田而不惜有所花费一样。由此奠定起来的正直、老实，一般来说只见之于欣富之家，或者至少是正从事赚钱生意的人，在商人那里则最常见。因为商人知道得最清

楚，商贸活动以买卖双方的信誉和相互间的信任作为必不可少的支撑，所以，商人的名誉自成专门的一类。相比之下，穷人在财产方面是吃亏的，并且由于财产的不相等，穷人看到自己注定要承受匮乏和辛苦劳作，在他们的眼里其他人过着富余、游手好闲的生活。这些穷人很难承认这种不平等有与一个人的贡献和一个人的诚实谋生相匹配的基础。
假如穷人不承认这一点，他们将从哪里获得纯道德的原动力，以正直、 582
诚实行事和制止自己染指别人的财富？通常是法律秩序约束着人们。一旦出现了难得的机会，肯定可以避开法律的管束，可以一举掀掉贫困的包袱——看到别人的富裕，自己更感觉到了这沉重的贫困包袱——可以占有那经常让自己垂涎的快乐，此时此刻，到底是什么制止了他们？是宗教的信条？信仰甚少是这样坚定的；是纯粹道德的动因使他们如此正直？或许在零星、个别的例子吧；在绝大多数情况下，制止他们行动的只是担心失去自己良好的名声，失去公民的名誉——对这些声誉，就算平民小人物也是相当上心、关注的；还有一旦做出这样的行为，明显有被人们永远踢出讲究公道的人所组成的大圈子的危险，在这大圈子里面，人们遵守公平、公正的规则，并因此在世界各处都是由他们相互间分配财产和监察财产；只要做出一桩不诚实的事情，就会冒一辈子遭受市民社会遗弃的危险——成了一个人们不会再信任的人，大家对他都避之唯恐不及，以后所有发展、晋升的机会也将与他无缘。一句话，他成了一个“小偷”，俗语说的“一次为偷，终生为贼”，也就应用在他的身上了。

这些是监察公众诚实的卫士。凡是有过生活经验、眼睛也是张开的人，都会承认在人际交往中人们的诚实行为，绝大部分都只是归功于这些监察卫士；的确，不乏其人想躲避这些卫士的监察，因而只是把公正、老实当作一个幌子——在这个幌子的掩护下，他们更有效地实施海盗行径。因此，我们不要马上就爆发神圣烈火、勃然大怒——假如某一
583 道德学家提出这一问题：是否所有诚实、公正的行为或许从根本上只是一种常规、约定；然后，循着这一原则，竭力把所有其他道德行为归因于远的、间接的、最终都是自私自利的原因，就像霍尔巴赫、爱尔维修、达朗贝尔和他们时代的人带着敏锐的目光所尝试的那样。对绝大部分的公正行为的确是真的和对的，正如我在上文已经指出的。至于很大一部分仁爱行为也是如此，是不容置疑的，因为那些仁爱行为经常出于向人炫耀的目的，更常见的是由于相信做出这样的事情，在以后的将来就可获得回报，甚至二次方、三次方的丰厚回报；此外，还可能出于其他的利己考虑。不过，同样确切的是，存在着无私的仁行和完全自愿做出的公正的行为。对后者的证明，为了不要援引人的意识中的事实，只需引用经验，即一些个别零星的、但无可置疑的事例。在这些事例里，不仅没有遭到法律追究的风险，而且连被人发现甚至只是引起别人一丝怀疑的可能性都完全不存在，但穷人还是把属于富人的财产交回富人的手中，例如，东西失而复得；通过第三者收到的定金，之后第三者死了，这金钱还是退还给金钱的主人；某一逃亡者秘密地把金钱托付给了一个穷人，这穷人忠实地保管和交还这些金钱。诸如此类的情形是毫无疑问存在的，不过，我们在碰到这样的事情时所表现出来的惊讶、感动和敬意，就清楚地表明这些事情是出乎我们意料的，属于稀有

的例外。这世界上确实有一些真正诚实的人，正如三叶植物的确也会有些长出四片叶子。但哈姆雷特的话也绝不是夸张的，他说："在这世上，诚实的人那可是万中无一。"针对这样的反驳，上述诚实行为的基础是宗教教义，亦即人们考虑到了在另一世界将会为自己的行为受到惩罚或者奖赏，我们可以表明在某些例子里，做出这种行为的人并不信仰 584
任何宗教。这种情形远非公众所承认的那样稀有。

面对怀疑的观点，人们可能会首先搬出良心为例证；人们的良心是否有其天然的起源，也是大有疑问的。我们起码也有一种虚假的良心，这种虚假良心经常与真正的良心混淆在一起。不少人为自己做出的事情感到后悔和不安。这些后悔和不安经常不是别的，只是害怕为自己的行为承担后果而已。哪怕是违犯了一些外在的、任随主观定下的，甚至愚蠢无聊的规条，也会让不少人受到内心责备的折磨，与良心的责备并无二致。因此，例如，不少盲目迷信的犹太人会因为星期六在家里抽了一锅烟丝而的确心情沉重，因为在《摩西五经》第 2 部(35：3)写着："当安息日，不可在你们一切的住处生火。"不少贵族和官员在遭遇别人的斥责时，因为并没有遵照那称为"骑士荣誉"的傻瓜规则去处理和应对，而私下里责备、折磨自己；由此达到这样的程度：一旦无法履行自己的"骑士"承诺，或者在碰到争吵、纷争时，无法遵守骑士荣誉的规则，甚至开枪了断自己(我曾亲眼目睹两类这样的例子发生)。另一方面，还是同样一个人，却可以每天都漫不经心地破坏自己许下的诺言——只要这诺言里并没有加入"荣誉"的誓词。总的来说，我们所做出的任何前后不一致的事情，任何未经大脑思考的鲁莽行动，任何有违我们的意图、原则或者信念的行为——不管这些是何种类——甚至任何的失策、草率冒失和愚蠢差错，事后都会在私下里烦扰我们，在我们心里留下一丝刺痛。如果能够知道自己的所谓良心这一看上去庄严、壮丽的东西，其成分到底是些什么，不少人就会惊讶不已：大概五分之一是对别人的畏惧，五分之一是对神灵的畏惧，五分之一是世俗的定
585 见，五分之一是虚荣，五分之一是习惯的力量。这样，他们在本质上也并不比这样坦白直说的英国人好多少："良心这东西，我是负担不起的。"有宗教信仰的人，不管信仰的是什么，所理解的良心常常不过是他们的宗教教义和准则，以及他们参照这些教义和准则所做的自我审查。所谓良心的束缚和良心的自由，也应该在这一意义上理解。那些中世纪和近代神学家、经院哲学家与诡辩家，也对良心有同样的理解。一个人所了解的教会的规条和诫令，以及要信仰和遵从这些东西的意图和决心，构成了这个人的良心。据此有了怀疑的良心、自以为是的良心、搞错了的良心等说法，要纠正这样的良心，还要举行良心参议会，等等，不一而足。我们从斯多林的《良心理论的历史》可以简略了解到，良心这一概念与其他概念一样，甚少由这概念的客体对象确定的；不同的人对它有不同的理解；在作者笔下，良心这一概念又是多么的摇摆、不确定。所有这些都不适宜让人确信它真有现实性，所以，人们才会产生疑问：到底有没有一种真正的、与生俱来的良心？我在§10讨论自由的理论时，扼要地阐述了我对良心的看法。稍后我回头再讨论这一问题。

所有这些怀疑，虽然一点都不足以否认真正道德的存在，却足以降

低我们对人的道德倾向和因此对伦理学的天然基础的期待；因为许多归因于这些行为的经证实却是因其他动因而起的。考虑到这世界的道德败坏足够清楚地证明：驱使做好事的动力并不可能是强劲有力的，尤其是因为在与这动力相抗衡的动因并不强烈的情况下，做好事的动力经常仍然发挥不了作用——虽然在这里，性格的个体差异保持完全的有效性。与此同时，我们要了解那些道德败坏的难度却加大了，因为人们 586
由于法律秩序，由于有必要保存名声，甚至由于礼貌的缘故而收敛和掩藏起那些展现出自己道德劣性的行为。最后还有一点，人们误以为通过教育，把正直、美德说成是这世上人们普遍遵守和奉行的准则，可以提高学生们的道德水平。但在以后，当经验教给他们另一种东西，并且经常是在他们吃了大亏以后，他们就会发现原来年轻时的老师是第一个欺骗自己的人。这一发现对他们的道德的不良作用可以更甚于如果那些教师们首先自己就作出坦白、诚实的榜样，向他们的学生们不加隐瞒地说："这一世界是相当糟糕的，人们并不是他们应该是的样子，但不要让这些把你们引入歧途，希望你们做得更好。"就像我上面所说的，所有这些都加大了我们认清人的真正不道德的难度。国家是由所有怀着利己之心、对这一点相互间又很明白的理性的人所发明出来的杰作。国家把保护每个人的权利的任务交付一种远超任何个人力量的强权，强迫每个人尊重所有其他人的权利。这样，几乎每个人的无边的自我，许多人的卑劣、恶毒，以及不少人的残忍才不至于抬头，因为所有人都受到了强制约束。由此产生的假象是如此之大，以致在个别情形里，一旦国家的强力机器无法给予保护，或者一旦巧妙摆脱了国家机器的束缚，看到了人们表现出来的永无餍足的贪婪、可鄙的金钱欲、一直隐藏得极深的虚伪和欺诈，以及阴险、恶毒，我们常常会惊慌失色、大呼小叫，误以为撞见了一头从未见过的怪兽。其实，要不是法律的约束和保有公民荣誉的必要性，类似的事情完全是每天的常态。我们只需读一下在无政府状态下的罪行记录和叙述，就可以知道人在道德方面其实
587 是一副什么样子。现在眼前所见的成千上万个正在彼此友好交往的人，可被视为同样数目的老虎和豺狼——只不过嘴巴已用坚固的嘴套套住了。所以，假如想象一下一旦废除了国家的强力机器，亦即让那些老虎和豺狼都甩掉了嘴套，任何有见识的人都会对意料中出现的景象惊恐不已。这让我们认识到人到底对宗教、良心或者道德的天然基础的效力——无论这到底是什么——究竟有多少信心。不过，也正是那时候，面对汹涌、放肆的非道德力量，人身上真正的道德推动力就会毫无遮掩地显示其作用，并因此让人轻易地认出。与此同时，人与人在性格方面那令人难以置信的巨大差别毫无掩饰地显现出来，就像头脑智力方面的差别同样的巨大。这确实已经说出了很多意思。

人们或许会反驳我说，伦理学并不是关于人们如何真实地行事，而是一门说出和规定人们*应该*如何行事的科学。这恰恰是我所否认的原则。在这之前，我在本文批判其他观点的部分已经充分表明：*应该*的概念、伦理学的*命令式*，唯独只适用于神学道德，在这范围以外就失去了一切含意和意义。我认为伦理学的目标是说明和解释人们在道德方面那些差异极大的行为方式，找出最终的根源。所以，要找到伦理学的基础，除了循经验的途径，别无他途。也就是说，我们要调查是否真

有一些我们必须承认具有真正道德价值的行为——这些是自愿做出的公正的、纯粹仁爱的和的确高尚的行为。然后，这些行为应被视为既定的现象，对这些现象我们必须作出正确的解释，亦即找出真正的原因， 588
所以，我们必须证明确有这样的独特动因，驱使人们做出这类与其他行为迥然不同的行为。这一独特的动因和对这一动因的敏感接受是道德的最终原因，对这些道德原因的认识是道德学的基础。这是我为伦理学指出的谦卑路途。谁要觉得这样的伦理学并没有包含任何先验的构筑和体系，没有任何为所有理性的存在物在抽象中的绝对立法，所以不够气派、不够教条化和不够学术味，那他尽可以回到绝对命令，回到“人的尊严”的滥调中，回到空洞的套语和学校中讲授的幻象和肥皂泡中，还有那些无时不遭受现实经验嘲弄的原则——这些东西一旦走出了课堂就无人再知道它们，也一无所感。相比之下，对于沿着我所指出的途径得出的道德基础，经验站在它一边，每天、每时都为其默默地提供证词。

§14. 反道德的[1]推动力

在人和动物身上，首要和根本的推动力是利己和自我(Egoismus)，

[1] 我允许自己使用了有违常规的字词组合，因为“antiethisch”(反伦理的)在此并不能表达意思。现在已成风尚的“sittlich und unsittlich”(道德的和不道德的)却是对“moralisch und unmoralisch”(道德的和不道德的)的糟糕替代，因为“moralisch”(道德的)是一个科学概念，作为概念，应有某一希腊语或者拉丁文的名称、标记——其中的理据，人们可以在我的主要著作第2卷§12第134页及下页(这一版本是第833页及下页)找到；其次，因为“sittlich”(道德的)是一个更弱和更温和的词语，与“sittsam”(规矩、有教养的)难以区分，对后者的流行名称是“zimperlich”。对这种过分强调德国特性的事情，我们决不能做任何让步。

亦即对生存、舒适的渴望和争取。德语词自私自利(*Selbstsucht*)也包含了“疾病”的虚假的附加概念。但自私(*Eigennutz*)一词标示了在理性
589 的指引下的利己和自我，这理性让利己心能够借助反省思维的作用而有计划地实现自己的目标。因此，我们可以形容动物“利己”“只为了自己”(egoistische)，但不可以说动物“自私”(eigennutzig)。所以，我将保留利己、自我(egoismus)一词以标示这一普遍的概念。这种利己和自我无论在动物还是人类，都与人类和动物最内核与本质最紧密地联系在一起，甚至可以说混为一体了。因此，所有人的行为一般来说都出自利己和自我；我们每次在试图解释人的某一行为时，也都要首先从这利己心出发。同样，我们试图把某个人引往某一目标时，所考虑采用的一切手段，都无一例外地基于这个人的利己心理。就利己本质而言是无限度的，人们希望无条件地维持自己的生存，希望自己的生存无条件地免除一切苦痛——这包括一切匮乏和欠缺；希望有最大限度的舒适；希望享受有能力享受到的一切快乐，甚至尽可能地在自身多培养出一些享受多种乐趣的能力。凡是妨碍他们为了利己所作的争取，都会招惹他们的厌恶、愤怒和仇恨，他们就像对待仇敌一样地必欲去之而后快。人们想尽可能地享受一切，拥有一切；既然这并不可能，人们至少可以控制一切：“一切都是我的，别人什么都没有”是他们的格言。利己心是巨大无比的，它高出这世界之上。因为假如一个人在自己遭受毁灭或者其余的世界遭受毁灭这两者之间选择，绝大多数人将选择何种，我就不需要说了。因此，每个人都以自己为这世界的中心，把所有一切都与自己搭上关联。所有发生的事情，例如，国家、民族命运遭遇的重

大变化，首先与自己的利益联系起来；尽管自己的利益既渺小又间接，但先于一切而考虑。再没有比这更大的反差了：每个人对自身全神和高度的关注，与外人对这个人一般都抱有的漠不关心的态度，一如这个人对别人也同样漠不关心。甚至还真有滑稽的一面，看到那无数的个 590
人中，每个人——起码在实际方面——都把自己唯独视为真实的，其他人则在不同程度上只是被视为幻影。归根到底都是因为每个人直接体会自身，对其他人只是间接通过自己头脑中其他人的表象来了解，直接固守其权利。也就是说，由于每个人的意识在本质上的主体性，所以，每个人的自身就是全部的世界，因为所有客体只是间接地、作为主体的表象而存在，以致所有的一切始终取决于自我意识。每个人的确熟悉和知道的唯一世界由他随身携带，作为头脑的表象，并因此是这一世界的中心。正因为这样，每个人就是一切中的一切，他发现自己是一切现实的持有人，对他来说，没有任何东西会比他自己更重要。正当在其主观看法中，一个人的自己显得如此巨大，从客观上看，这个人几乎缩小为无物，亦即缩小为现在生存的全人类的十亿分之一。与此同时，这个人知道得很清楚，正是那比任何一切都更重要的自己，这一微观世界——那宏观世界不过是作为其修正或者附加的东西而出现——亦即他整个的世界，必然在其死亡之时沉沦，因此对他而言等于这个世界的沉沦。这些是基本的要素，而在生存意欲的基础上产生出利己、自我。这一利己心就像一道巨大的鸿沟，横亘在人与人之间。如果有人真的跨越这一鸿沟给别人施以援手，就像奇迹一样引起人们的诧异和收获人们的赞扬。上面§8在解释康德的道德原则时，我有机会阐明：利己和自我在日常生活中是司空见惯的，尽管礼貌像无花果叶一样地旨在遮住它，但这东西总还是从某一角落里探头张望。也就是说，礼貌是人们在日常交往的小事情方面，常规地、有计划地违背自己的利己心，人们也当然承认是虚伪的；尽管如此，礼貌是人们所要求的和得到人们
591 赞扬的，因为用礼貌掩藏起来的东西，即利己心和自我是如此的丑陋和难看，人们不会喜欢看到这些东西，尽管大家都心知肚明它就在那里；好比我们宁愿把令人厌恶的东西起码用帘子遮蔽起来。人的利己心和自我，一旦没有了外在力量——无论对尘世的还是超尘世的强力的恐惧，都可被列于外在力量之下——或者没有了真正的道德推动力与之相抗衡，利己心和自我就会无条件地追求自己的目标。这样，在无数只顾利己的个体人群中，“所有人与所有人的混战”就会无日无之，每个人都沦为输家。因此，人的反省理智很快就发明了国家机器。国家机器是由于人们互相害怕对方的暴力而想出来的办法，以便尽其所能地避免各人的利己心所带来的不良后果，所采用的是否定的方式。一旦上述两种抗衡利己心的力量无法发挥作用，人的利己心马上尽情呈现其可怕的总量，那不寻常的现象不会是美丽的。因为我想不至于长篇大论地表达这种反道德潜力的强度，着眼于用一句话说明利己心的程度，因此找出某一有加强意味的夸张说法，所以，我最终想到了这句话：“不少人会杀死其他人，只是为了用其身上的脂膏擦亮自己的靴子。”不过，这句话到底是否真的夸张，我还是有疑问的。所以，人的利己心是道德推动力必须对抗的、首要的、主要的、虽然不是唯一的力量。我们在此已经看到，要对抗这个强劲对手，这些道德推动力必须是一些比钻牛角

尖的过分推敲，或者某一先验论的肥皂泡更实在的东西才行。在战争中，首要的事情是认清我们的敌人。在可预期的斗争中，利己心作为敌对一方的主要力量，是公正美德尤其要抗衡的。在我看来，公正的美德是排在第一位的真正的基本美德。

相比之下，对抗仁爱（*menschenliebe*）美德的更多的是恶意或憎恶。592
因此，我们打算首先考察恶意和憎恶的根源与程度。较低程度的恶意相当常见，甚至几乎司空见惯；这种恶意轻易就可达到较高的程度。歌德这句话说得很对：“在这世上，人与人之间的漠视和反感是最正常不过的。”（《亲和力》第一部分，第3章）我们相当幸运的是，精明和礼貌掩藏了恶意，不让我们看到那种彼此间的恶意是多么的普遍，那“所有人与所有人的混战”——至少在人们的思想里——是如何持续进行的。但这恶意仍不时显露出来，例如，人们背后的恶语中伤和无情诽谤就极为常见。在人们那种勃然爆发的怒气中才是相当清晰可见的，因为这种发作经常远远超出其诱因；并且如果这些怒气不是一直长时间在内心里酿成恨意，就像火药一样压缩在枪膛里，那是不会如此猛烈地迸发出来的。在大多数情况下，恶意的产生是由于人们各自的利己心不可避免地随时随地互相碰撞和冲突。然后，每个人多多少少都会——起码不时地——表现出来的种种恶行、错误、愚蠢、弱点、缺陷和有欠完美，等等，也在客观上刺激起我们的恶意。情形甚至可以发展到这样的程度，或许对不少人，尤其在情绪忧郁、低落的时候，从美学的角度看，这一世界就像挂满了滑稽可笑的画像的陈列室；从智力的角度看，跟疯人院无异；从道德的角度看，活脱脱是贼窝和匪穴。假如这一忧郁情绪一直持续下去，就会产生出厌恶人类的心理。最后，产生恶意的一个主要源头是*嫉妒*，或者毋宁说嫉妒本身已经是一种恶意——看到别人享有幸福、财产或者优点时就刺激起来的恶意。没有任何人可以完全摆脱这种嫉妒。希罗多德(第3，80)已经说过："从一开始，嫉
593 妒就是与生俱来的。"尽管如此，嫉妒的程度却大有不同。如果嫉妒是因别人的个人素质而起，那是最难消除的，也是最狠毒的，因为在这种情形里，并没有给嫉妒者留下任何希望。同时，这种嫉妒也是最下作的，因为嫉妒者憎恨的是他本来应该崇敬和热爱的东西。现实就是这样：

人们似乎最嫉妒，
那些以自己的振翅奋力飞升，
逃离了所有人的共同囚笼的人。

彼特拉克早已经发出了这样的哀叹。对嫉妒更详尽的思考，读者可参阅《附录和补遗》§114。在某些方面，嫉妒的反面是*幸灾乐祸*(*Schadenfreude*)。感觉嫉妒是人性，对别人的痛苦幸灾乐祸是魔鬼的特性。没有什么比一个人完全的、发自内心的幸灾乐祸，更确切地显示出这个人卑劣、恶毒的内心和道德上的一无是处。一旦在某个人身上发觉这一特质，我们就要永远对他避之唯恐不及："这个人内心是黑暗的，罗马人啊！你们可要避开他。"嫉妒和幸灾乐祸本身只是理论性的，成为实践的就是恶毒和残忍的行为。自我和利己心可以导致种种不轨行为和罪

恶勾当，由此造成的别人的损失和痛苦对利己心只是手段，而不是目的，因而只是偶然和附带造成的。相比之下，对恶毒和卑劣者来说，别人的痛苦和不幸本身就是他们的目的，达到这一目的就能给他们带来快乐。正因为这样，恶毒和残忍构成了力度更甚的道德劣性。极端的利己主义奉行这样的准则：“不帮助任何人；假如损害所有人能给自己带来好处（因此这始终是有条件的），那就损害所有人。”恶毒者的准则是：“尽你所能地损害所有人！”正如幸灾乐祸只是理论上的残忍行为，同样，残忍行为只是实践的幸灾乐祸。幸灾乐祸一有机会就现身为残忍行为。

要说明出自上述两种基本潜力的专门罪恶，只能在一套详细的伦理
学里进行。这套伦理学大概会从自我、利己引出贪心、饕餮、淫欲、自 594
私、吝啬、贪婪、不义、傲慢、铁石心肠、盛气凌人，等等；从憎恶引出嫉妒、易怒、仇视、阴险、恶毒、背叛、狡诈、报复、残忍、幸灾乐祸、出语伤人、摇舌中伤、蛮横无耻，等等。第一条根子更多的是动物性，第二条根子更多的是魔鬼性。到底是这条抑或那条，抑或接下来才会说明道德推动力占据了主导，将会勾勒出这个人性格的道德类型。任何人都不可能完全没有这三者的某些成分。

我本可以此结束审阅那些确实可怕的反道德力量——这些让人想起弥尔顿的《魔窟》里的那些魔头。但是，我的计划需要我首先考察人性的阴暗面。这样，我考察的途径当然偏离了所有其他道德学家的路线，而与但丁的路线相似，因为但丁首先踏上的是通往地狱之路。

通过这里对那些反道德力量的概览，大家可以清楚地看出，要找出

能够驱使人们做出一种与上述种种深植于人性的倾向背道而驰的行为方
式的推动力，或者假如大概这类行为是在经验中存在的，那要给出足够
的和并非牵强的解释，该是多么的困难。 这难度如此之大，以致人们
为了给普遍人类解决这一难题而到处都被迫求助于另一世界的运行机
制。 人们指出了神祇——他们的意志和命令是在此所要求的行为方式；
并且这些神祇通过那些要么在这一世界，要么在人们死后往生的另一世
界所给予的惩罚和奖励，以强调其意志和命令。 假设对这一类教义的
信仰在人们的头脑中普遍扎下了根子——如果在人们相当年少的时候就
灌输这些东西，当然是有可能的——并且假设这种信仰能够产生预计的
595 效果——虽然这要困难得多，在生活经验中也更少得到确证——虽然甚
至可以让人们在警察和司法机关鞭长莫及的地方都能行为合法，但每一
个人都会感觉到这一点不能归入我们所真正理解的道德情操。 因为很
明显，所有那些由这类动因所引出的行为，永远只是植根于自我和利己
心。 也就是说，假如我受到了奖赏的引诱，或者受到了惩罚的威胁，那
无私无我又从何谈起？ 坚信在另一世界将获得奖赏，被视为犹如一张
完全安全的汇票，但这张汇票要非常长的期限以后才可兑现。 无论何
处，接受了施舍的乞丐都忙不迭地向施舍者许诺：施舍者在另一个世界
将千百倍地得到回报；这会鼓动不少平时一毛不拔的铁公鸡为此慷慨解
囊。 这些吝啬鬼把这当成是很好的投资而心情愉快地给予，因为他们
深信在来世他们还将马上成为巨富。 对人民大众来说，或许必须依靠
这类动因。 所以，就算是不同的宗教也都向大众展示这些动因，这些
宗教也恰恰是大众的形而上学。 在此需注意：我们对自己行事的真正

动因有时是错误理解的，就跟对别人行事的动因错误理解一样。因此，不少人在说明自己所作的最高贵的行为时，只晓得给出上述动因，但他们的行为动因的确高贵得多和纯粹得多，要弄清这些动因也困难得多；他们确实发自对邻人的直接的爱而行事，却只懂得以他们的上帝的命令作解释。哲学在这一问题上，一如对待其他所有的问题，就是要找出对这一难题真正的、最终的、植根于人性的、独立于一切神话式解释的、宗教教义和超验的三位一体的解答，并且还要求这一解答能够在无论是外在的还是内在的经验中得到证实。现摆在我们面前的难题是 596
哲学的难题，所以，我们必须完全撇开一切以宗教为条件的解答。我之所以提到这些宗教方面的解答，目的在于让我们更清楚地看到这一难题的巨大难度。

§15. 判定具有道德价值的行为标准

现在，我们首先要解决这一经验上的问题：在经验中，到底有没有发自自愿的公正和无私的仁爱，然后可能发展成高尚的行为？遗憾的是，这一问题并不可以完全在经验上解决，因为在经验中给出的始终只是事实，动因却不是清楚显露出来的。因此，这样的可能性始终是有的，每一公正的或者善良的行为，其实受到了某一利己的动因的影响。在此进行一样理论探究之时，我不会玩弄那要不得的把戏，把这种事情推给读者的良心。但我相信，很少人会怀疑，也很少人出于自己的亲身经验而不相信常常会有人公正处事，唯一的目的是不想别人受到不公的对待；不相信有这样的人，他们好像与生俱来有让别人受到公平对待的基本准则，因此不会故意冒犯别人、无条件地寻求自己的好处，而是也照顾到别人的权益。在双方互相承诺了义务以后，他们并不只是监察对方是否履行义务，而是同时留意对方是否得到其所应得，因为这些人出于真心并不希望与自己打交道的人会有所吃亏。这些是真正诚实的人，是在无数有失正直的人中的极少数正直者。但这样的人是有的。同样，我想人们会承认很多人在付出和帮助别人、在为别人做事、让自己受苦的时候，心里除了帮助眼前所见陷入困境的
597 人，再没有别的其他目的。当阿诺·冯·温克立德高喊“立下誓言的同志们，记住照管好我老婆和孩子”，然后，尽可能多地把敌人的长矛挡在自己身上时，有人可能会想，冯·温克立德的壮举其实夹杂着自私的目的。人们可以这样去想，我却无法这样认为。对发自内心的公正行为，如果不是故意找茬或者顽固不化的话，是无法否认的。我在本文§13已经提请人们注意。假如有人坚持否认所有这样行为的存在，照这些人看来，道德学是一门没有实际对象的科学，就像占星学和炼金术一样；现在还要进一步争论道德的基础是浪费时间而已。对这些人，我的话也就到此为止了。我现在是跟承认道德是现实存在的人说话。

因此，唯独上述一类行为，我们才可以承认其具真正的道德价值。我们发现这些行为的独特之处是排除一般都会引起一切人的行为的一类动因，亦即在最广泛意义上的自私的动因。所以，一旦发现行为中其实有某一自私的动因，这一自私的动因又是整个行为的唯一动因，这一

行为就完全没有了道德上的价值；假如自私的动因只是附带发挥了作用，这行为在道德上的价值就打了折扣。不带任何利己的动因成了鉴定具有道德价值行为的标准。虽然有人会反驳说，纯粹恶毒和残忍的行为也不是自私的。但这些行为很明显并不可能是我们所指的那一种，因为这些行为与我们现正谈论的行为恰恰相反。谁要是坚持严格的定义，就明确排除其根本特征旨在造成别人痛苦的恶毒、残忍的行为。另外，具有道德价值的行为还有一个完全内在的，因此并不那么明显的特征，这些行为会留下人们称为良心的赞许的某种对己的满意，
一如同样地，与这些行为相反的不公正、没有爱心的行为——那些恶 598
毒、残忍的行为就更不用说了——会让行为者在内心体验到某种自我责备。再就是作为次要和附加的外在特征，第一种行为会引起置身事外的旁观者的赞许和敬意，第二种行为引起与此相反的反应。

现在，那些如此确定的和得到了人们承认的事实是具有道德价值的行为，我们要视为摆在我们眼前的、需要我们去解释的奇特现象；因此，我们需要探究到底是什么可以驱使人们作出这类行为。如果我们这种探究成功的话，必然会暴露真正的道德动因；因为一切伦理学都必须建立在这一真正道德推动力的基础之上，所以，这一难题也就解决了。

§16. 唯一真正的道德推动力的提出和证明

经过到此为止那些绝对必需的准备工作以后，我现在要说明和证实

在所有具有真正道德价值的行为背后的推动力；作为这样的推动力将表明，由于严肃性和无可否认的现实性，它们与所有那些死钻牛角尖、玩弄文字游戏、强词诡辩、从子虚乌有中生造出来的看法和命题，以及先验的肥皂泡相去甚远——后者被迄今为止的体系当作道德行为的根源，当作伦理道德的基础。因为我所提议的道德的推动力，并非可被随意接受的设想，而是要的确证明为唯一可能的推动力，由于这样的证明需要把许多思想联系起来，所以，我首先给出一些前提，这些前提是进行论证的先决条件。下面这些前提，除了最后两个以外，完全可被视为公理。其中最后两个前提的根据是上面已经进行了分析和讨论的。

599 （1）缺乏足够的动因不会产生行为，正如缺乏足够的推力或者拉力，石头就不会移动一样。

（2）同样，在有了对行为人的性格而言足够有力的动因以后，行为就不可避免地一定要发生——除非另有更强有力的相反动因，让这个人必然地放弃这一行为。

（3）使意欲活动起来的唯有总括而言的、在最广泛意义上的苦或乐；同样反过来，苦或乐意味着"与意欲相悖或者与意欲相符"。因此，每一动因必然与苦或乐有某种关联。

（4）所以，每一行为都涉及某一能够感受到苦或乐的存在物，这些苦或乐是行为的最终目标。

（5）这一存在物要么是行为者本身，要么是行为中另一位被动的参与者，因为这一行为的发生要么是让这存在物受损、痛苦，要么是让这存在物得益、获利。

(6) 如果每一行为最终的目标是行为者本身的苦与乐，这行为就是利己的。

(7) 这里关于行为所说的一切，同样适用于放弃做出这些行为——对这些，动因和反动因都是存在的。

(8) 经过前一章的分析，结果是一种行为的利己心与道德价值是绝对互相排斥的。如果某一行为的动因是某一利己目的，这一行为是没有任何道德价值的；如果一种行为具有道德价值的话，这一行为的动因就不能是利己的目的，无论这利己的目的是远的还是近的，直接的还是间接的。

(9) 由于在本文§5，我已通过分析剔除了所谓对我们自身的责任，结果一种行为的道德意义只在于这一行为与他人的关系：只能从这方面考虑一种行为是有道德价值的抑或卑鄙无耻的，亦即一种公正的或者仁爱的行为，抑或与这两者相反。

从这些前提明显得出下面的结论。苦和乐［根据第(3)条前提］必 600
然构成人们做出或者放弃每一行为的基础、作为其最终目的，苦和乐要么是行为者本身的苦或乐，要么是在这行为中被动参与的另外某一方的苦或乐。如果属于第一种情形，这一行为必然是利己的，因为这一行为的基础是某一与自身利益相关的动因。属于这情形的不仅仅是那些人们明显为自己个人的利益和好处所做出的行为、行动——这些是最常见的情形。其实，只要我们做出某一行为时，是期待在长时间以后给自己带来某一无论是在这世界还是另一世界的成果；或者在做出这一行为时，人们着意的是自己的名誉、在他人眼中的声望、随便旁人给予的敬意、目睹者的好感，等等；又或者假如通过做出这一行为，我们的目的是以身作则维护某一准则，这准则普遍得到谨守的话，我们就期待最终为自己带来某一好处，例如，公平公正、人人互相帮助的准则等——只要是这样，这行为必然是利己的。同样，假如我们认为遵从某一出自一个虽然不认识、但明显是更高的力量的绝对命令且更合算的做法，因为到了那时候，除了害怕假如不服从命令所引起的恶果以外——虽然这些恶果在思考中只是笼统和不确定的——就再没有什么可以驱使我们服从那绝对命令；假如我们力求通过做或者不做某一行为以维护我们对自身、对自己的价值或者尊严的良好看法——无论这种良好看法领会清晰抑或不清晰——一旦做出或者不做出某一行为，就得放弃这一良好的看法，并因此让自己的自尊心受损；最后根据沃尔夫所提出的原理，假如我们做出某一行为，目的只是为了实现自己的完美——假如是这样，那同样是上述情形。一句话：我们尽可以为某一行为随自己喜欢地提出最终的动机，但结果始终是经过一番拐弯抹角，最终那行为者自身的苦和乐是真正的推动力，那行为因此是利己的，因而是没有道德价值
601 的。只有唯一一种情况不是这里所说的情形，即做出或者不做出这一行为的最终动机完全和唯独在于这行为里被动参与其中的某一他人的苦和乐；这样，行为的主动方在做出或者不做出这一行为时完全着眼于他人的苦和乐，除了让他人不受伤害，或者能够得到帮助、支援和舒缓这一目的，别无其他目的。唯独这一目的给这一行为或者不做出这一行为打上了道德价值的印记。因此，道德价值完全取决于做出或者不做出这一行为是否只是为了利益他人。也就是说，一旦情况不是这样的

话，驱使人们做出或者阻止人们做出行为的苦和乐，只能是行为人本身的苦和乐，做出或者不做出的行为始终出于利己之心，因此是没有道德价值的。

但假如我纯粹是因为别人而做出行为，那别人的苦和乐必然直接成了我的行为的动因，正如在所有其他行为中，我的苦和乐才是行为的动因一样。这就把我们的难题收缩表达为：别人的苦和乐又怎么可能直接地，亦即完全像我自己的苦和乐一样地促使我的意欲活动起来？怎么会直接成了我的行为的动因，有时候甚至达到了这样的程度，以致我多多少少地把自己切身的苦和乐排在别人的那些苦和乐之后，自己的苦和乐本来才是我行为的唯一动因？显而易见，只能通过让别人成为我的意欲的最终目标，正如除此情形，我自己才是我的意欲的最终目标一样；亦即通过让我完全直接地意愿别人的乐、不意愿别人的苦，一如在其他情况下我只意愿自己的乐和不意愿自己的苦。但要这样做，必然有这样的前提条件：对别人的痛苦我完全感同身受，感觉到他的苦，一如我在其他情况下只感觉到自己的苦，并因此直接意愿他的乐，一如在其他情况下我只意愿自己的乐。这要求我能够以某种方式把自己与别人视为同一，亦即我与每个他人之间的全部区别，起码在某种程度上取
消了——我的自我和利己正是建立在这种区别之上。既然我并不是藏 602
在别人的皮毛里面，那我只能透过我对别人的认识，亦即透过他在我头脑中的表象，把别人与自己视为一体，以致我的行动宣告了那种人、我的差别被取消了。在此所分析的事情过程一点都不是凭空想象出来，而是千真万确的，并且一点都不是绝无仅有的事情——司空见惯的同情

的奇特现象，亦即首先对别人的痛苦有一种完全直接的、独立于所有其他方面考虑的切身感受和关注，并由此避免或者消除这一痛苦，因为自己的满足、快乐和幸福最终在于避免或者消除别人的痛苦。只有这种同情才是一切自愿的公正和一切真心的仁爱行为的真正基础。只有发自同情的行为才具有道德的价值；出于任何其他动因的行为都不具有这种道德价值。一旦刺激起这一同情心，我们就会把别人的苦和乐放在心上，方式与我们把自己的苦、乐放在心上一样，虽然这并不总是以同等的程度。也就是说，此时此刻，人我之间的区别已不是绝对的了。

这种情形当然是令人惊讶的，并的确是非常神秘的。事实上，这是伦理学的一个巨谜，是伦理学的原初现象和界石——也只有形而上学的思辨才可以冒险迈出越过这一界石的一步。在上述情形发生时，我们看到那隔离墙消除了——根据我们的自然之光（古老神学家对理智的称呼），隔离墙把存在物与存在物是完全分隔开来的；“非我”在某种程度上变成了“我”。我们现在暂时先不忙对这一现象作形而上学的解释，而是首先看一下一切自愿的公正行为和真心的仁爱行为是否的确出自这种情形。然后，我们的难题就会迎刃而解，因为我们将表明和证实道德的最终基础就在人的本性之中，道德的基础本身不再是伦理学的
603 难题，而是像所有的存在物一样，是形而上学的难题。不过，对伦理学的原初现象作出形而上学的解释已经在皇家科学院所提的问题范围之外了，因为皇家科学院所提问题集中在伦理道德的基础；所以，形而上学的解释充其量只能作为某一姑妄言之、读者姑妄听之的附加东西补充进来。现在，在我着手从所提出的基本推动力引出主要的和基本的美德

之前，还要提出非常关键的两点。

（1）为了更便于理解，我把上面引出道德行为的同情，简单化为产生出具有道德价值行为的唯一源泉，所采用的方式是故意不考虑恶毒这一推动力，就像同情那样并不是自私的，最终的目标是别人的痛苦。现在加入了这一点以后，我们可以更完整、更严格和更令人信服地把上文已经给出的陈述总结为：

总的来说，人的行为只有两种基本的推动力，所有可能的动因也只有通过刺激这两种基本推动力才能发挥作用。这三种基本推动力是：

a. 利己，意愿自己的乐(利己是没有限度的)。

b. 恶毒，意愿别人痛苦(这可以一直发展为极度的残忍)。

c. 同情，愿望别人快乐(这可以一直发展为高尚无私、慷慨大量)。

人的行为的推动力肯定都可以归因于以上其中之一，虽然两种推动力也可以共同发挥作用。既然我们已经认定具有道德价值的行为是事实存在的，这些行为也必然出自其中之一种推动力。根据第(8)条的前提，具有道德价值的行为不可能出自上述第一种推动力(利己)，也更不会出自第二种推动力(恶毒)，因为出自这种推动力的一切行为都是道德败坏的，出自第一种推动力的部分行为在道德上则既不好也不坏。因此，具有道德价值的行为必然出自第三种推动力，这一点在接下来的讨论中可以得到后验的证实。

（2）对别人的直接切身感受和关注只局限于别人的痛苦，别人的安 604
逸却不会、起码不会直接地刺激起我们的切身感受。其实，对别人的安逸、舒服的状态本身，我们是无动于衷的。让·雅克·卢梭在《爱弥儿》(第四部)里也说了同样的话，“第一条格言：在我们的内心，并不会对比我们幸福的人有同感，只会对比我们更不幸的人有切身的感受”等。

其中的原因是痛苦——所有的匮乏、欠缺、需求，甚至每个愿望都属于痛苦——是肯定性的东西，是直接就感受到的。相比之下，满足、乐趣、幸福的本质只在于没有了欠缺，痛苦就止住了。因而这些是否定性的发挥作用。因此，需求和愿望恰恰是每一乐趣的条件。柏拉图早已看出了这一点，他只把芬芳的气味和精神上的享受排除在这种情形之外(《理想国》，9，第264页及下页，比蓬蒂尼版)。伏尔泰也说过：“有真正的需求，才会有真正的快乐。”因此，那肯定性的、自己能宣示出来的东西就是痛苦：享受和满足是否定性的，只是痛苦消除了。这首先基于这一点，只有别人的痛苦、匮乏、危险、无助才直接引起我们的同感和关注。对幸福者、满足者本身我们是无动于衷的，实际上因为他们的状态是否定性的：没有了苦痛、匮乏和需求。我们虽然能够为别人的幸福、舒适、享受而高兴，但这种感受是其次的，是因为别人在此之前的痛苦和匮乏使我们苦恼和忧伤；或者我们对这些幸福者和舒适者有同感，并不是因为纯粹幸福者和舒适者本身，而是因为他们是我们的孩子、父母、朋友、亲戚、仆人、臣民等。并非纯粹幸福者和享受者本身刺激起我们的直接同感，就像别人的痛苦、匮乏、不幸纯粹以这些东西本身所作的那样。甚至对我们自己，真正说来也只是我们的痛苦才刺激我们行动起来，每一种欠缺、需求、愿望，甚至无聊都可算进
605 这痛苦里面；满足、幸福的状态却让我们无所事事、处于懒惰的静止之中。对于别人，情形又何尝不是如此？因为我们与别人感同身受是建

立在与别人为一体的基础之上。看到别人纯粹的幸福和享受本身，甚至还会很容易刺激起我们的嫉妒呢。每个人都有这种嫉妒的自然倾向，嫉妒属于上文已讨论过的反道德力量之一种。

在上文阐述了同情通过别人的痛苦而成了一种直接的动因以后，我还必须批评卡西那（《对同情的分析》，1788；德文版由珀可斯翻译，1790）的错误观点。卡西那的这一错误观点发表以后，经常被人们反复引用。卡西那误以为同情是受到幻觉的某一刹那间的欺骗而产生的，因为我们把自己摆在了受苦者的位置，在想象中误以为是在我们的身上承受了别人的痛苦。真实的情形一点都不是这样。相反，在每一刻我们都清楚意识到承受痛苦者是别人，而不是我们；我们悲痛感受到的痛苦是发生在他人身上的，而不在我们的身上。我们与他一道，亦即在他的身上感受着痛苦；我们所感受到的他的苦痛是他的苦痛，并不曾想象这种苦痛是我们自己的。的确，我们自身的状况越幸福，我们对此的意识因而与别人的处境越是形成鲜明的对比，我们越能感受到同情。要解释这极其重要的奇特现象的可能性却不那么容易，纯粹经由心理的途径——就像卡西那所尝试的那样——也不能得到解释。这解释只能通过形而上学获得，在最后一节我将尝试对此现象给予这样一种形而上的解释。

但现在我要讨论的是从那已指出的行为的道德源泉所引出的具有真正道德价值的行为。这类行为所普遍奉行的准则，因而也是伦理学的最高基本原则，我在前一节已经提到，即“不要伤害任何人，要尽量地帮助每一个人”。由于这一准则包含两个句子，与之相应的行为也就分成了两类。 606

§17. 公正的美德

在上文，我已表明同情是伦理学的原初现象；更仔细地考察这个现象，第一眼就可看出在别人的痛苦直接成为我的动因，亦即在可以决定自己做出或者不做出某种行为时，有清晰分开的两个等级。首先只在这一级：在抗衡利己的动因或者恶毒的动因时，制止自己做出造成别人痛苦的事情，因此制止造成还没造成的损害，制止自己成为别人痛苦的原因。然后是更高一级——这时同情肯定性地发挥作用，驱使我们行动起来，给别人施以援手。所谓的“法律义务”与“美德义务”的区别，更准确地说，应是“公正”与“仁爱”的区别——这在康德那里弄得如此牵强、生硬——在此却完全自动地显示出来，并以此证实了这一原则是正确的：那是自然的、清晰的和截然的界限，把否定性的与肯定性的、不做出伤害与给予帮助区分开来。至今为止的那些称谓，亦即“法律的义务”“美德的义务”——“美德的义务”也被称为“爱的义务”“不完全的义务”——首先犯了这一错误：这些称谓把类（genus）与种（spezies）并列起来，因为“公正”也是一种美德。其次，这些称谓的基础是太过广延的“义务”概念——我在下面会还原其真正的含义范围。因此，对上述两种“义务”，我以两种美德取代，即“公正”和“仁爱”的美德。这两种美德我名为基本的美德，因为从这些基本美德可以在实际中产生，在理论上推引出所有其他美德。公正和仁爱都植根于自然而然的同情。这种同情本身是人的意识中一个不可否认的事实，本质

上为人的意识所独有，并非以假设、概念、宗教、教义、神话、教育、
修养为基础；而是原初的和直接的，存在于人的本性之中，并因此在各 607
种情形里都经受得起考验，无论在任何国家、任何地区和任何时候都表现出来。因此，无论在哪里，人们都有信心求诸人的同情心，就像求诸每个人身上必然会有的东西，绝对不属于“陌生神灵”的东西。谁要是似乎缺少了同情，就会被别人称为“不是人”。同样，人们经常把“人道”一词作为同情的同义词使用。

因此，这一真正的和自然的道德推动力的第一级作用效果只是否定性的。我们所有人本来倾向于非义和暴力，因为我们的需要、我们的欲望、我们的怒气和恨意直接进入我们的意识，并因此有“先占有者的权利”。相比之下，我们的非义和暴力所造成的别人的痛苦，只能经由表象的次要途径和只是通过人生的经验，因而间接地进入我们的意识。所以，塞涅卡说过：“人们不会在体验到恶的感情之前体验到善的感情。”（《书信》，50）同情的第一级作用因而是制止自己由于那与生俱来的反道德力量而造成别人的痛苦，向我们喊出了“住手！”并像一道防护墙一样挡在别人面前，使其免受我的利己心或者恶毒心驱使我要作出的伤害。这样，从这第一级同情产生了这一准则：“不要伤害任何人”，亦即公正的原则，美德纯净的、纯粹道德性的、不含任何杂质的根源只在这里，不会在任何别的地方，因为如果不是这样的话，这一美德必然建立在自我和利己心的基础之上。假如我能感受同情到那样的程度，每当为了达到我的目标而要以别人的痛苦为代价的话，同情就会制止我这样做——无论这些痛苦是即时出现，还是在以后才会产生；无

论是直接的还是经过中间环节所间接造成的。因此，我不会侵犯别人
608 的财产，正如我不会侵犯别人的身体；既不给别人造成精神上的也不造成肉体上的痛苦，因而不仅要克制自己，不要造成别人任何身体上的伤害，而且也不能以精神上的方式给别人带来苦痛，采用侮辱、威吓、激怒或者诬蔑别人的手段。同样的同情会制止我试图满足一时的肉欲而破坏一个女性一辈子的幸福，或者诱奸别人的妻子，又或者唆使青少年鸡奸而败坏这些青少年的身体和道德。不过，在每一个别情形里，并不真的需要把同情刺激起来，因为同情经常来得太迟；其实，我们一旦获得了这样的认识，每一不公正的行为都必然会给别人带来痛苦，同时，因为遭受了不公正待遇的感觉，亦即感觉别人拥有更强的力量，就会更加剧了已承受的痛苦——从我们所获得的这一认识，在一个具有高尚情操的人那里，自然就会生发出这条准则："不要伤害任何人。"理智反省思维会把这提升为一次性理解的坚定决心：尊重每个人的权利，不允许自己侵犯他人的权利，在不造成别人痛苦方面做到问心无愧；因此，不会把人生际遇带给每个人的生活重负和苦难，通过玩弄诡计或者实施暴力推卸给别人，而是负担起自己所得的份额，目的是不让别人承受双倍的重担。这是因为虽然原则和抽象知识一点都不是道德的源头或者最初的基础，这些东西对要过上合乎道德的生活却是不可缺少的，因为那些准则和抽象知识是承载的器具，或者水库式的东西——它们把源自所有道德性的源头的信念和思想储存起来，这些东西可不是每时每刻都源源不断地从源头流淌而出的。这样，当需要应用这些信念和思想的时候，这些东西可以经由引渠从库存中流出。因此，道德上的事

情与生理学上的事情是同样的原理，例如，胆囊作为储存肝的分泌液之用，同样是必不可少的。相似的例子还有很多。没有了牢固确定下来的原则，一旦我们那些反道德的动因被外在印象刺激起来，我们就会无
力抗拒它们，只能任其肆虐。坚持和奉行既定的原则，毫不理会与这 609
些原则相对抗的动因——这是我们所说的自我控制。这也就是为何女性因其薄弱的理智，在理解普遍的原则、坚持这些原则和以这些原则作为行动的准绳方面的能力远远低于男性，在公正这一美德方面，亦即在诚实、正直和认真方面，一般来说都逊色于男性。因此，虚假、不公正是女性更常犯的罪过，说谎则是她们固有的特点。相比之下，女性在仁爱这一美德上优于男性；因为诱发仁爱的原因通常都是直观的，因此直接诉诸人的同情心，女性明显更容易受到这些直观诱因的影响。对女性来说，也只有直观的、现时此刻的、直接的现实才是真正存在的；只有通过概念才可认识到的、遥远不在眼前的、过去或将来的事物却让她们难以很好地理解。在此仍然各有得失：公正大多是男性的美德，仁爱大多为女性所有。只需想一下女性坐在法官席上行使职责的模样，就会让人发笑；教会的护士姐妹甚至多于修士会的护士兄弟。动物由于完全缺乏抽象或者理性的认识，绝无能力下定决心，原则就更谈不上了，因而并没有任何的自我控制，听任印象和情绪的左右而无力自主。正因为这样，动物并没有意识到的道德，虽然物种在恶和善的性格方面会显现出很大的差别；在最高级的种属中，甚至显现出个性。根据上面所说，在公正者的个别行为中，同情只是间接地、借助于原则、更多是在可能中(potentia)而不是在实际中(actu)发挥作用的，情形

就像在静力学中，由于一边的天平杆长度更长而产生更快的速度，这样，更小的质量与更大的质量保持了平衡；在静止状态中，这更快的速度只是在可能中发挥作用，跟在实际中发挥作用差不多。尽管如此，
610 同情也随时可以实际走出前台。因此，假如在个别的情形里，当选定的公正准则开始不大起作用时，要巩固这一准则、为这公正的决心注入活力的话，没有任何动因会比发自那源头本身的动因——同情——更有效用。这不仅适用于对别人的人身造成伤害，而且也适用于侵占别人的财产。例如，当某人捡到某一有价值的物品并有了据为己有的欲念时，要让这人返回正直的轨道的话——撇开所有对抗这一欲念的精明的考虑、宗教的动因不提——让这个人想到失主的焦灼、苦恼和悲哀是最有效的。正是有感于这真理，在登载呼吁返还丢失金钱的公告时，人们经常会附带强调失主是个穷人、佣人，等等。

我希望这些思考能清楚地表明，虽然乍一看似乎不大可能，但公正、正直作为一种真正和发自内心的美德，源头确实是同情。谁要是认为同情这一土壤看上去太过贫瘠，那伟大和真正的基本美德不大可能只是根植于此，他从上述所言回忆一下：在人群中，真正的、自愿的、无私的、未加美化的公正的比例是多么的微不足道，这些的发生始终只是让人惊讶的例外；这一美德与那种纯粹只是基于精明的考虑、到处都大声嚷嚷、唯恐别人不知的假冒品相比，在质和量方面，犹如黄金之于黄铜。我必须把那种假装忠厚正直名为“俗世的正直”，真正的公正美德是“天界的正直”，因为据赫西俄德所言，这种天界才有的公正、正直，在仍是铁器时代就已离开了地球，只与天界的神祇共处了。对于这一在这世上

始终带有异国风味的珍稀花卉，那已指出的根子已经足够强劲了。

非义或不公正，因此始终意味着伤害别人。所以，不公正的概念
是一个肯定性的概念，并且先于公正的概念；公正的概念是否定性的，
纯粹只是标示着在不伤害别人的情况下，人们可以做出的行为，亦即没 611
有做出不公正的事情。至于所有以防止别人做出不公正事情为唯一目的而做出的行为，也都属于公正的行为，是轻易看得出来的。这是因为对别人的关注、对别人的同情，并不会要求自己受到别人的伤害，亦即让自己承受不公正。公正的概念是否定性的，与肯定性的不公正的概念截然不同——这一点也见之于法哲学之父乌戈·格劳秀斯在著作的开场白对这观点的最早解释："法律在此所意味的不外乎公正，并且这更多的是在否定性的、不是肯定性的意义上而言——因为公正就是并非不公正而已。"（《论战争与和平的法律》，第 1 部，第 1 章，§3）公正的否定性，与表面上看的相反，就算在对公正平淡无奇的定义里也得到了证明："给予每个人属于这个人的东西。"如果某样东西是他的，那用不着把这东西给他了。因此这句话的意思是"不要拿走属于别人的东西"。因为公正的要求仅是否定性的，所以这要求可以强制实施，因为"不要伤害任何人"可以同时由所有人执行。对此监督执行的强力机构是国家，唯一目的是保护国内每个人不受其他人的伤害和保护全体国民不受国外敌人的伤害。在什么都可以出卖的时代，某些德国假冒哲学家却想把国家扭曲成一个进行道德教育和道德建设的机构。这背后潜伏着耶稣会要消灭个人自由和个体发展的目的，以便把个人变成只是一个国家和宗教的大机器里面的一个螺丝钉。从前有过的中世纪异端

审判庭、宗教战争，就是在这条道路上发展而来的。菲德烈大帝的这句话：“在我的国家，每个人都可以以自己的方式追求自己的幸福”表明了菲德烈大帝并不想走上这条道路。相比之下，我现在却看见在世界各地，国家甚至操劳起国民对形上学的需求(除了北美以外——那里只是表面上这样，事实并非如此)。政府们看上去似乎选取了库尔提乌
612 斯的定理作为政府的原则：“没有什么比迷信更能有效地管治大众。一般来说，大众都是不羁、难驯、残忍和反复无常的；一旦让宗教幻想攫住了他们的头脑，他们就会宁愿服从他们的神职人员更甚于服从他们的领导者。”

不公正和公正的概念与伤害和不伤害的含义是等同的，而不伤害也包括防止伤害。这两个概念明显独立和先于所有肯定性质的立法，因此，我们有一种纯粹伦理上的公正，或者自然的公正和一种纯粹的，亦即独立于所有肯定性法令的公正学说或法理学说。这些原则虽然有经验的起源，因伤害的概念而起，就这些原则本身而言却建基于纯粹的理解力——纯粹的理解力先验地为我们提供了这一原则：“引起B原因的A原因，也是B原因所产生的结果的原因。”这一原则在此表明，我为了防止某个人对我的损害所必须做的事情，其原因是这个人而不是我；因此我可以对抗所有来自他那一方的损害而不至于对这个人作出不公正的事情。这好比一条道德上的回应法则。所以，把伤害的经验概念与纯粹理解力所提供的那一规则结合起来，就产生了不公正和公正的基本概念；这些概念每个人都可以先验地理解，一有经验机会马上就可应用。对那些否认这一点的经验主义者——因为这些人唯独认可经验——我们

只需让他们看一看那些未开化的人：全都能正确并经常可以精细划分不公正和公正的差别。这一点在他们与欧洲船只的船员的交换贸易和其他协议中，在他们造访欧洲船只时都非常引人注目。这些未开化的人在占理的时候是大胆和充满信心的，而道理不在他们一边时就会惊慌、不安。在发生争执时，他们会对公平的平衡和补偿感到满意，但不公正的处理会迫使他们开战。公正学或法理学是道德学的一部分，它定出哪些行为是不可以做的——如果人们不想伤害别人，亦即不想做出不公平的行为的话。因此，道德学或道德在这里着眼于主动的部分。立 613
法接过道德学的这一章，目的是要考虑不公正行为的被动一方，亦即反过来运用，把同样的行为视为任何人都用不着承受的东西，因为人们是不应承受不公正的。针对这些不公正的行为，国家设立了法律这一防御工事作为肯定性的公正和权利。法律的目的是要确保任何人都不会承受不公正的行为，道德法理学的目的却是任何人都不要做出不公正的行为。[1]

每一个不公正的行为的不公正在性质上都是一样的，都是伤害到了别人——不管是伤害了别人的人身还是伤害了别人的自由、财产、名誉。但在数量、程度上造成的损害，却可以有很大的差别。这种不公正行为在量上的差别好像还没有得到道德学家足够的探讨，在现实生活中，无论在哪里都得到了人们的承认，因为人们为此所遭受的责备之轻重程度是与其行为相配的。至于公正的行为也是同样的情形。为解释

[1] 对公正学或法理学的详细论述，读者可参阅《作为意欲和表象的世界》第 1 卷，§ 62。

这一道理，我举出这一例子。一个濒临饿死的人偷了别人一个面包，是做出了不公的行为；但与一个富人以某一方式夺取了一个穷人仅有的一点点财产相比，前一种不公行为却是多么的轻微。有钱人在付给雇工工钱时是做出了公正的行为，但与一个穷人自愿把捡到的钱袋交还给富人失主的行为相比，前一种公正行为多么微不足道。这种测量公正和不公正行为(在同一性质的情况下)程度差别的尺度不是直接的和绝对的，就像测量表上的刻度一样，而是间接的和相对的，就像正弦和正切一样。我提出下面这一计算方式：我的行为的不公正程度等于我以此行为所造成的对别人的损害程度，除以我因此行为所获得的好处程度；我的行为的公正程度就等于伤害别人为我带来的好处程度除以别人因而
614 承受的损害程度。除此之外，还有一种*双重不公正*：这明确有别于所有其他简单的不公正行为——无论它是多么严重的程度。这一点可以从置身局外的旁观证人的愤慨程度清楚地显示出来——旁观者的愤慨程度总是与行为的不公正程度相一致，唯独对这种双重不公正的行为达到了最高级。人们厌恶这种骇人听闻、伤天害理的事情，把这视为造孽。神灵对此恶行也会掩面看不下去。这种*双重不公正*是，当一个人明确接受了在某一方面保护另一个人的责任以后，如果这个人不履行这种保护责任，那就构成了对另一方的损害，已经做出了不公正的行为；但现在，除此之外，这个人恰恰在本应需要保护另一方的地方侵犯和伤害了他的被保护者。属于这种情形的是，例如，担负保卫任务的哨兵或者护卫反过来杀死了他们要保护的人；接受了委派的监守人却成了盗贼；未成年人或病人的监护人盗走了被监护者的财产；律师支吾搪塞；法官接受贿

赂；收费提供咨询的人故意给予有害的建议——所有这些都可归入背叛的概念里面，并受到世人的憎恶。与这说法相吻合的事实是，但丁把背叛者安排在地狱的最底层——也只有魔鬼才会在这里栖身。

现在既然谈到了承担义务的概念，那就是时候把义务的概念含义确定下来，因为这个无论在伦理学还是在生活中都频繁使用的概念，却被太过延伸了。我们已经发现不公正始终意味着伤害别人，无论伤害的是别人的身体、自由、财产，还是名誉。由此似乎可以推论：每一桩不公正必然是一个肯定性的侵犯，一桩过错。不过，也有这样一些行为，只是不做出这些行为就意味着一桩不公正的事情，这叫做义务。这是对义务概念的真正哲学上的定义。相比之下，如果人们像在此之前的 615
道德学所做的那样，把每一值得称道的行为方式都称为义务的话，那义务的概念就失去所有特征，并因此而消失。人们这样滥用义务的概念是忘了所说的义务必然是责任（*Schuldigkeit*）。“义务”一词，德文 *pflicht*，希腊文 το δεου，法文 *le devoir*，英文 *duty*，因此是这样一种行为：如果不做出这一行为，就会损害别人，亦即做出不公正的事情。显然，符合这种情形的只能是不做出行为的人在此之前是自告奋勇承诺要做出这一行为的，亦即承担了义务。因此，一切义务都是基于承担了义务。义务一般来说是一种由双方明确订下的约定，例如，王侯与臣民、政府与公务员、主人与仆人、律师与客户、医生与病人等。总的来说，这种约定是由应允履行某一任务的一方与他的订户双方确定下来的，“订户”一词在此包含了最广泛的含义。所以，每一义务也就给予了某一权利，因为没有人会在缺乏动因——即缺乏某种对自己的好处——的情况下承担义务的。据我所知，只有一种义务并不是经由双方确定，而是直接经由一种行为就承担了下来，因为在承担这义务的时候，义务的对象一方还不在场呢。我指的是父母对孩子所承担的义务。谁要是把孩子带到了这一世上，那就有义务把这孩子抚养成人，直到这孩子能够自己谋生为止。假如这个时候永远不会到来，例如，假如孩子是盲人、残疾、弱智或侏儒等，那父母的义务就永远不停止，因为仅仅不给予这些子女帮助，亦即不做出事情就会伤害甚至导致这些子女的死亡。子女对父母在道德上的义务不是那么直接和明确。这是因为每一义务都包含着权利，父母也必然对子女享有一种权利，这是子女有义务服从父母的理据。但这种义务在以后随着权利(服从的义务就出自这一权利)的中止而中止了。取而代之的是感恩，即对父母严格履行义务之外所多
616 做的感恩。不过，尽管忘恩是一种可恶和经常令人气愤的罪过，感恩却不可以称为义务，因为不做出这一行为并不会损害别人，亦即不会不公正。否则，施恩人还误认为自己原来不声不响做成了一桩买卖呢。至少，人们可以把对造成的损失的赔偿视为直接由于某一行为而承担的义务。这种赔偿以消除某一不公行为所留下的后果，只是努力抹掉不公行为的结果，是某种纯粹否定性的东西，因为那一不公的行为本身本来不应该发生。在此还要指出，公平(Billigkeit)是公正的死敌，并且经常严重地破坏公正；因此，我们不应对其太多让步。德国人是公平的朋友，英国人则偏爱公正。

动因法则与物理学上的因果法则同样的严格，因此也带有同样的不可抗拒的强制性。与此相应，实施不公正有两种途径：一是使用武力，

二是使用诡计。正如我可以使用武力抢劫、杀人，或者强迫一个人服从我的意愿，我也可以使用诡计做出所有这些事情，因为我可以把虚假的动因呈现给这个人的智力，他因此必然做出本来不会做出的事情。这得借助于谎言，谎言之所以是不正当的，原因唯独在这里。也就是说，谎言只是作为玩弄诡计的手段，亦即作为通过动因的强制作用时才是不正当的。谎言一般来说都是这样的东西。首先是因为我的谎言并不是没有动因的。除了极其罕见的例外，这一动因都是不公正的，目的是对我无法施以武力的人，根据我的意愿诱导，亦即通过动因去强迫他们。甚至那些只是为吹牛皮说出的大话，说到底也是这一目的，因为说出这些牛皮大话的人，其实是想在别人的心目中抬高自己的位置。承诺和协定所具有的约束力就在于这些承诺和协定如得不到履行的话，就成了以最郑重其事的方式撒下的谎言，目的是对他人施以道德上的强制性，在此尤为明显，因为撒谎行为的动因是要求对方做出的事情，明 617
白无误地在协定上写出来。因此，欺骗或诈骗行为之所以可鄙，就在于欺骗者在攻击对手之前，通过伪装解除了对手的武器。背叛是欺骗行为的极致，并因此属于双重不公正，人们是深恶痛绝的。正如我可以以武力对抗武力而并非不公正，因而是合理的，同样，如果我缺乏武力，或者如果运用诡计似乎更适合我，那我也尽可以以诡计对抗武力而并非不公正。所以，在我有权使用武力的时候，我也有权使用诡计，例如，我可以对强盗和各种各样野蛮的更强有力者施用诡计，让他们落入某种圈套。因此，在武力强迫之下所作出的承诺是没有约束力的。事实上说谎的正当权利还扩展至更多的情形，例如，碰到别人打听完全不该打听的有关我私人的或者生意、金钱方面的，因此是好管闲事的问题时，不光是对这类问题所给予的回答只是用诸如“我不想说”来拒绝，也会引起对方的怀疑而招惹危险——在这种情形下，我们就有了说谎的正当权利。 在此，谎话是应付别人不合理的好奇和爱打听的自卫工具——别人这样打探事情的动因通常都不会是善意的。 这是因为正如我有权预先防范他人假设会有的恶意和因此做好准备应付别人估计会做出的暴力行为，同样作为防范措施，我可以在花园墙上留有尖钉，晚上把恶犬放在院子里；甚至根据情况所需，放置铁蒺藜和安装触发性自动射击装置，所造成的恶果则由侵入者负责。 同样，我也有权使用各种方式隐藏起某些一旦被人知道，就有可能遭受侵害的秘密。 我这样做的另一个理由是在这种情形里，我必须设想别人的恶意是很有可能的，对此必须预先采取防范措施。 所以，阿里奥斯图说：

虽然我们经常责备别人伪装自己，
618 人们伪装自己也确实怀有不良目的，
但在很多事情中，
伪装却明显很有好处，
伪装可以让我们避免伤害、耻辱和死亡，
因为在这一阴暗甚于明亮，
并且充满嫉妒的短暂一生里，
我们交谈的对象并非都是我们的朋友。

——《疯狂的罗兰》，第 4，1

这样，我可以以狡猾应付狡猾，预先防范别人只是有可能做出的侵害行为，而不至于做出不公正的事情。因此，对那些没有正当理由、要打探我的私事的问题，我不需要回答，也用不着说“我不想让别人知道这些事情”，以防泄露会对我带来危险，对别人或许带来得益，至少会让别人有了对付我的武器的秘密所在：

> 他们想打探到秘密，以便吓唬别人。

在这种情况下，我有正当理由用谎言打发打探者，万一这些谎言让打探者犯错吃亏，他们咎由自取。这是因为在现正谈到的情形里，谎言是应付别人打探性的、不怀好意的问题的唯一手段，因此，我这样做只是正当防卫而已。“别向我问这问那的，我也不会向你撒谎。”* 在此是正确的准则。也就是说，英国人把别人指斥自己说谎视为最严重的侮辱，也正因此他们比其他国家的人确实更少撒谎。与此相应，英国人会把贸然打听别人的私事，一概视为粗鲁、欠缺教养的行为，形容这种行为的短语是 to ask question。每个明理的人，就算他绝对的正直和老实，也仍然遵守上述规则行事。例如，这个人从某一偏僻的地方赚了一笔钱回来。假如一个与他素不相识的旅行者与他搭讪，并按习惯首先问他从哪里来，然后问到哪里去，慢慢就会转到当初是什么让他到 619
那一地方去。到了这时候，这个人就会以谎话回答旅行者，以防备遭

---

* 原文是 Ask me no questions, and I'll tell you no lies。

受抢劫的危险。如果一个男人到另一个人的家里追求其女儿而不巧与这人相遇，在被问及为何会到那里时，除非这个人是个呆子，否则不假思索地给人虚假的回答。所以，在很多情形里，凡是有理性的人都会随口撒谎而没有半点良心上的顾忌。唯有这一观点，才可以消除在人们平时所倡导的道德与日常生活中，甚至最诚实、最好的人所具体实践的道德之间的尖锐矛盾。但是，我们必须严格遵守那所说的局限于正当防卫情形的规则，否则，这一理论就容易被可恶地滥用，因为谎言本身是一种非常危险的手段。不过，正如尽管在太平盛世，法律也允许人们携带和使用武器，亦即作自卫之用，道德学也同样允许人们使用谎言仅作自卫之用。除了用在防卫别人的武力或者诡计的情形以外，每个谎言都是不正当的。因此，公正要求我们人与人之间保持诚实。但针对把谎言完全无条件地、无例外地从根本上斥为下流、卑鄙的做法，却有这样的反对意见：在某些情形里，说谎甚至还是一种义务呢，尤其对医生来说。同样，也有一些高贵的谎言，例如《唐·卡洛斯》中波萨侯爵的谎言，《被解放的耶路撒冷》（2，22）中的谎言，以及所有意图替人负起罪责而说出的谎言。甚至耶稣也有一次有意没有说出事实（《约翰福音》7：8）。据此，康帕内拉在《哲学诗篇》抒情诗9中直率地说："能够带来很多好处的谎言，是美丽的谎言。"相比之下，关于应急谎言或"美丽"谎言的流行理论，却是贫穷的道德学外衣上的一块寒酸补
620 丁。由康德发起并写在许多教材简写本里的推论，即认为谎言的不正当性是从人的语言机能派生出来的，是这样的肤浅、乏味和幼稚，以致人们为了嘲弄这些推论，可以一头扎进魔鬼的怀抱，一边和塔列朗一道

说出这样的话："人们学会说话，目的只是要掩藏自己的思想。"康德时时处处表现出来的对谎言绝对的、无限的厌恶，要么是造作，要么是偏见。在《道德学说的形而上学基本知识》讨论谎言一章，虽然康德对谎言用尽一切诋毁的形容词，却不曾为摒弃谎言提出点点真正的理据，真正的理据才更具说服力。夸夸其谈比提出证明更容易，进行道德说教也比正直、坦诚做人来得容易。康德本应把他那特别的热情投向抨击幸灾乐祸才是。是人们幸灾乐祸的心理和行为，而不是说谎，才是真正魔鬼特性的罪恶。这是因为幸灾乐祸恰恰是同情的对立面，只是无能的残忍。幸灾乐祸的人看到别人的苦难时是那样的舒心如意，由于他们没有能力造成这种苦难，就感激造成了这些苦难的意外和偶然。至于根据骑士荣誉，说谎的指责是那样的严重，也只有以发出这一指责的人的鲜血才能洗刷干净——并非因为说谎是不公正的，因为这样一来，指控通过武力而做出了不公正的事情，也就必然对被指责者造成同样严重的伤害了，事实上，我们都知道情况并不是这样。其实原因在于根据骑士荣誉的原则，强力奠定了公理：谁要为了做出一桩不公正的事情而借助于谎言，那就证明了这个人并没有力量，或者并没有使用这一力量所必需的勇气。每个谎言都说明和证明了恐惧——正是这一点给说谎盖棺论定。

§18. 仁爱的美德

公正因此是排在第一的、至为关键的根本美德。古代哲学家也承认这一点，虽然他们并不恰当地把另外三种美德与公正并列在一起。
621 但古代哲学家并没有把仁爱作为美德提出来，甚至在道德学中达到最高级的柏拉图也仅仅提出无私、自愿的公正。虽然无论就实践还是就事实而言，在任何时期仁爱都是存在的，但在理论上用语言正式地把仁爱作为美德提出来，是基督教首先做出的功劳。更确切地说，基督教把仁爱视为所有美德中的最伟大者，甚至把仁爱也施予我们的敌人。这是基督教作出的最大贡献，虽然这只是在欧洲而言。因为在亚洲，比基督教还早一千多年，人们就把对邻人无边的仁爱不仅作为学说和规定的目标，而且是人们实践的内容。在《吠陀》《法论》《史传》《往世书》中，还有佛祖释迦牟尼的教导，圣者不知疲倦地宣讲仁爱。严格说来，在古希腊、罗马的著作中，也可找到推荐仁爱的痕迹，例如，在西塞罗的《论至善》（V，23）；甚至在《毕达哥拉斯的一生》中，根据扬布利科斯所言，毕达哥拉斯也宣扬仁爱。现在，我有义务从我的原则中，用哲学推论出仁爱这一美德。

同情的第二级，即通过同情的过程——这在上文已被证明是事实，虽然就其起源而言是充满神秘的——别人的痛苦本身也直接成了我的动因，是与同情的第一级清楚分开的。这表现为由第二级同情所产生的行为具肯定的特性，因为到了这时候，同情不只是制止我去伤害别人，甚至还驱使我帮助别人。根据对别人痛苦的直接同感的强烈、深切程度和别人痛苦的大小与迫切程度，我相应地受到纯粹道德性的动因的推动，为了别人的需求和困苦而做出或大或小的牺牲。这牺牲可以是为其消耗我的身体或者精神的活力，可以是投入我的财产、我的健康和自由，甚至我的生命。因此，在这里，那直接的、既不依靠也不需要任何辩论的同感和关切，是产生仁爱的纯净起源。这一美德起源的准则是： 622
“尽你所能地帮助别人。”从仁爱这一美德所产生出来的一切，都由伦理学规定在“美德义务”“爱的义务”“不完全的义务”等名下。这种对别人的痛苦完全直接的，甚至本能直觉式的同感和关切，亦即同情是那些具有道德价值的行为的唯一根源。那些行为没有任何自我、利己的动因，也正因为这样，我们的自身据称会激发起某种内心满足——人们把这形容为“心安理得”“清白的良心”“良心的嘉许”，等等。这些行为也同样会引起旁观者特别的赞扬、尊敬和钦佩，甚至使旁观者自惭形秽。所有这些都是不容否认的事实。假如某一善举另有别的动因，那不外是利己的动因——假如那完全不是恶毒动因的话。这是因为与上文所论及的一切行为的原始动因(亦即利己、恶毒和同情)相应，能够驱使人们行动的动因可以分为泛泛的和主要的三大类：(1)自己的幸福；(2)别人的痛苦；(3)别人的幸福。那么，假如某一善良行为的动因不是出自第(3)类，那必然属于第(1)或者第(2)类。有时候，做出善行的确出于第(2)类动因，例如我对甲做出善行时，目的是要伤害乙的感情，因为我并没有对乙做出同样的善行；或者我是想让乙更感受到自己的痛苦；或者甚至目的是要羞辱第三者丙，因为丙并没有对甲做出这样的善行；最后，目的还可以是以此方式贬低受我恩惠的甲。出自第(1)类动因的行为常见得多，即做出一件好事时，只要我的眼睛关注的是我自己的幸福或得益——不管这得益距现在相当的遥远，还是要经过迂回曲折的中间过程——出自第(1)类动因。因此，只要我考虑的是在这一世界或者在另一个世界所获得的奖赏，或者要得到尊敬和具高贵心灵的名声；或者想到我今天帮了这个人，他日这个人就有可能帮我一把，或者对我会有用处；最后，假如我想到必须以身作则奉行高尚情操或者乐善
623 好施的准则，因为只要人们谨守这一准则，终有一天自己到头来也会获得好处——一句话，只要我的行为除了出于这一纯粹客观的目的以外，亦即除了帮助别人、解除别人的苦痛、使别人脱离窘迫和困境以外，还有其他别的目的，那我所做的仁爱行为就是出于第(1)类动因。只有当我的行为目的完全和唯独是上述帮助别人，除此再没有别的其他目的，那我才的确表现了仁爱之情——宣扬这种仁爱之情正是基督教所作出的伟大和突出的贡献。正是除了爱的诫令以外，《福音书》所补充的规定，例如，“你给人慈悲施舍的时候，不要让左手知道右手所做的”等，是基于对我在此推论的感觉：假如我的行为具有道德价值，其动因必然完全是别人的痛苦，而不是其他方面的考虑。在同一地方(《马太福音》，6：2)所说的也完全正确：在给人施舍的时候吹响号筒，那就已经收到了全部的报酬。甚至在这里，《吠陀》也似乎给予了我们更高的启示，因为《吠陀》反复告诉我们：谁要是渴望为自己所做的事情获得酬劳，那他仍然走在黑暗的路上，离获得解救还早着呢。如果有人在给人施舍以后问我，他从这施舍得到了些什么，我认真的回答将是这样的：“你能得到的是受你施舍的穷人的命运轻松了许多。除此以外，绝对别无其他。如果这对你没什么用处，你在意的也不是这些，那你就不是给予了施舍，而是想做成一桩买卖——如果真是这样的话，那你上当受骗了。但如果你在意的是那受匮乏压迫的人能够减轻点点苦楚，

那可以达到你的目的，因为这个人现在的痛苦有所减轻了，你也可看到你的赠与在多大程度上已得到了回报。”

为何并非是我的、与我无关的痛苦，却会直接地、一如平常只有我自己的痛苦才会成为驱使我做出行为的动因？ 正如我所说过的，只能 624
以这样的方式：虽然别人的痛苦只是作为某一外在的，只是透过外在的直观或者通过知识呈现和传达给我，我却一同感受到了，就像感受自己的痛苦一样，但并不在我的身上，而是在某一别人的身上，因而出现了卡尔德隆已经说过的情形：

看见别人痛苦，
与自己承受痛苦
并没有什么两样。

——《最糟糕的并不总是确实的》，第 2 个工作日，第 229 页

但这个前提条件是：我必须在某种程度上视自己与别人为一体，并因而暂时消除我与非我之间的界限。 只有在这种情况下，别人的事情，别人的需求、困顿、痛苦才会直接变成我的；这样，我眼中所看到的不再是经验直观所给予我的那个他，那个对我而言陌生的、无所谓的、与我完全有别的其他人，而是在他那里与他一同承受着痛苦——尽管他的皮肤并没有包裹着我的神经。 只有这样，他的苦痛、他的困顿才会成为我的动因。 否则，只有绝对是我自己的这些东西才会成为我的动因。 这事情的过程——我必须重复一遍——是神秘的，因为这种事

情是理智机能无法给予任何直接说明的，根据和原因也并非经由经验的途径可以查明。像这样的事情可是每天都在发生。每个人都经常有这方面的亲身体验，哪怕最自私自利、最铁石心肠的人也不会对此现象感到陌生。这种事情每天都在我们的眼前发生，到处都有这类个别的、小的方面的事情：受到这直接的动因的驱使，一个人不假思索地对别人施以援手；有时候，甚至为此不惜置自己生命于明显的危险之中，所帮助的只是自己素昧平生的人，在整个过程中想到的只是眼前所见的别人的巨大危险和困境。在大的方面，我们可看到具高贵心灵的英国民族，在长时间斟酌、几经艰难辩论以后，献出了两千万英镑以赎回英国殖民地的黑人奴隶的自由，这一举动得到了全世界人民的赞赏。谁要
625 想否认这一大手笔的美丽举动的背后是同情的动因，目的是要把这举措归因于基督教，那就要记住：在整部《新约》中，并没有任何只字片语是反对蓄奴的，因为蓄奴在那时候是相当普遍的事情。反倒是在1860年，在北美辩论蓄奴制时，有人引用了《圣经》中亚伯拉罕和雅各也蓄有奴隶以支持自己的观点。

对于在每一个别的情形里，那神秘的内在过程所引致的实际结果，伦理学尽可以整章整段地分析和解释为“道德义务”，或者“爱的义务”，又或者“不完全义务”，等等。所有这些根子和基础在此指出的同情——由此产生了这一原则：“尽你所能地帮助每一个人”；从这一基本原则轻易引出这里所有的其他原则，正如从我所提出的这一原则的前半句，亦即从“不要伤害任何人”引出所有公正的义务一样。事实上，伦理学是所有科学中最容易的一门，这理应如此，因为每个人都有责任

自行从上述那些扎根于自己心中的基本原则，引申出针对所出现的情形的规则，因为很少人会有闲情和耐心去学习一门现成构筑好的伦理学。从公正和仁爱生发出所有的美德，因此，公正和仁爱是基本的美德，与从其引出的其他美德一道，共同构成了伦理学的基石。公正是《圣经·旧约》所包含的全部伦理学内容，仁爱是《新约》的伦理学内容：仁爱是“一条新命令”（《约翰福音》，13：34）。并且，据使徒保罗所言（《罗马人书》，13：8—10），仁爱包含了所有基督徒的美德。

§19. 对我所提出的道德基础的证明

我现已指出的这一真理，即同情并非唯一利己性的动因，是唯一真正的道德性动因，是一个古怪的，甚至几乎难以理解的似是而非的论点。因此，我将尝试通过现实经验，通过普遍的人类感情的证词来证实这一真理，让读者不再对此真理感到那么陌生。 626

（1）为此目的，我将首先采用某一随意设想出来的情景作为例子，即在我们现正进行的探究里可视为“决定性的试验”。为了不至于把这搞得太过容易，我并不采用需要人们发挥仁爱的例子，而是采用某一侵犯权利和公义，并且是最严重侵犯的例子。我们假设两个年轻人该乌斯和提图斯，狂热地爱上了各自的姑娘。他们两人都有自己的情敌障碍——这些情敌由于外在的境况而更受姑娘的青睐。该乌斯和提图斯都打定了主意要除掉自己的情敌。他们这样做肯定不会被任何人发觉，甚至不会引起人们的疑心。可是，正当他们两人更细致、具体地谋划实施杀人时，经过与自己的一番争斗以后，他们两人最终都放弃了杀人的念头。对于自己为何放弃那谋杀的念头，他们必须给我们一个坦诚和清楚的解释理由。至于该乌斯要做何种解释，完全由读者自己决定。这可能是因为宗教的理由，诸如上帝的意志、将来要遭受的报应、末日的审判等制止了他。或者该乌斯可能说："我认为我在这种情形下据以行事的准则，并不适合成为所有可能的理性存在物都需遵守的规则，因为我把我的情敌唯一当作是手段，而不是同时当作目的。"或者该乌斯与费希特一道说出："每一个人生来就是实现道德法则的手段；因此，假如我毁灭一个注定要为实现道德法则作出贡献的人，那就是漠视实现这种道德法则。"（《道德原理》，第 373 页）。（附带说上一句，要消除这一顾虑，该乌斯这样想就可以了：一旦占有了他心爱的姑娘，他就可以希望很快生下一个新的实现道德法则的手段）。或者他会按照沃拉斯顿的话说："我仔细考虑过了，这种行为将是某一不真原理的表
627 达。"或者他会重拾哈奇森的说法："一种道德感觉促使放弃做出这样的事情，但这种道德感觉和其他感觉一样，是无法仔细解释的。"或者他照着亚当·斯密的话说："我预先就已看到，我要是做出这一行为的话，我的这一行为不会引起目睹这一行为的人的任何同感。"或者用克里斯蒂安·沃尔夫的话说："我看出如果这样做的话，将会有碍我的自我完善，也不会给别人的自我完善带来帮助。"或者他会仿照斯宾诺莎的口吻说："对人而言，没有什么比人更有用的了；所以，我不可以杀死这个人。"一句话，该乌斯尽可以说出人们想要说的话。但提图斯所给的理由是我选定的，他会说："真要准备去杀人时，在那一刻，我脑子里想的

已不是自己对那姑娘的激情，而是那个情敌。这时候，我才第一次清楚意识到他现在将要遭遇什么。此时，同情和怜悯袭上心头，他的遭遇让我感到难过。我实在不忍心做出这样的事情；这种事情我做不出来。”现在，我就问一问每一个诚实的、不怀偏见的读者：这两个人中，哪个是更好的人？你宁愿把自己的命运交到哪个人的手里？这两个人中，哪一个人被更纯洁的动因所制止？道德的基础因此在哪里？

（2）没有什么比残忍更深地刺激起我们道德上的愤慨。我们可以原谅任何其他犯罪，但残忍是无法饶恕的。原因在于残忍恰恰是与同情相反的。假如我们听闻一些非常残忍的行为，例如报纸刚刚报道的，某一母亲竟然用滚油灌喉的方式谋杀她5岁的男孩，另一个年纪更小的小孩遭这个母亲活埋；或者例如来自阿尔及尔的报道：一个阿尔及利亚人与一个西班牙人发生了一般的争吵，然后，前者自恃身强力壮，竟把后者的整块下巴骨撕下来，并把它作为战利品带走，扔下那还活着的人 628
扬长而去——假如我们听到这些残忍的事情，都会惊骇不已，不禁说出：“怎么可能做出这样的事情？”——这句话是什么意思呢？有可能是这样的意思吗，怎么可能做出这样的事情，难道这些人没有想过来生要遭受惩罚吗？——不大可能是这样。或者怎么可能根据这样一条准则行事呢，因为这一准则并不适宜成为所有有理智的生物都要遵守的普遍法则！——意思肯定不是这样。或者怎么会做出这样的事情呢，竟然这样忽视自己和别人的完善？意思也肯定不是这样。其实，这句话肯定只能是这个意思：怎么会做得出这样的事情，这样的完全没有同情心？因此，给一桩行为烙上极度道德败坏的印记的是极度缺乏同情心。由此推论，同情心是真正的道德推动力。

（3）总的来说，我所提出的道德的基础和道德的推动力，是唯一称得上有现实的并且宽广范围的效力。这是因为对哲学家们所提出的其他道德原则，大概没有人敢这样夸口，因为其他那些道理学原理、原则只是由抽象的命题，甚至部分是钻牛角尖的命题和定理所组成的，其基础除了某一巧妙的概念组合以外，别无其他。所以，把这些东西套用在人的真实行为的时候，经常会显现出可笑的一面。在做一件好事时，如果纯粹因为考虑到康德的道德原则，那所做的好事从根本上只是哲学上照本宣科的结果；或者这会导致自欺欺人，因为做这一件好事的人会在理智上把一件另有其他动因，或许另有更高尚动因的行为，解释为绝对命令和全无支撑基础的义务概念的结果。不过，不只是哲学的只着眼于理论的道德原则，就算那些全为实际目的服务而提出来的宗教道德原则，也极少能够证明其决定性的作用。这一点我们首先可以从这一事实看得出来：尽管世界上有各种相当不同的宗教，但人们的道德程度——毋宁说不道德的程度——却一点都没有表现出任何与那些宗教
629 相应的差别，而在本质上到处都是一样的。只不过我们不要把粗鲁和文雅与道德和不道德混为一谈。希腊人的宗教只有极少的、几乎只局限于誓言的道德倾向；他们没有教条说教，也不会公开宣讲道德。但我们看到希腊人在总体上并没有因此比基督教世纪的人更道德败坏。基督教的道德学比起在欧洲所出现过的任何其他宗教的道德学都要高级许多。但谁要是因为这样就相信欧洲人的道德水平也在同等程度上得到了提高，起码现在在世界同时代人中鹤立鸡群，不需多久他就会确

信：在穆斯林、拜火教徒、印度教徒、佛教徒中，不仅至少可以发现与基督徒同样多的正直、诚实、忠诚、忍耐、温厚、乐善好施、高尚情操、自我牺牲，而且与基督教相伴随的不人道的残忍勾当的长长一览表，更可能对基督教构成关键性不利呢。这包括无数次的宗教战争，不可饶恕的十字军东征，对美洲大部分原住民的杀戮和灭绝行径，把非洲黑人非法从非洲掳走，远离家人，远离祖国，运到美洲做奴隶，终生从事苦役[1]；再有对异教徒不知疲倦的迫害，骇人听闻的宗教裁判庭，圣巴托洛梅大屠杀，阿尔巴公爵对 1.8 万名尼德兰人的处决，等等，等等。总而言之，假如把基督教和其他宗教都大同小异所宣讲的出色的道德与其信众的实践互相比较；假如我们设想一旦没有了世俗的 630
束缚力量制止人们犯罪，这些宗教又能达到什么样的结果；的确，一旦所有法律哪怕只是那么一天全部取消，我们将害怕发生什么样的事情——只要这样思考一下，就得承认所有宗教对人的道德性所发挥的作用其实是微乎其微的。当然，人们可以把这归咎为信仰不坚定。在理论上和在虔敬思想的层面，每个人的信仰都似乎是坚定的。不过，所做出的行为才唯一是检验我们坚信的强硬试金石：一旦要经受这检验，一旦需要放弃巨大的利益和作出沉重的牺牲以证明那信仰，那信仰的不坚才会表现出来。如果一个人处心积虑地做出某一犯罪事情，他已经跨越了真正纯粹道德的界限。然后，首先制止他实施犯罪行为的，始

[1] 现在，根据巴克斯顿的《非洲的奴隶贸易》(1830)，奴隶的数目每年都大约新增 15 万非洲人，在捕获和运送的旅途中，另外有超过 20 万的黑奴悲惨丧生。

终是他想到了司法机关和警察。如果这个人能摆脱这束缚，寄望于逃过司法、警察这一关，阻止他行为的第二道束缚是这个人对自己名誉的顾虑。假如这个人也越过了这一护墙，我们就可以以高赔率打赌：在克服了这两道强大的阻力以后，宗教教条不会还有足够的力量制止他付诸行动了。这是因为如果肯定的和近在眼前的危险无法吓住他，那么，遥远的、只是建立在信仰之上的危险就更难控制这个人。此外，对那些纯粹只是出于宗教信念而做出的善良行为，人们还有这样的反驳意见：这些善良行为并不是毫无利己之心的；做出这些行为的人考虑到了善有善报、恶有恶报，因此，这些善良行为并不具有任何纯粹道德的价值。这一看法在著名的魏玛大公卡尔·奥古斯特的一封信中强烈地表达了出来："魏哈斯男爵本人认为，如果一个人变得善良只是经由宗教的缘故，而不是因为他本性有善良的倾向，那这个人是不会好到哪里去的。这种人酒后就会吐出真言。"（致约翰·海因里希·梅克的信，229）现在，相比之下，让我们看一看我所提出的道德推动力。谁又敢片
631 刻否认：在各个时期、各个民族和各种生活境况中，甚至在无法无天的状态，在革命和战争的残暴和恐怖中，无论大事抑或小事，在每一天和每一刻，这个道德推动力都在表现出一种明确的、确实奇妙的作用？谁又敢否认：这个道德动因每天都在制止许多不公正的行为，也呼唤出不少善良行为，在这过程中，并没有任何获取奖赏的希望，这些事情的发生也经常让人意想不到的？谁敢否认：只有对那些全因同情心的作用而做出的善举，我们所有人才会怀着崇敬和感动，无条件承认这种行为具有真正的道德价值？

（4）对众生怀着无限的同情，是做出合乎道德的良好行为的一个最牢固和最可靠的保证，并不需要诡辩理论的帮忙。谁要是内心充满同情，肯定不会伤害任何人，不会妨碍任何人，不会给任何人造成痛苦；相反，这样的人会谅解任何人，原谅任何人，尽其所能地帮助任何人，这种人的所有行为都会带有公正和仁爱的印记。相比之下，如果有人说“这个人是有美德的，他却不知同情为何物”，或者“这是一个不仁不义的家伙，却很有同情心”——那种自相矛盾是显而易见的。趣味各有不同，但我认为没有什么祷告词比这一印度祷告词更美丽和感人的了——古老的印度戏剧都以此祷告结束（就像早期英国戏剧都以为英王祷告结束一样）。这一祷告词是：“但愿一切众生都能免于痛苦。”

（5）从一些个别的特色例子也可以得出结论：真正的道德性基本推动力是同情。例如，运用不冒风险的法律伎俩骗取一个富人或者一个穷人一百塔勒都是同样的不公正。如果骗取的是穷人的钱财，那良心的责备和旁观者发出的指责会强烈得多和厉害得多。因此，亚里士多德也说过：“对不幸者做出不公正的事情比对幸运者做出不公正的事情更为可耻。”（《问题集》，29，2）如果骗取的是国库的金钱，那遭受的 632
责备比骗取富人还要轻微，因为国库不可能成为人们同情的对象。我们可看到并不是直接破坏了法律，而是因破坏法律带给别人的痛苦，首先为自己和别人责备自己提供了材料。只是破坏法律本身，例如，上例骗取国库的金钱，虽然也受到良心和别人的责备，但那只是因为违反了要尊重每一条法律（权利）的准则，而遵守这一准则是真正诚实、正直的人的标志；因此，那种对权利的侵害是间接的和程度轻微的。如果骗取的是交给他看管的国库的钱财，情形又相当不一样了，因为在此看到的是前文已经定义了的双重不公正的概念及其特性。根据在此所作的分析，对那些贪婪的敲诈者和法律流氓发出的最严厉的指控是攫取了孤儿、寡妇的钱财，因为这些无助的人本来比起任何其他人都更应引起人们的同情。所以，正是这种全然缺乏同情心证明了一个人的丧尽天良。

（6）与公正相比，仁爱更明显地以同情为基础。一个人在各方面的境遇都很不错时，不会从别人那里得到真正仁爱的表示。幸运者虽然经常会有他的朋友和追随者表示好感，但人们对别人的处境和命运的那种纯粹、客观、不带利己之心的关注表现——这些是仁爱的作用结果——始终是留给那些在某一方面承受痛苦的人。这是因为对我这所说的幸运者，我们无法有同感和切身关注；其实，这样的幸运者对我们的内心而言是陌生的："他们就保有自己的所有吧。"事实上，如果这些人在许多方面都胜过他人，那很容易引起他人的嫉妒呢。一旦有朝一日这些人遭遇厄运，那他人的嫉妒还有可能转化成幸灾乐祸。嫉妒通常并没有转化为幸灾乐祸，索福克勒斯所说的"敌人兴高采烈"的时刻则不会到来，因为
633 一旦幸运者倒下了，旁观者的心态就会发生巨变。考察这种情形是有一定教益的。也就是说，首先，这让我们看到了这些人在风光的时候，他们的那些朋友对他的关心到底是怎么一回事。"酒肉吃光，朋友四散"（贺拉斯，《卡米拉》，Ⅰ，35）。在另一方面，比厄运更让不幸者害怕的，想象一下，对他而言都是无法忍受的事情，亦即嫉妒他的好运喜形于色者和幸灾乐祸者发出的讥讽笑声，通常不会发生，因为嫉妒消除了，嫉妒与引起这嫉妒的原因一道消失了。现在，取而代之的同情生发了仁爱之情。

那些眼红和仇视别人好运的人，常常在好运者遭受厄运以后，转而成为他们有怜悯之心的、体贴的、得力的朋友。谁不曾起码在某种程度上，亲历过诸如此类的事情？谁不曾在遭受某一厄运以后，惊奇地发现那些在此之前还对他相当冷淡，甚至心怀恶意的人，现在却充满真心关切地迎向前来！这是因为不幸是同情的条件，同情是仁爱的源泉。与此思考类似的是这一看法：要平息我们的愤怒——就算这愤怒是合情合理的——最快捷的办法莫过于这句形容我们愤怒的对象的话："他是一个不幸的人。"因为同情之于愤怒好比大雨之于烈火。因此，我建议那些不想做出将来后悔之事的人，在对某人怒火中烧、想狠狠加害于这人的时候，在头脑里生动地想象自己已经加害了这个人。现在，就想象着这个人正饱受精神上、肉体上的苦痛，或者正在饥寒交迫、艰难困苦中挣扎，然后，对自己说这是我一手造成的。假如还有什么办法熄灭怒火的话，这就是办法。因为同情是愤怒的最佳解毒药，并且对自己运用这一办法，趁我们还来得及的时候预计到这样的情形：

同情的声音，
在报复以后，
就让我们听到其法则。

——伏尔泰，《塞米拉米》，第5幕，第6景

总而言之，要消除我们对他人的仇恨心态，没有什么方法比采用某 634
一要求我们同情他人的审视角度，更容易达到目的。甚至父母一般都

最疼爱家中病弱的孩子，因为这病孩持续地刺激起父母的同情。

（7）我提出的道德推动力也可通过甚至把动物也纳入保护范围而得到证明。在其他的欧洲道德体系里，人们如此恶劣和不负责任地对待动物。人们误认为动物并没有什么权利，也臆想我们对动物的所作所为并没有什么道德上的含义，或者用那种道德学的语言来说，我们对动物并没有任何义务。这完全是西方的一种让人气愤的粗野和蛮横，其源头就在犹太教。于哲学而言，支撑这种观念的是这样无视一切事实的看法：人与动物是完全不同的，这种观点众所周知是由笛卡尔至为明确和刺眼地提出来的，是笛卡尔错误观点的必然产物。正当笛卡尔—莱布尼茨—沃尔夫哲学从抽象概念中建造起理性心理学和构筑起一种不朽的“理性灵魂”之时，动物世界的自然要求也就与人类的这种特权和长生不死的专利明显地互相抵触，大自然也发出了无声的抗议——一如大自然在所有这样的情形中的做法。现在，认知良心感到不安的哲学家们不得不试图以经验心理学来支撑他们的理性心理学；并因此致力于在人与动物之间拉开巨大无比的距离，以便可以不顾事实根据地把动物表现为从根本上有别于人类。布瓦洛就曾经这样嘲笑过这些人的做法：

难道动物也有大学？
四种能力在动物那里也发展明确？

到最后，动物应该无法把自己与外在世界区别开来，对自身毫无意
635 识，也没有自我！要驳斥这些无聊、愚蠢的说法，我们只需指出，每一

动物，甚至最小、最低级的动物，身上都有无边的自我和利己心——这充分证明动物相当意识到与这一世界或者“非我”相比之下的它们的“自我”。如果某一笛卡尔主义者被一只老虎的利爪抓住，那他就会再清楚不过地意识到这只老虎对什么是老虎的“自我”，什么是老虎的“非我”区分得明明白白。与这些哲学家的类似诡辩相应，我们在通俗方面发现在许多语言中，尤其是德语都有这一特点：表示动物的吃、喝、怀孕、分娩、死亡和动物尸体等都有完全特定的、专门的字词，目的是可以不必采用描绘人的同样行为的字词；这样，以不同的字词掩藏起事实上完全的同一性。因为古老的语言并没有这些双重的表达用语，而是不带成见地运用相同的字词表示同样的事情，所以，上述那种可耻的语言花招毫无疑问是欧洲教士的杰作。这些教士在否认和贬低在所有动物身上存活的内在的永恒本质，并以此为在欧洲习以为常的残忍虐待动物的行为奠定基础方面，亵渎性地并不认为做得太过，虐待动物的行为在高地亚洲却是让人感到恶心的。在英语里，我们见不到这种无耻的用字法，毫无疑问，是因为撒克逊人在征服英格兰时还不是基督徒。在另一方面，我们却在英语里发现与上述用字法类似的这一语言特征：所有动物都是中性的；因此，动物都是以代词 it 代替，跟无生命的物件没有两样。这种特别的用字法对尤其是狗、猴一类的灵长目动物来说，的确让人气愤。这肯定是教士玩弄的伎俩，目的是把动物贬为与死物无异。那些把自己整个一生都贡献于宗教目的的古埃及人，把人、朱鹭、鳄鱼等木乃伊并排放在人的坟墓里面。但在欧洲，如果把一
条忠实的狗安葬在主人的安息处旁边——有时候，一条狗会出于一种人所 636

没有的忠实和对主人的难舍难离，在主人死后，就待在主人的墓旁静候自己的死亡——那是大逆不道的做法。没有什么比研究动物学和解剖学更明确地引导我们认识动物和人的现象的内在同一本质。因此，假如时至今日(1839)，一个假扮认真的动物解剖学家竟然胆敢强调人与动物之间有绝对的和根本性的差别，并在这方面离谱至大肆攻击、诬蔑那些真正的动物学家，那些远离教会那一套诡计、谄媚和伪善，遵循大自然和真理的指引而追寻自己的道路的人——我们还有什么可说的呢？

人们必须是真的知觉、感觉盲目了，或者被哥罗芬(氯仿)全麻醉了才会无法认出：人与动物那本质性的和主要的东西是同样的东西，把人与动物区别开来并非在于首要的、原则性的东西，而在于内在的本质，在于两种现象的内核方面，因为人与动物的内核都是个体的意欲；人与动物的差别其实只在次要的方面，在智力、认知能力的程度，智力在人那里由于所添加的名为理性的抽象认知机能而得到了极大的提高。但这提高了的智力究其原因被证明只是得益于脑髓的巨大进化，亦即得益于脑髓这单一身体部分的差别，尤其就其数量而言。相比之下，人与动物的相同之处，无论是精神方面还是肉体方面是远远大于两者在智力上的差别的。这样，我们必须提醒西方那些蔑视动物、崇拜理性、犹太化了的人：正如他们是喝他们的母亲的奶水长大的，犬只也是同样喝它们的母亲的奶水长大的。甚至康德也犯下了时代和同胞的错误，这我在上文已经批评过了。基督教的道德学并不曾考虑到动物，是基督教道德学的缺陷，与其延续这一缺陷，还不如干脆承认。对此道德学的
637 欠缺，我们会觉得奇怪，因为基督教的道德学在其他方面与婆罗门教和

佛教的道德学是至为吻合的，只是表达得没那么强有力，也没贯彻到极致而已。所以，我们几乎不可以对此存疑：基督教的道德学，正如神变成一个人的观念(阿瓦塔)，都源于印度，经过埃及而到达犹太地区，所以，基督教是印度原初之光经埃及的废墟折射以后的余晖。不幸的是，这一余晖落到了犹太的土地上。基督教道德学除却这一缺陷——我在上文已经批评过了——与来自印度的宗教道德观高度一致了。施洗者约翰的情形可被视为表现基督教道德学这一缺陷的一个很好的象征：施洗者约翰完全是以一副印度苦行僧的样子出现的，但是——他身上穿的却是动物的皮毛！众所周知，穿着动物的皮毛，对印度教徒来说是骇人听闻的事情。加尔各答的皇家科学院在收下《吠陀》的样书之前，先要得到保证不会把这些书按照欧洲的习惯以皮革装订。所以，现在这些样书是用丝绸包装保存在他们的图书馆里的。另外，在《福音书》里，彼得拉网捕鱼的故事与关于毕达哥拉斯的故事也形成了类似典型的对照。在前一个故事里，救世主施行奇迹为彼得赐福，让渔船满载鲜鱼，几致下沉(《路加福音》，5)。在后一个故事里，由于毕达哥拉斯已了解了埃及的智慧，当渔网还在水里的时候，他就从渔夫那里把渔获买下，以便把所有捕获的鱼放生(《论魔法》，阿普列尤斯，第36页，比蓬蒂尼版)。同情动物与人的善良本性如此密切相关，以致我们可以有把握地断言：谁要是残忍虐待动物，就不可能是一个好人。对动物的同情也显示出自与对人的同情一样的源头。因此，例如，那些感情细腻的人，每当回忆起自己心情糟糕、在盛怒或者在酒精的刺激下毫无道理、毫无必要或者很离谱地恶待了自己的爱犬、马匹或者猴子，所感受

638 到的懊悔和对己的不满，就跟回忆起自己不公正地对待了别人是一样的，后一种感受称为良心发出的责备之声。我记得曾经读过这样的故事：一个英国人在印度狩猎的时候射杀了一只猴子，这只猴子临死前投过来的眼神使这位英国人从此无法忘怀。从那以后，这位英国人再没有射杀过猴子了。同样，威廉·哈里斯，一个真正的猎手，在1836年和1837年纯粹为了享受打猎的乐趣而深入非洲内陆旅行。在1838年孟买出版的游记中，他讲述了这样的事情：在射杀第一头母象以后，第二天早上，他去寻找被射杀的猎物。所有其他大象都从这地方逃跑了，只有一头小象在死去的母亲身边度过了一个晚上。现在，在看到那些猎手时，这头小象迎向前来，忘记了一切恐惧和害怕，至为强烈和清楚地表现了它那绝望的悲哀。它用小鼻子缠绕着这些猎手，向他们求助。这时，哈里斯说："一种真正的悔恨之情攫住了自己的内心，好像自己犯下了谋杀罪一样。"我们可以看到这一感情细腻的英国民族，在同情动物方面表现得与众不同。这种对动物的同情一有机会就显现出来，并且有足够的力量促使他们无视使他们蒙羞的"冰冷的迷信"，通过立法填补宗教道德所留下的空白。因为恰恰是这些空白构成了人们在欧洲和美洲需要成立动物保护协会的原因，动物保护协会本身也只有借助警察和司法机关才可以发挥作用。在亚洲，宗教已经给予动物足够的保护，因此在那里，人们不会想到要组建这样的协会。与此同时，在欧洲，人们也越来越醒悟到动物的权益问题——这与那种认为动物进入存在只是给人们带来用处和享受的古怪看法日渐淡漠和消失是同步的。
639 正是这种古怪的观念导致人们对待动物就像对待无生命的物体一样。因为这些看法是欧洲人野蛮和全无体恤之心对待动物的做法的根源。

在《附录和补遗》第 2 卷 § 177，我已经表明这些看法的源头是《旧约》。所以，说起这一点，那是英国人的荣耀，即他们是首先相当认真地制定法律以保护动物免受虐待的民族。这样，那些恶棍确确实实得为虐待动物的罪行接受惩处——哪怕那些动物是属于他们的。英国人不仅仅满足于立法，他们在伦敦还自愿成立了一个保护动物协会，称为“防止虐待动物协会”。这一协会采用私人途径，花费了诸多人力、财力，为制止虐待动物做了大量的工作。这个协会的成员秘密留意违法者的违法行为，然后现身告发和谴责那些家伙虐待虽然无法说话但有感觉的生物。无论在哪里，人们都得害怕这些会员的存在。[1] 在伦敦

[1] 人们到底如何认真地对待这一事情，下面这一新鲜的例子很好地说明了事情。这是 1839 年 12 月《伯明翰日报》的一篇报道。“一帮共 84 名斗狗者遭警方逮捕。当‘动物之友协会’获悉将在伯明翰福克斯广场进行一场斗狗比赛后，该协会谨慎采取措施，取得了警方的帮助。一小队精悍的警察开赴了现场。警察一到现场，马上逮捕了在场的整帮人马。犯事者两个一起被戴上手铐，然后在两列犯人中间用一根长绳串联起来。所有人被带到了警察局，由市长和法官进行了审问。两个主犯每人受罚 1 镑 8 先令 6 便士；如无力或拒付这笔罚金，将被判处 14 天强制性苦役。其余人则释放。”那些从来不会错过这样的高贵娱乐的纨绔子弟肯定在这长长的人犯队列中尴尬异常。但在 1855 年 4 月 6 日《泰晤士报》第 5 页，我们找到了最近才发生的更严厉的例子。这一报纸甚至以报纸的力量就解决了问题。据这份报纸报道，这件已交由法庭处理的案件涉及一个相当有钱的苏格兰男爵的女儿。她极为残忍地用棍棒和刀子对付她的马，为此她被判罚 5 英镑。但这罚款对这姑娘根本不算什么，如果不是《泰晤士报》介入报道这件事，她也就逃脱了惩罚。《泰晤士报》对这姑娘给出了合适的和可感受到的惩罚，两次用大一号的字母把这姑娘的姓名登载出来，并加上这些话：“我们不得不说囚禁几个月，外加由罕布郡最身强力壮的女人私下执行的一顿鞭笞，才是对 N.N 小姐更恰当的责罚。这样一个可耻的人已经丧失了女性所应有的特权和照顾。我们再无法把她视为女人了。”我把这些报道特别献给现正在德国设立的“反对虐待动物联合会”。这样，这些联合会就可以借鉴应该如何对付虐待动物的问题，如果真想取得什么成效的话。尽管如此，我还是要对佩尔纳枢密官先生表示，我完全肯定他所付出的值得称道的努力。佩尔纳先生在慕尼黑全身心投入到了这一分支的善事，并在德国已经逐渐引起人们对保护动物权益的注意。

640 陡峭的桥边，保护动物协会把两匹马留在那里，免费为每一满载的马车服务。这不是相当美好的事情吗？这难道不就跟为人类所做的善事、好事一样，让我们身不由己地表达赞扬吗？1837年，伦敦慈善协会举行了一次征文活动，给最能够清楚阐述反对虐待动物的道德理由的文章颁发奖金30英镑。这些道德理由必须主要从基督教里找出来——当然使这任务更加大了难度。奖金在1839年由麦克纳马拉先生获得。在美国费城，人们也成立了为类似目的服务的一个“动物之友协会”。一个叫T.弗斯特的英国人把他写的书献给了协会主席。这本名叫《热爱动物：对动物的生存条件及其改进方法的道德学思考》（布鲁塞尔，1839）的书很有独创性，写得也很好。作者作为英国人，自然试图以《圣经》作为促请人们人道地对待动物的支撑，但他处处滑倒，以致最后作者只能抓住这一理由：耶稣是诞生在马厩中的，与小牛、小驴在一起；这就是一个象征，暗示我们要把动物视为我们的兄弟，并应
641 以此相应的方式对待它们。我在这里提到的所有这些都证实了：我们正在讨论的道德上的弦，甚至在西方世界也终于开始共鸣了。但在另一方面，对动物的同情心却不要走得太远，让我们像婆罗门一样不沾肉类食品——原因在于在自然界，感受痛苦的能力是与智力同步的，所以，人们如果缺少了肉类食品——尤其在北方——人们所忍受的痛苦将更甚于动物在经历瞬间、永远不曾预计到的死亡时所承受的痛苦，假如人们采用哥罗芬麻醉的话，这痛苦更是大为减轻。没有肉类食品的话，人类甚至无法在北方生存。根据同样的衡量尺度，人们也可以让动物为自己干活，只有当这种役使超出了一定的限度，才构成了残忍

行为。

（8）假如我们完全不考虑对同情的终极原因的一切或许是可能的、形而上学的探究——并非利己的行为只能出自同情——只是从经验的审视角度考察同情，把同情视为大自然的一种安排，那么，我们每个人都会清楚明白：为了最大可能地减轻我们在生活中随时都会碰到的、也没有任何人可以完全逃脱得了的无数形形色色的痛苦，一如与此同时作为制衡我们所有人那满满的炽热的利己心——这利己心经常会演变为恶毒心——大自然除了在人的心中植入那奇妙的天然的倾向以外，再也没有更有效的办法了。由于那天然的倾向，一个人一同感受到了另一个人的痛苦：我们听到了从那所发出的声音，根据当时的具体情形，这声音强烈、明白地表示这个人发出“怜悯别人”、向那个人发出“帮助别人”的呼吁。确实，与那些出自某些理性考虑、由概念组合而成的抽象和普遍的严格的义务戒令相比，这种人与人之间发自同情心的互助，更可以期望有利于所有人的福祉，对前者我们不能期待有多大的结果，尤其是对粗人来说，那些普遍原则和抽象真理都是一些完全不明所以的东西，因为只有具体的东西对他们才有些含义。除了极少一部分人以 642
外，全人类永远都是思想粗糙的，并且必然始终是这个样子的，因为为了全体人类而不得不做的大量体力工作再没有留下多少时间作陶冶、修养精神思想之用。相比之下，要唤醒我们的同情心——这已被证实是产生无私行为的唯一源泉，并因此是道德的真正基础——却并不需要任何抽象的知识，只需要直观的认识，只是对具体事情的理解。用不着多少思想中介，这些东西就可以马上诉诸同情心。

(9) 接下来的事实，我们发现与上面所说的完全一致。我给出的伦理学的理据基础虽然不曾在学院派哲学家中找到先行者；事实上，学院派哲学家在这方面的学术观点是怪诞、似是而非的，因为许多这样的哲学家，例如，斯多葛派哲学家（塞涅卡的《论宽恕》，2，5）、斯宾诺莎（《伦理学》，4，命题 50）、康德（《实践理性批判》，第 213 页；罗版第 257 页）都直截了当地摒弃和批评同情。相比之下，我的这一理据基础却得到了整个新时期最伟大的道德学家的权威支持，毫无疑问是卢梭：他深知人的内心，他的智慧并非取自书本，而是源自生活；他的学说并非作讲坛之用，而是给予全人类。卢梭是人类偏见的死敌，是大自然的学生，大自然也唯独赋予他这样的才能，让他可以论辩道德而又不至于堕入沉闷，因为卢梭说中了真理，触动了人心。因此，请读者允许我引用卢梭的某些段落以印证我的观点。在这之前的上文，我已尽可能少地引用别人的话语。

在《论人类不平等的起源》中，卢梭写道：

> 这里还有另一种本原是霍布斯不曾注意到的，这一本原是赋予
> 人类的，以便在某些情形下，帮助人类缓和与自尊心和要面子相伴随
> 的凶残、减轻争取私利的强烈欲望，即让人类在看到自己同类承受痛
> 苦时，天生会感到厌恶。我认为这是人类所具有的唯一天然的美德。
> 643 关于这一点，我相信用不着担心会有多少人提出反对，因为就算那些
> 最极力贬低人类道德的人，也不得不承认人的这一美德。我说的是
> 怜悯和同情（第 91 页）……曼德维尔正确地领会到，如果大自然并不

曾赋予人类怜悯之情，以助理性一臂之力，那无论人类具有多少道德，终究也不过是怪兽而已。但曼德维尔没能看出单单从这一素质就能生发出所有他拒绝承认的人的社会美德。事实上，慷慨、宽恕、人道主义——如果这些不是对弱者、对犯罪之人，或者对普遍的人类所施予的怜悯，那又是什么？甚至仁爱、友爱，要很好地理解的话，也不过是针对某一特定对象的持续怜悯之情的产物，因为希望别人不受痛苦不就是希望别人幸福吗？……旁观者越深切地把承受痛苦者视为与己一体，旁观者的怜悯、体恤就越强烈（第94页）。所以，这一点是相当肯定的：怜悯是一种天然的感情；怜悯减弱了各个个体的利己之心，有助于整个种族的相互生存。在生存的天然状态下，怜悯替代了法律、道德、风俗习惯的位置，并且还有这一好处：人们不会试图违抗它那温柔的声音。是怜悯让身强力壮的野蛮人回心转意，不会夺走一个弱小儿童赖以生存的财物，或者一个患病老者艰难积聚起来的养老钱，只要这些野蛮人还有一线希望在别处另打主意的话；怜悯并不像那理性公义的崇高准则那样，"以你希望别人对待你的相同方式对待别人"，而是以另一稍欠完美、但更有用的、唤起天然善良本性的准则激励每一个人，"善待你自己的同时，尽量少给别人带来痛苦"。一句话，只能从这种天然的感情，而不是从巧妙的辩论去发现每个人在做坏事时都会感受到厌恶的原因，这种感受厌恶甚至与所受过的教育无关。

我们再把卢梭在《爱弥儿》（第四部，第115—120页）所说的这些话互相比较一下：

> 事实上，如果我们不是让自己转移至自身之外，视自己与受苦者
> 为一体，好比离开了自身、进入了他人的身体一样，那我们又何以让
> 644 自己受到感动而产生怜悯？我们所感受的痛苦与我们认为别人所感
> 受的痛苦一样多：并不是在我们自身，而是在他人那里，我们感受着痛苦；……要给青年人提供一些对象物，好让他们能够对这些对象物发挥自己内心的膨胀力量——那股内心的膨胀力量使年轻人得以扩大和扩展自身、推己及人，使他们到处在自身之外都能找到自己；要小心谨慎地避免那些限制他们、让他们以自己为中心、绷紧个人自我的那些东西。

正如我已经说过的，我并没有学派权威的支持，但我仍可引证：中国人的五大基本美德（“五常”）是以同情（“仁”）排在首位的。其余美德则是公正（“义”）、“礼”、“智”、“信”。[1] 与此相应，我们也看到印度人在为怀念逝世的王侯而建起来的纪念碑上，在赞誉这些王侯的众多美德中，对人和动物的同情占据首位。在雅典，同情在广场有祭坛：“雅典人在市集为同情这一神灵设立了祭坛。雅典人是希腊人中唯一崇敬这位神灵的人，因为在所有神灵中，同情之神是在人类生活及其变迁

[1] 《亚洲杂志》，第9卷，第62页，可与《孟子》（斯坦尼斯拉·于连编，1824，第1部，第1，§45）比较；也可与波提埃的《东方的圣书》中的“孟子”第281页比较。

浮沉中最发挥影响的。”(保萨尼亚斯，Ⅰ，17)卢奇安在《泰门》(99)也提到了这一点。斯托拜乌斯为我们保存下来的、出自福康的说法，把同情视为人类最神圣的东西：“我们不能强行把祭坛从庙宇中拿走，也绝对不能强行把同情从人的心中拿走。”在《印度的智慧》——一本译自印度寓言集《班·查坦特拉》的希腊语版本——有这样的话(第3部分，第220页)：“同情是所有美德中位列第一者。”我们可看到无论何时，无论何处，人们都非常清楚地认识到道德的根源；只有欧洲人才认识不到。对此，“犹太气味”是唯一负有罪疚的，因为在这里它贯穿一 645
切。这样，道德的根源对欧洲人必须绝对是义务命令、道德法则、强制命令，一句话，某一要服从的指令。然后，欧洲人就再不愿意偏离这一观点，也不愿意看出所有这些永远不过是建立在自我、利己心的基础上。当然，个别出类拔萃的欧洲人会感觉和意识到其中的真理。卢梭就是一个例子，这在上文已说过了。另外，莱辛在一封写于1756年的信中也说过：“最具同情心的人就是最好的人；这样的人最倾向于社会美德和各种各样的高尚品德。”

§20. 不同性格在道德上的差别

最后的问题(对此问题的回答让对道德基础的阐述达致完整)是，人与人的道德表现之间的巨大差异基于什么原因？假如同情是所有一切真正的，亦即无私的公正和仁爱行为的基本动因，那为何这个人会受到这一原动因的推动，另一个人却不会呢？伦理学因为发现了道德的推动力，是否也能让这推动力活动起来？ 伦理学能否使一个铁石心肠的人变成有同情心的，并以此成为一个正直、善良的人？ 答案肯定是否定的，因为各人性格的差异是与生俱来的和无法根除的。 一个人的凶恶本性之于这个凶恶的人是与生俱来的，正如毒牙和毒牙泡之于一条毒蛇是与生俱来的一样。“意欲是教不会的”，尼禄的老师塞涅卡说过。柏拉图在《门罗篇》详细探讨了美德是否可以教会这一问题。 柏拉图引用了泰奥根尼斯的话：

> 一个坏人的确永远不会
> 因为受过教导而变好。

并且得出了这一结论：“美德既不是天生的，也不是后天学会的；获得美
646 德是神灵的安排，而不是通过理智的作用。”（《门罗篇》）在此希腊原文的两个词 φνδει 和 θεια μσιρα 的差别，在我看来似乎显示了形而下和形而上之间的差别。 根据亚里士多德的陈述，伦理学之父苏格拉底就说过：“要做好人抑或做坏人，并不是由我们自己决定的。”（《大伦理学》，1， 9）亚里士多德本人在同样的意义上说过：“个别的性格特征似乎以某种方式得之于大自然，因为如果一个人具有公正、节制或者勇敢等素质，那他从出生起就已拥有这些素质。”（《尼各马可伦理学》，6，13）同样，在肯定是相当古老、虽然不一定真实的毕达哥拉斯的《阿奇达斯》片断中——这些由斯托拜乌斯为我们保存在《希腊文选》（Ⅰ， 77）中——我们可看到人们明确地表达了这一看法。 这些片断文字也收进

了《希腊格言和道德文集》(第 2 卷，第 240 页)里。在那里，以多利安方言写道："对那些以教育和论证支撑起来的美德，我们只能称为学问。但伦理的美德，即最好的美德，应被称为我们灵魂中非理智部分的天性——在此基础上，我们会被视为拥有某一确定的道德特性，诸如慷慨、正直、节制等。"通观亚里士多德在《论美德和劣性》中所扼要列出的美德和劣性，我们就会发现所有这些美德和劣性都只能理解为与生俱来的素质，并且的确只有当这些东西是与生俱来的，才是真正的美德或劣性。假如这些东西是经过理智反复思考以后，由人们随意接纳的，那这些最终沦为伪装，是不真实的东西；因此，一旦为形势所迫， 647
这些是否还能够继续保持，是一点都无法让人放心的。至于亚里士多德和其他古人都不曾提及的仁爱美德，情形也没有多少两样。所以，蒙田说的也是同样的意思——虽然他说这话时仍保持着他的怀疑论者的口吻："这难道是真的吗？要成为一个完全的好人，就得具备某些神秘、天然和一致的素质，而不需要法律、理智、他人的榜样的帮助？"利希腾贝格干脆直截了当地说："凡是出自某一意图和决心而做出的道德行为，都没有多大的价值。情感或者习惯才是关键的。"(《杂文集》)甚至基督教的原初学说也与这种观点不谋而合，因为在山上训道(《路加福音》6，5：45)中，耶稣说："良善的人，会从其内心的良善积存拿出良善；邪恶的人，会从其内心的邪恶积存拿出邪恶……"在这之前的诗句，我们读到对这所说的一个相当形象的解释："优良的树木不会结出腐败的果实；腐败的树木也不会结出优良的果实。"

康德是通过他的这一伟大学说全面解释清楚这一关键要点的第一

人：验知性格作为现象，在时间上和通过多种行为表现出来，其基础是
悟知性格；悟知性格是现象后面的自在之物的性质特性，因此，是独立
于时间和空间，独立于多样性和变化的。唯有此才能解释性格为何如
此奇特地牢固不可改变，这一事实是任何有经验的人都知道的。每一
套允诺能够改善人的内在道德，让人们在美德方面取得进步的伦理学，
任何时候都会遭到现实和经验的驳斥，这也证明了美德是与生俱来的，
648 而不是靠聆听说教的。假如性格作为原初之物并非不可改变的，因
此，假如任何经由矫正认知以改善性格并非都不得其门而入；假如事实
像上述那些肤浅伦理学所声称的那样，经由道德学说教可能让人的性格
变得更好，因此，“人持续不断地向着善良、高尚进步”是可能的，除非
所有众多的宗教机构和宣讲道德的工作都无法达到目的，否则，人类年
老的一半起码平均都会比年轻的一半明显更好。我们却看不到这方面
的半丝迹象，以致年轻人与年老一辈相比，我们反过来会更期望前者做
出好事，因为年老一辈透过经验教训而变得更坏了。虽然有时候某个
人在年老时好像变得比年轻时更好了一些，另一个人则在年老时显得更
坏一些，但这仅仅是因为到了年老以后，随着认知成熟和得到了多方矫
正，一个人的性格更纯粹和更清晰地凸显出来；在年轻时，无知、错误
和幻象时而把虚假的动因在我们眼前晃动，时而又遮蔽了真正的动因。
从前文“论意欲的自由”第 439 页及下页“3”以下就可得出这些结论。
至于在被判刑的罪犯中，年轻人比年老者多得多，是因为如果一个人的
性格中具有做出那些犯法事情的天性，这些天性很快就会找到机会显现
出来，具备这样天性的人很快会到达他们要赶往的目的地：监牢或者绞

刑架。与这些人相反，那些在其漫长的一生中，众多机会都无法驱使其作奸犯科的人，到了晚年也不容易受动因的推动而做出这样的事情。因此，在我看来，老年人受到尊敬是因为在经过漫长的一生的考验以后，仍能保存自己的清白、端正——这是老年人获得人们那种尊敬的前提条件。与此观点相一致，人们在真实生活中始终不会受到道德学家的那些预言和许诺的迷惑，而是对一个经证实是坏人的家伙，我们永远不再信赖；对一个经受了考验、证明了具备高尚情操的人，就算其他所有一切都已发生了改变，我们总会投以信任的目光。“先有存在，然后才有其发挥”是经院哲学的一个含义丰富的定理：这一世界的一切事物都是根据其不变的性质而发挥作用的，人亦如是。是一个什么样的人， 649
必然会做出什么样的事。“自由的、不受任何影响的意愿选择”是一样早已被推翻的出自童年期哲学的发明，也只有那些戴着博士帽的老妇人仍想受其折磨。

人的三大伦理基本推动力：利己、恶毒、同情，在每个人的身上都以不同的，甚至极不相同的比例存在。根据这些基本推动力，动因相应地对这个人发挥作用和得出行为的结果。对一个利己心很重的人，只有利己的动因才有威力，向同情心和恶毒心发话的动因都无法与利己的动因相匹敌。这个人既不会牺牲自己的利益去报复他的敌人，也不会牺牲自己的利益去帮助他的朋友。另一个对恶毒的动因相当敏感和接受的人，经常会为了损他人而不惜害自己。这是因为有些人从给别人制造痛苦中所得到的快乐，超过了他们自己所要承受的同等痛苦。“一旦可以损人，就连自己的命都不顾了。”（塞涅卡，《论愤怒》，1，1）

这些人怀着狂喜投入到一场只能是两败俱伤的斗争中，甚至在深思熟虑以后，谋杀了给他们造成过伤害的人，然后为了躲避惩罚而马上自杀。这样的事情，在日常生活经验中屡见不鲜。相比之下，心的善良全在于对所有有生命之物都怀有深切的同情，但首先是对人的同情，因为与智力程度同步的是对痛苦的感受。所以，人所感受的无数的、精神的和肉体上的痛苦，与动物唯一在肉体上，也是更昏沉、更麻木的痛苦相比，对同情有着强烈得多的要求。因此，一个人本性中的善良首先体现在控制自己不做伤害别人的任何行为，不管这伤害到底是什么；其次，当别人承受痛苦时，能促使自己伸出援助之手。在这方面，有些人
650 会走得如此之远，就像那些往相反方向走的恶毒之人一样，亦即到了如此的地步，以致一些异常善良的人对别人的痛苦比对自己的痛苦更为上心，因此，他们为了别人而作出牺牲，以致自己承受了比所帮助的人还要多的苦痛。假如几个甚至许多其他人能够同时通过这种方法得到帮助的话，那在迫切需要的时候，这些人会完全奉献出自己，就像阿诺德·冯·温克尔里德那样。5 世纪汪代尔人从非洲侵入意大利时，根据约瑟夫·冯·穆勒的记载（《世界史》，第 10 卷，第 10 章），诺拉主教波林奴斯“在为了赎回囚犯而花光了教会的、他自己的和他朋友的财产以后，他看见一个寡妇在悲伤哭泣，因为士兵要把她唯一的儿子带走。波林奴斯恳求代替寡妇的儿子去做苦役。这是因为年纪合适、不曾倒于刀剑之下的人都被抓起来押往迦太基”。

根据人与人之间这种异常巨大的、与生俱来的和原初的差别，每一个人相应地只会受到这个人特别敏感的那些动因的影响，正如某一物体

只对酸、另一物体只对碱起反应一样；并且就像这些物体不可改变一
样，上述的人也是不可改变的。对善良的人能够发挥出强劲推力的友
爱和助人的动因，对只会接收利己动因的人是不起任何作用的。假如
我们想要驱使后一种人做出友爱的行为，只能通过让这些人错误地以为
缓解别人的痛苦可以间接以某种方式使自己得到好处(正如大多数道德
说教，其实也是此意义上的各种不同的努力)。但这样的话，这个人的
意欲只是受到误导而已，而不是变好了。要真正改良一个人的意欲，
需要让这个人对动因的整个敏感特性来一个翻天覆地的变化，亦即例如
让甲变得不再对别人的痛苦无动于衷，让乙变得不再对造成别人痛苦感
到快乐，或者让丙变得不再是每一个就算只增加点点自己个人的舒适和
幸福的动因，都会远远压倒了一切其他别的动因，让其再也无法发挥作 651
用。这种改变肯定比把铅变成黄金更不可能。这就好比要求把这个人
身体里的心脏翻转过来，改造这个人的最内在深处。其实，我们所能
做的一切，只是启发头脑理解、矫正看法，让人更准确地把握客观存在
的事物和生活中真实的情况。这能达到的结果，不过是让这个人的意
欲特性能够更连贯、清晰、明确地显现，不受歪曲地表达出来。正如不
少良好的行动从根本上基于虚假的动因，基于善意的假象，以为做出这
些良好的行动，自己在今生或者来世就会得到好处；同样，不少恶行也
只是基于错误地认识人生的状况。美国的罪犯惩教制度基于这一道
理：这种惩教制度并不打算改良犯人的心，只是矫正犯人的头脑，让他
们认识到凭本分和工作，而不是靠偷窃、诈骗，会更稳妥、轻松地为自
己谋取幸福。

我们可以通过动因强制人们守法，却无法强制出道德：我们可以改换行为，却改变不了本来的意欲，道德的价值只属于意欲。我们改变不了意欲所争取的目标，只可以改变意欲实现目标所采取的途径。教诲或教训可以改变手段的选择，却改变不了最终的大致的目标，目标是每一个意欲根据其原初的本质而设定的。我们可以向利己主义者表明：他们放弃小小好处的话可以换来更大的利益；向恶毒者表明，给别人造成痛苦将给自己带来更大的痛苦。但要劝说别人放弃利己之心或者害人之心，我们是无能为力的，正如我们改变不了猫捉老鼠的天性一样。甚至一个人善良的本性，通过增长见识，通过有关人生状况的教
652 训，因而通过让头脑清晰起来，也得以更有条不紊和更完美地表现本质，例如，通过指出、证明我们的所为给他人带来的遥远的后果，诸如间接的和随着时间的推移才会给他人造成的痛苦，这些是出自我们并不认为那样不好的这个或者那个行为；同样地，也通过有关不少好心的行为却得出不良后果的教训，例如，宽恕和放过了一个罪犯，尤其是有关“不要伤害任何人”的原则要普遍优先于“帮助别人”的教诲，等等。在这一方面，当然会有一种道德的教育和一种引人向善的伦理学；但能做的也就到此为止了，局限轻易就可看得出来。头脑是清楚明白了，心却依然没有改善。根本性的、明确的和肯定的东西——无论是在道德方面，还是在智力或者身体方面——都是与生俱来的，技巧始终只是辅助而已。每个人之所以是他(她)这样一个人，好比“凭着神灵的恩典”：

到最后，你仍然是你，

尽管戴上百万发卷的假发，

脚下垫高了鞋底，

但你永远只是你。

但长久以来我就听过读者提出这一问题：功德和罪孽在哪里呢？ 关于这一问题的答案，我请读者参阅本文§10。 那本应放在这里的答案，安排在了那一节，因为那与康德关于自由与必然性的学说紧密相关。 所以，我在此请求读者再次阅读我在那一节所作的论述。 根据此论述，当动因出现时，本质的发挥(operari，做出行为)就是完全必然的。 因此，自由——唯独通过责任宣示出来——只在存在(Esse)那里。 虽然良心的指责首要和明显涉及我们所做出的行为，但归根到底这些指责针对的是我们所是，因此，我们所做出的行为只是提供了充分有效的证词而已，因为我们的所为之于我们的性格犹如疾病的症状之于这一疾病。 因此，罪孽和功德必然在于这一存在，在于我们所是。 我们在他人身 653
上尊敬的和爱戴的，或者所鄙视和憎恨的，并不是一些可以改变和消逝的东西，而是长驻、维持不变之物，是这些人所是。 一旦我们对这些人改变了看法，我们不会说他们改变了，而是说我们看错了。 同样，我们对自己满意的和不满意的东西，是我们的所是，是已成定局的、永远不变的东西；这些甚至包括了智力乃至面相方面的素质和特征。 所以，罪孽和功德又怎么不在我们自身呢？ 对我们自身越来越完整地了解，不断填满了行为记录，就称为良心(Gewissen)。 良心的首要课题是我们的行为，更确切地说，就是那些要么我们对同情所发出的呼唤充耳不闻而做出的行为——同情要求我们起码不要伤害别人，而且还要帮助别人——因为我们受到了利己心或者恶毒心的指引；要么抵制自己的利己和恶毒之心，听从同情的呼唤而做出的行为。这两种情形显示了我们在自己与别人之间形成了多大的差别。我们道德或者不道德的程度，亦即我们公正、仁爱或者与此相反的程度，最终基于这种差别。对具有这方面含义的行为不断丰富的回忆，让自己的性格图像，让我们对自己的真正认识越发完整。由此产生了对我们自己，对我们所是的满意或者不满——这视利己心、恶毒心、同情心中何者占据支配地位而定，亦即根据我们在我们自己与他人之间的差别而相应地或大或小。按照同一个衡量标准，我们也同样地评判别人；对于了解别人的性格，都是经验以后才获得的认识，就像了解我们自己的性格一样，只不过对别人性格的认识更有欠完整。这样，在此所出现的赞许、表扬、尊重，或者
654 指责、愤慨和鄙视，在自我评判时就显现为对自己的满意或者不满——这种不满可以一直达致良心不安的程度。许多很常见的语言表达方式也证实了，我们对他人的指责虽然在开始时是针对他人所做出的行为和事情，其实是针对行为者无法改变的性格，美德或者恶行则被视为内在、持续的素质。例如，Jetzt sehe ich, wie du bist(德语，我现在才看清楚你是个什么样的人)! Now I see what you are(英语，意思同上)! Voila donc, comme tu es(法语，啊，原来你是这样的人)!“我可是有眼无珠，看错你了!”“我可不是这样的人!”“我不是做得出这种欺骗事情的人”，等等。还有，Les ames bien nees(法语，出身高贵、禀性良好的人，直译为“天生就有高贵的灵魂”)，西班牙语中的 bien nacido(出生高

贵)、希腊语 ευγενηζ、ευγενεια 表示美德、具美德和拉丁语 generosioris animi amicus(一个高尚心灵的朋友)等。

良心是以理智功能为前提条件的，只是得益于理智功能，清晰、连贯的回顾记忆才成为可能。事实上良心只有在事后才会发言，正因为这样，我们也把良心称为评判的良心。在事前，良心只是在不那么认真的意义上说话，即只是间接地说话，因为反省思维是根据对过去相似的事情的记忆，推断出对只是计划中的事情是不赞成的。意识中的伦理道德事实就谈到这里，因为这些事实本身始终是形而上学的问题，并不直接属于我们的任务。虽然如此，关于这些，我将在本文的最后部分简要谈论一下。我们已经认识到良心其实只是透过一个人的所作所为而产生的对这个人的不变性格的了解。与这一认识完全吻合的是下面这一事实：不同的人对自私、恶毒、同情等动因的敏感性都极为不同——这个人的道德价值也建基于此——这极为不同的敏感性并非可以以其他事情解释，也并非经由教育而获得，因此并非出自时间和可以改变的，甚至不取决于偶然，而是与生俱来、不可改变的，对此也无法作更深入的解释。据此，一个人一生的轨迹连同其各种各样的活动，其实不过是某一内在的、原初的传动装置的外在表盘；或者那不过是一面 655
镜子，只有透过这面镜子，才可以向每个人的智力展现他自己的意欲的特性、他的内核。

谁要是花力气想清楚在这里和在本文§10所说的内容，就会发现我对道德基础的论述是前后连贯和圆满整体的，这是所有其他道德基础学说所欠缺的。另一方面，我的这些论述也与经验中的事实相吻合，这种吻合一致在其他学说中则更少见。因为只有真理才可以一贯地与自身、与大自然吻合一致，一切错误的基本观点在内在与其自身、在外在与经验相矛盾，经验每走一步都提出了无声的抗议。

我也清楚地意识到，尤其是在论文临近结束的部分所阐述的真理，迎头痛击了许多根深蒂固的错误观点和认识，特别是属于某一现正流行的幼稚园道德学的那些错误东西。但我对此没有半点的惋惜和歉疚。因为首先，我现在不是在跟小孩也不是在跟大众说话，而是面对一个心智已开的科学院所提出的纯粹理论性的问题，目标指向了伦理学最终的根本真理；科学院也期待对这极其严肃的问题能有一个严肃的回答。其次，我认为并没有什么所谓有用的谬误、无害的谬误，也没有什么谬误可以有特权不遭受驳斥。相反，每一谬误所带来的害处绝对远远大于益处。如果人们让现时的偏见和定见作为鉴别真理的标准，或者作为真理探讨所不能超越的界限，那我们倒不如诚实一点，完全停办哲学系，取消科学院算了，因为实际上并不存在的东西，也不应该让其有名无实地存在下去。

656 四、对道德原初现象的形而上学的解释

§21. 对附加部分的说明

在前文，我已证明道德推动力是事实，同时也表明唯独从道德的推动力才可产生出不带私心的公正和名副其实的仁爱；所有其他美德都基

于这两大首要美德。要为伦理学找出基础的话，这些就足够了——只要
伦理学是以可被证实为真实存在的事实为依据和支撑的，不管这些事实
是在外部世界还是在意识之中；假如我们不希望如不少我的先行者那
样，只是随意接受某一抽象的命题，然后从这一命题引出道德准则，或
者像康德那样，仅用一个概念、一个法则的概念同样地引申一番。由
丹麦皇家科学院所提出的问题，在我看来似乎在这篇论文里已充分解答
了，因为科学院所提出的问题针对的是伦理学的基础，而不是另外还要
求的一套形而上学的理论，以便再度为这基础提供理据基础。但是，
我知道得很清楚，人的精神思想并不就此找到了最终的满足和安宁。
正如在从事所有现实科学研究的最后，我们所看到的是原初的或基本的
现象。我们虽然可以以这些原初现象去解释所有隶属和出自这些原初
现象的其他现象，但这些原初现象本身仍然无法得到解释，对我们仍然
是不解之谜。在此出现了对一种形而上学的需要，亦即需要对这些原
初现象——这些原初现象总体加在一起，构成了这一世界——的一种最
终的解释。这样的需要就提出了这一问题：为何这一存在的、我们所
理解的现象是这种情形，而不是另外别的样子；那所描述的性格现象如
何出自事物的自在本质？的确，于伦理学而言，对一个形而上学的基
础的需要更加的迫切，因为无论哲学体系还是宗教体系对此意见是一致
的，人的行为的伦理方面的含意，与此同时也是一种形而上学的，亦即 657
扩展至事物的现象以外，并因此扩展至经验的一切可能性以外的含义；
据此，这含意必然是与这世界的整个存在和人的命运密切相关联的，因
为存在的意义最终所抵达的顶点肯定是道德性的。后者得到了无可否

认的事实的证明；在临近死亡时，每个人的思绪，不管这个人是否信奉宗教的教义，都带上了道德性的方向；每个人都会尽力完全从道德的角度给自己所走过的一生作总结。关于这一事实，古人所作的证词尤其有分量，因为古人并没有受到基督教的影响。据说古代立法者扎勒科斯所写的是，根据宾特利和哈恩，出自一个毕达哥拉斯门徒的一段话［由斯托拜阿斯（《文选》，44，§20）为我们保存下来］，已经明白表达了这一事实："我们要留意我们生命临近完结的时分，因为人之将死，想到自己所做过的不公正的事情，都会心生悔疚；人是多么希望自己在一生中都是正直行事啊。"同样，在我想起的一个历史事例中，伯里克利临终躺在床上，并不想听别人说起他一生中的伟业，只想知道他是否给任何一个公民带来悲痛（普卢塔克著《伯里克利传》）。除了这一例子，我再举出另一相当不同的情形——我从有关宣读给英国陪审团的陈词的报道中读到：一个15岁粗野的黑人少年在一艘船上与人打架时遭受重创。垂死之际，这个黑人少年急切地让人唤来了他的所有同伴，
658 为的是要知道自己可曾在感情上伤害过或者侮辱过他们中的任何一人。在得到否定的回答以后，这个黑人少年感到了巨大的安慰。经验普遍告诉我们：在垂死之际，人们都希望与所有人达致和解。证实我们这说法的另一类证据是这人所熟知的经验：对智力的成就，哪怕是这世上的第一流思想杰作，成就者都会非常乐意接受报酬——只要他能够获得这报酬的话；但对于所做出的某些道德上了不起的事情，几乎每个人都会拒绝对此的任何酬劳。尤其对做出了伟大的道德行为的人，更是这样。例如，当一个人冒着失去自己生命的危险，拯救了一个甚至几个

人的生命时，一般来说，就算这个人是贫穷的，他仍然绝对不拿任何报酬，因为他感觉他的行为的形而上学的价值会因他拿了报酬而受损。戈德弗立德·奥·比格尔在《正直的人》的颂歌的结尾处，为我们提供了这方面的文学描写。但在现实生活中，也经常发生同样的事情。我在英国报纸上也常常读到对这一类事情的记载。这些是普遍发生的事实，并没有宗教之间的差别。正因为生活中的这一无法否认的道德—形而上学的倾向，所以，如果不对此倾向在伦理道德和形而上学的意义上作出解释的话，那任何一个宗教都无法在这一世上立足，因为宗教是通过伦理道德的一面在人的情感上有了立足点。每一个宗教都把其教义当作是每一个人都感觉到的、但仍不明其所以的道德推动力的基础，并且把教义与道德推动力如此紧密地联系在一起，以致两者看上去似乎是不可分离的。事实上，教士们尽力把不信神和不道德混为一谈。这就是为什么在信仰者看来，不信仰者与道德败坏是等同的。这一点我们可以从下面这些词语中看得出来，因为“不信上帝者”、“不信神者”、“不信奉基督”的人、“异教徒”等是作为“品德恶劣”“道德败坏”的同义词运用的。对宗教来说，由于宗教从信仰出发，可以无条件地要求，甚至夹杂着威胁要求信众信仰其教义，这样，事情就轻松地敷衍过去。哲学体系在现在正处理的问题上并不是那么轻松糊弄的，因
此，在检查所有这些体系时，就会发现无论是伦理学的基础，还是伦理 659
学与某一既定的形而上学说的连接都相当的不尽人意。但伦理学需要得到形而上学说的支撑，这一需要是无法回避和拒绝的，我在本文的引语已经引用沃尔夫和康德的权威意见强调了这一点。

人们耗费精神思考的所有问题中，形而上学的难题是最困难的，以致许多思想家甚至把形而上学的问题视为绝对无法解答的。在现在这情形，这自成一篇的专题论文的形式，让我平白又多了一重特殊的困难。也就是说，我不可以从某一特定的我承认的形而上学体系出发，因为我要么必须详细阐述这一形而上学体系——这样就太过长篇大论——要么把这形而上学体系认定为既有的和肯定的——这样做又是极其不确切的。再者，由此可知，在这里就像在论文的前半部分一样，我同样无法运用综合法，只可以采用解析法，亦即不能从根据引出结论，只能从结论找到根据。这种在没有任何前提和假定的情况下迫不得已展开论述，除了从每个人都普遍共有的角度出发审视以外，别无其他办法的困难处境，让我阐述伦理学基础的工作平添了如此的难度，以致现在当我回头检视这篇论文时，简直就像表演了某一难度极高的魔术，情形犹如徒手在半空中做出了本来必须有某一结实支架或者承托物才可以进行的一项工作。但现在，既然引出了有关伦理道德基础的形而上学解释的问题，那在没有前提和假设的情况下展开探讨的困难是如此的显著，我唯一能看到的解决办法是勾画出一个大概的轮廓；更多的是给出暗示而不是详细地解释；只是指出从这里通往目标方向的路径，而不是沿着这一路径一走到底；并且我只大致上说出一小部分在其他情况下我
660 在此要悉数表达的东西。在这样处理的同时，我还要说的是，连带刚才所说的理据，本文要解答的问题在这之前的部分已解答了，所以，我在这里就这问题还要说的是“超出义务的事情”，尽管我提供给读者这一附加部分，读者接受与否，由读者自己决定吧。

§22. 形而上学的基础

现在，我们就要离开在此之前一直脚踏的经验实地，以便在任何经验都不可能抵达之处寻找最终的理论性的满足。只要能窥见一点点蛛丝马迹，获得瞬间一瞥，并以此得到某些满足，那我们就已经是幸运的了。但在另一方面，我们不应舍弃的是在到此为止的考察中我们一直秉持的诚实态度。我们不会像那些所谓后康德哲学那样，只是满足于梦幻空想，只顾搬出一些不实的假话，用字词去吓唬别人，一味故弄玄虚迷惑读者。相反，我们许诺给读者的只是一点点东西，但这些不多的东西却是我们诚实、认真献给读者的。

到此为止一直被我们用以解释事情的理由和根据，现在变成了我们要面对的问题，即人们与生俱来的、无法根除的天然的同情心。结果表明，同情心是产生出非利己行为的唯一根源，也唯独这类行为才具有道德价值。许多当代哲学家把好、善(Gut)和坏(Böse)当作简单的概念，亦即不需要也无法作任何解释的概念。然后，这些哲学家通常非常神秘地和虔诚地谈论起某一善的理念，并从这一理念引申出他们那套伦理学的支撑理论，或者至少弄出一块遮丑布，以掩藏其伦理学理论的
贫乏。[1] 这让我不得不在此插入几句解释：这些概念一点都不是简单 661

[1] “好”“善”的概念，以其纯净性是一个原初的概念，“一个绝对的观念，其内涵逐渐消散于无限之中”。布特维克，《实践性箴言》，第 54 页。

的，更不是先验既定的，而是表达了某种关系和出自最日常经验的用语。所有与某一个体意欲的渴望和努力相符合的东西，对这一个体意欲来说就是好的，例如，好的食物，好的道路，好的预兆。与此相反的是坏(schlecht)的，如果应用在生物身上，就换上另一“坏”的德语词(böse)。如果一个人由于自己性格的原因，并不喜欢妨碍别人的渴望和努力，相反，在力所能及的情况下会不吝相助，促成别人的好事，这个人就被得到帮助的人出于同样的考虑而称为一个好人。所以，好的概念是从同样相对的、经验的和被动主体的角度出发而套用在一个人身上的。但现在如果我们探讨一个人的性格，并不只是在这人与别的关系方面，而是就这个人的性格本身，我们从前文的论述就已经知道：对别人的苦与乐的直接关注——其源头我们已认清是同情心——是在他那里产生出公正和仁爱诸美德的原因。如果我们深入这个人性格的本质，就会发现这一点是无可否认的：在这个人那里，他人、我之别要比在常人那里更小。这种区别在恶毒之人的眼里是如此之大，以致别人的痛苦对他们就是直接的快乐；因此，恶毒的人在自己并没有得到更多的利益好处的情况下，甚至在不惜损害自己的利益的情况下，也要追求这种快乐。在利己主义者的眼中，“他人”与“我”之别的程度仍然是足够巨大的，为了让自己得到小小的利益，就以他人的痛苦作为手段。因此，对这两种人来说，我(局限于他们的肉身)与非我(包括我以外的其余世界)隔着宽阔的鸿沟、巨大的区别：“这世界就尽管沉沦吧，只要我一人得生就可以了”是这种人信奉的格言。相比之下，对好人来说，这种人、我的区别绝对没那么巨大；在一些品德高尚的人的行为里，这种区别似乎消失了，因为这些品德高尚的人为了帮助别人得到幸福而牺牲了自己的幸福，因而把别人的“我”与自己的“我”一视同仁。如果能够拯救许多人，这种人甚至可以完全牺牲自己的“我”，为了多个生命而贡献出一己的生命。 662

现在可能有人会问，后一种对自己的“我”与他人的“我”之间关系的看法——这是善良之人行为的基础——是否错，是否基于某种错觉？抑或与此相反的看法——自私和恶毒就基于此看法——才是错的，是错觉所使然？

这构成了自私、自我的基础的看法，从经验上看是严格合理的。我与他人之间的区别，根据我们的经验似乎是绝对的。使我与他人分离开来的空间上的差异，也把我与他人的苦、乐分离开来。另一方面，首先需要指出的是，我们对自己本身的认识一点都不是已经透彻、从根本上清楚明白的。通过脑髓以感觉素材所进行的直观，因此以间接的方式，我们认识到我们自己的身体是空间中的客体；透过内在的感觉，了解到了持续不断的一连串渴望和意欲行动——这些因应外在动因的机会而起；最后还有我们自己的意欲那多种多样的、或强或弱的活动，我们所有内在的感觉都可归因为这些意欲活动。我们所认识的就是这些，因为认知本身并不为我们所认识。相比之下，这整个现象的底层和根基，我们内在的自在本质，那意欲者和认识者本身，却是我们无法接触和了解的：我们只是向外察看，内在却是黑暗的。因此，我们对自己本身的认识一点都谈不上完整、详尽和彻底，只是相当表面的。就其主要的和大部分而言，我们对我们自己都是陌生不可解的，是一个不解之谜；或者像康德所说的："那'自我'所了解的自身只是现象，并不是那东西本身。"至于进入我们认知的那另一部分，虽然对每个人来说
663 都是与其他人完全有别的，由此仍不可以得出结论：在那大的和本质性的、每个人都无法看见的和未知的部分，人们也是一样的完全有别。就这一部分而言，起码有这可能性：在所有人的身上是同样的东西。

存在物的多样性和数字差别究竟以什么为基础？是时间和空间。唯有通过时间和空间，多样性和差别才成为可能，因为所谓"许多""多样性"，我们只能想象为要么彼此并列，要么先后排列。那么，因为多个同类就是各个个体，所以，我把时间和空间，在它们把多样性变成可能的方面，名为"个体化原理"，而不管这是否是经院哲学家在选用名称时心目中的准确含义。

在康德那令人惊叹的深刻头脑给予这世界的说明中，假如某些东西毫无疑问是真实的，那就是康德的先验感性论，亦即关于时间和空间的观念性的学说。这一学说的理据是那样的清晰、透彻，人们根本不可能对此提出像样的异议或者反对意见。这一学说是康德的辉煌成就，属于极少数被视为得到了确实的证明和在形而上学领域中有所斩获的形而上学理论。根据这一学说，时间和空间是我们直观功能的形式，隶属于这一直观功能，而不是隶属于透过这直观功能所认识的事物，因而永远不会是自在之物本身的一种限定，只能属于自在之物的现象，一如类似现象也只是在我们的与生理条件紧密相连的、对外在世界的意识中才唯一可能的。假如对自在之物，亦即这世界的真正本质来说，时间和空间是陌生的，那多样性必然也是陌生的。所以，那在感官世界的

无数现象中显现出来的同样的东西，只能是一样东西：也只有那一样的、同一的本质才会在所有那些现象中显现出来。反之，展现为多样的、因而展现在时间和空间中的东西，不可能是自在之物，只能是现象而已。这样的现象只是对于我们那受到多方制约，并的确取决于某种 664
机体功能的意识而存在，不是在这意识之外存在的。

这一学说告诉人们所有的多样性只是表面上如此；在这世界上的所有个体中，无论以多么无限的数目依次和同时展现出来，所显示的只是同样的东西，是在所有这些个体中的和同一的、真正存在的本质。这样的学说当然早在康德之前就已存在了，我们甚至可以说这种学说自古以来就有了。首先，这是这世界最古老的书籍、神圣的《吠陀》里主要的和基本的思想，《吠陀》的教义部分，或更准确地说深奥莫名的学说，可在《奥义书》中找到。[1] 在《奥义书》的几乎每一页，我们都可读到那一伟大的学说。作者不厌其烦地运用不计其数的名称和说法，采用多种多样的形象和比喻重复阐明这些思想学说。至于这些思想学说也同样是以毕达哥拉斯的智慧为基础的——哪怕根据传下来的点点关于毕达哥拉斯哲学的报道而得出的结论——也是毫无疑问的。爱利亚学

---

[1] 对拉丁文本的《奥义书》的真实性，有人提出了异议，因为一些附注由伊斯兰教的誊写者添加上去和进入了文本。但这些已由梵文学者 F. H. H.温迪斯曼在《商羯罗，或者吠陀的神圣文学》(1833，第 19 页)，也同样由博兴格在《印度教徒的默想生活》(1831，第 12 页)彻底澄清。读者就算不熟悉梵文，也可以透过比较拉姆汗・罗伊和珀利对个别《奥义书》的最新翻译，甚至科尔布鲁克的译本和罗尔的最新译本，就可清楚地确信由安克蒂尔严格逐字从波斯文本——出自这学说的烈士，达拉斯科苏丹——翻译成拉丁文，是以对文字的精确和充分的理解为基础的。相比之下，其他译本大部分是借助于猜测、估计，因此肯定没有那么精确。读者可在《附录和补遗》第 2 卷第 16 章§184 读到这方面更详细的论述。

派的差不多全部哲学也唯一包含在这些思想中，这是众所周知的。在这之后，新柏拉图主义者对这些思想深信不疑，因为新柏拉图主义者教
665 导说：“由于所有事物的同一性，所有的灵魂都是同一的。”9世纪，我们看到这些思想经由斯各图斯的帮助而出人意料地出现在欧洲，那是因为受到这些思想鼓舞的斯各图斯，把这些思想披上了基督教的形式和表达外衣。在伊斯兰教中狂热的苏菲神秘学说中，我们重又看到这些思想。但在西方，乔尔丹诺·布鲁诺由于忍不住冲动说出了这一真理，他就必须以充满耻辱和痛苦的死亡赎罪。尽管如此，我们也看到那些基督教神秘主义者，有违意愿和目的地陷入其中——只要这些思想出现的话。斯宾诺莎的名字被视为与这些思想是同一的。最后，时至今日，在康德摧毁了旧的思想教条以后，在世人看着仍在冒烟的废墟而目瞪口呆之际，那古老的思想经由谢林的折中哲学又被再度唤起。谢林把帕罗丁、斯宾诺莎、康德、雅可布·布默等人的学说，与新的自然科学的成果糅合在一起，迅速组合成一个整体以暂时缓解他的同时代人的迫切需要，然后变换着花样演奏这一杂烩曲子。结果那古老的思想得到了德国学术界的普遍承认和接受，甚至在只是接受过一般教育的人士中，那古老的思想也几乎普及传播开来。[1] 只有今天的大学教授例外，因为这些教授肩负着抵制所谓泛神论的重任。这样处于如此艰难和尴尬的境地，情急之下他们一会儿搬出让人可怜的似是而非的论点，

---

[1] 我们这一种属，人们可以长时间对理性关闭大门，但一旦让其敏捷地登堂入户，就会留在那里，成为主人。——伏尔泰

一会儿只顾倾泻浮夸之辞，希望以此可以拼凑成一件像样的体面外衣，以包装某一受欢迎的和强加于人的又长又臭的哲学。一句话，“一与万物”在任何时期都是傻瓜的笑料和智者的无尽思考。对此的严格证明只能从康德的学说中获得，正如上文所说的那样，虽然康德本人并没有 666
做出这样的证明，而是采用聪明演说家所采用的方式：只给出前提，然后把得出结论的乐趣留给他的听众。

因此，假如多样性和互相分离只属于现象，在所有有生物身上显现出来的是同样的本质，那么，上述那种取消了“我”与“非我”之别的看法就不是错误的，与此相反的上述另一种看法才是错的。印度人把后一种看法，形容为摩耶(纱幕)，亦即表面的假象、幻象。至于前一种观点，我们发现是同情这一奇特现象的基础，并且同情的确是这种看法的现实表达。因此，这种看法就是伦理学的形而上学的基础，即一个个体在另一个个体身上重又直接认出了自身和真实的本质。因此，实践的智慧，亦即做出公正的事情和善事，与流传最广的理论性智慧所教导的最深刻的学说殊途同归。那些实践哲学家，亦即公正的、做出善行的、行为高尚的人，以其为此说出的只是上述同一个认识，这一认识是理论哲学家最伟大的静思与最艰辛的探究所得出的结果。然而，优秀的道德品质比所有一切理论性的智慧都要高出一筹，因为理论性的智慧永远都是不完整的，并且要经过很长的推论过程才到达目的地。优秀的道德品质一下子就抵达了这一目的地。具高贵道德情操的人，哪怕智力上平平无奇，仍然通过自己的行为清楚地显示出他们最深刻的认识、最高级的智慧，并让思想的天才、知识最渊博者感到羞愧——如果这些天才和博学者以自己的行为暴露出内心并不认识那一伟大真理的话。

“个体化是真实的，个体化原理和建立在这原理基础上的个体之间的差别就是事物本身的秩序。每一个个体从根本上都是有别于另一个
667 个体的。唯独在自身之中，我才有我真正的存在，其他别的一切都是‘非我’和对我来说是陌生的东西。”——这种认识的真实性是我们的骨、肉可以作证的。这种认识是一切自我和利己心的根源，每一缺少爱心、不公正或者用心恶毒的行为都是这种认识的真实表达。

“个体化只是现象而已，经由时间和空间而产生；时间和空间不过是以我的头脑认知功能为条件的和认识的一切对象的形式；因此，甚至个体的多样性和个体之间的差别纯粹只是现象而已，亦即只存在于我的表象之中。我的真正的、内在的本质同样直接存在于每一有生命的个体之中，正如在我的自我意识中只向我显现出来。”这一认识——在梵文里表达的简明语句是 tat tvam asi，亦即这就是你——以同情迸发出来；因此，一切真正的——亦即不是出于利己之心——的美德行为，都以同情为基础，现实表达就是所做出的每一善良的行为。我们在请求得到人们的宽容、饶恕、仁爱、怜悯而不是公正的时候，我们诉诸别人的归根到底就是这种认识，因为诸如此类的请求是提醒人们不要忘了这一点：我们所有人都是同样的本质。相比之下，利己、嫉妒、憎恨、迫害、刻薄、报复、残忍、幸灾乐祸等所基于的是上述另外一种认识，并以那种认识安慰自己。我们在听闻一桩高贵行为时，会有内心的感动和欢乐，如果亲眼目睹这种行为，就更体会深刻，在我们自己做出这样高贵的行为时，那种感动和欢乐则是感受最深的——归根到底是因为这

样的行为使我们确信：在个体化原理向我们呈现出个体的多样性和差别的另一面是这些个体的同一性，这个同一性实在地存在，甚至我们可以接触得到，因为这作为事实显露出来了。

根据人们所坚持的这种或者那种认识方式，人与人之间也相应产生了恩培多克勒所说的爱或者恨。谁要是满怀无比的憎恨，深入仇敌的最内在深处，就会很惊讶地在其痛恨的对象身上发现自己本身。因为 668
正如在梦里，我们藏身于所有出现的人物中，醒着的时候也是同样的情形——虽然要看出这一点并不那么容易。但“这就是你”。

两种认知方式中，是这一种还是那一种取得了主导地位，不仅会反映在一个人的个别行为里，而且还显现在这个人的意识和情绪的整个特征之中。因此，在一个好人那里，这些意识和情绪与一个坏人身上的意识和情绪是根本不同的。一个坏人无论在哪里都会感觉到在自己与自己以外的一切之间有一层厚厚的隔膜。对他来说，这一世界是绝对的“非我”，他与这一世界的关系从根本上是敌对的；这样，他的情绪的基调是猜疑、嫉妒、憎恨、幸灾乐祸。相比之下，好人却生活在一个与其本质同质的外在世界。在他看来别人并不是“非我”，而是“又一个我”。所以，好人与每个人的原初关系都是友好的，他们感觉与所有其他人在内里是同源、相通的，会直接关注别人的苦与乐，同时自信地假定别人也会同样直接关注自己的苦与乐。由此产生了他们内在的深深的平和和心安理得的满足心绪。在他们周围的人都会受其感染而感到舒服。卑劣、恶毒的人在遭遇困境时并不相信会得到别人的帮助；他们在请求别人给予帮助时，心里是没有信心的；一旦获得了别人的帮助，他们也不会真的心怀感激，因为他们只会把别人所给予的帮助视为别人的愚蠢所致。这是因为这样的人还没有能力在别人的身上重又认出自身——尽管这从别人的身上已经透过清楚无误的迹象显示了出来。这就是不知感恩如此招人反感的真正原因。这样的人无法逃避的、根本上必然面对的道德孤立的处境，很容易让他们陷入绝望之中。好人在向他人求助时也同样充满信心，因为他们意识到自己随时乐于助人。
669 因为正如我所说的，对坏人来说，人类世界是“非我”，对好人来说，别人是“又一个我”，那宽宏大量、原谅敌人、以德报怨的人是品格高尚的，理应受到最高的赞誉，因为他们甚至在自己的那一内在本质受到断然否定之处，仍能把它认出来。

每一纯粹的善事，每一完全不带私心的帮助，亦即其动因完全是他人的困境、痛苦——如果对这些行为究本寻源的话，这些行为的确是神秘的，是实践的神秘主义——只要这些行为归根到底也是出于上述那种认识(正是那种认识构成了一切真正神秘主义的内核)，以任何其他方式都无法真正解释。因为一个人在施舍他人的时候，并没有丝毫其他别的目的，唯一是要缓解别人所遭受的匮乏，这样的事情之所以有可能发生，全因为这个人认出现在匮乏者的凄凉形体里面的就是他自己本身，亦即在别的现象中重又认出了自己的自在本质。所以，我在前文把同情称为伦理学的最大神秘之谜。

谁为了自己的祖国而赴死，即摆脱了存在局限于自己的肉身的幻象，他把自身本质扩展至他的同胞——在他的同胞和这些同胞将来一代的身上，他将继续活着。这样，他把死亡视为眼睛的眨动而已，而眼睛的眨动是不会让眼睛中断视物的。

至于那些把所有别人都当作是“非我”的人，的确从根本上只把自己视为真实的，别人只是幻影而已；只有当别人成为帮助或者妨碍其达到目的的工具时，别人才会在这些人的眼中有了某一相对的存在，以致在自己与所有的“非我”之间横跨着一道深沟——这样的人完全存活在自己的肉身之中；他们会认为随着自己的死亡，一切现实、整个世界也一并沉沦。相比之下，那些在所有其他人，甚至在一切有生命之物身上都瞥见自身的人，其存在因此与所有有生命之物的存在融合了，在死 670
亡的时候也只是失去他们存在的一小部分：他们在所有其他生物的身上继续存在下去，在所有其他生物的身上，他们永远会认出和珍爱他们自己的本质；那使他们的意识与其他生物的意识相分离的幻象消失了。特别好的人和特别坏的人在面对死亡时，态度差别如此之大，就算这不是全部原因，起码也是大部分原因了。

在所有的世纪里，可怜的真理都得因其与通常的见解相对立而脸红，但这不是真理自身的过错。真理并不可以摆出普遍谬误的那种庄严的、不可一世的样子。真理只能叹息着静待它的守护神——时间。时间已经示意给予真理胜利和荣耀，但这守护神的翅膀是如此之大，拍动得如此之慢，以致个体在这期间已经死去了。我也完全意识到，这对伦理道德原初现象所作的形而上学的解释，对习惯了完全另外一种伦理道德根据的、接受了西方教育的读者来说，必然是离奇荒唐的；尽管如此，我不能歪曲真理。更准确地说，出于这方面的考虑，我所能尽力做的是通过引用古人的话语以证明我所提出的伦理道德的形而上学理论，早在数千年以前就已经是印度人智慧的基本观点了；我指出这些古老的基本观点，一如哥白尼指出遭受亚里士多德和托勒密排斥的毕达哥拉斯的世界系统说。在《薄伽梵歌》里面——根据奥古斯特·冯·施莱格尔的译文——是这样说的："谁要是在所有生命之中都看到那活着的最高神灵，并且就算这些生命死亡，那活着的最高神灵也仍活着——他就是洞察者。这是因为无论在哪里都发现最高神灵的人，是不会透过肉身而伤害其真正的自身，因为他由此踏上了通往最高目标之路。"

在此约略提及了伦理学的形而上学基础，我必须就此打住，虽然在
671 形而上学领域里还可以再迈出一大步。这样做的前提条件是人们也得在伦理学本身往前迈出一步，这并非是我能做的，因为在欧洲伦理学定下的最高目标是法律准则和道德学说。一旦越过这些范围，人们要么一无所知，要么不予承认。这种必然的忽略因而可以归咎于这一事实：上述草草勾勒出来的伦理学的形而上学仍然无法让我们哪怕只是从远处一窥形而上学整幢大厦顶部的拱顶石，或者看到"神圣喜剧"的真正脉络。这既不是这篇论文所要处理的问题，也不是我计划要做的事情，因为我们不可能在一天之内把话说完，并且也不应该回答问题以外的东西。

我们在努力增长人类知识和思想的同时，始终会遇上来自时代的抵抗和阻力，好比我们要移走的一块块沉重的拦路石，就算费尽九牛二虎之力也难挪动其分毫。我们也只能以这一想法安慰自己：虽然偏见、定见在反对我们，但真理站在了我们一边；一旦其同盟者——时间——赶上来与真理汇合，真理必定能够获胜。所以，胜利就算今天来不了，明天也会到的。

皇家丹麦科学院的判词 672

对我们在 1837 年所提出的有奖征文的问题："道德的根源和基础，是要在直接存在于意识（或者良心）中的某一道德观念和在对衍生于这一道德观念的道德基本概念的分析中寻找，抑或在其他认知根据那里寻找？"只有一个作者应征作答，以德语写成并冠以"宣扬道德是容易的，找出道德的理据是很困难的"[1]*题头语的论文，我们无法宣布配获奖赏。这是因为他忽略了首要的要求，他以为所要做的是提出伦理学的某一原则，因此，他把讨论所提出的伦理学原则与形而上学之间关联的部分只放在了一个附录，并且写得超出了所要求的，征文的主题所要求的是首要思考和探究形而上学与伦理学的关联。但在征文作者试图证明道德的基础在于同情时，作者论文的形式并没有让我们满意，他也没有在这问题上充分证明这道德的基础；他自己也不得不承认这一点。此外，我们无法保持沉默的是，在提到新时期的多个杰出的哲学家时，作者的口吻是如此的失礼，以致激发起我们强烈的义愤。

[1] 这第二个"是"字是丹麦科学院自己添加进去的，为朗吉奴斯的这一教导（《论崇高》，第 39 章）提供了一个证明：添加或者减少哪怕一个音节，都会毁掉整个句子的力道。

* 叔本华的原话是："宣扬道德是容易的，找出道德的理据则很困难。"

图书在版编目(CIP)数据

伦理学的两个基本问题/(德)阿图尔·叔本华
(Arthur Schopenhaue)著;韦启昌译.—上海:上海
人民出版社,2022
ISBN 978-7-208-17742-0

Ⅰ.①伦… Ⅱ.①阿… ②韦… Ⅲ.①伦理学-研究
Ⅳ.①B82

中国版本图书馆 CIP 数据核字(2022)第 113140 号

责任编辑 任俊萍
封面设计 陈 楠

伦理学的两个基本问题
[德]阿图尔·叔本华 著
韦启昌 译

出　　版 上海人民出版社
(201101 上海市闵行区号景路 159 弄 C 座)
发　　行 上海人民出版社发行中心
印　　刷 浙江新华数码印务有限公司
开　　本 635×965 1/16
印　　张 21.5
插　　页 5
字　　数 228,000
版　　次 2022 年 9 月第 1 版
印　　次 2022 年 9 月第 1 次印刷
ISBN 978-7-208-17742-0/B·1623
定　　价 98.00 元

Authur Schopenhauer

Schopenhauers Werke 3

根据 Insel 出版社，1920 年，莱比锡翻译